[redacted]

Clemens Verenkotte

Das Ende der friedlichen Gesellschaft

Deutschlands Illusionen im globalen Krieg

Droemer

Besuchen Sie uns im Internet:
www.droemer.de

Die Folie des Schutzumschlags sowie die Einschweißfolie sind PE-Folien und biologisch abbaubar.
Dieses Buch wurde auf chlor- und säurefreiem Papier gedruckt.

Ein Unternehmen der Droemerschen Verlagsanstalt
Th. Knaur Nachf. GmbH & Co. KG, München

Umschlaggestaltung: ZERO Werbeagentur, München
Satz: Adobe InDesign im Verlag
Druck und Bindung: C. H. Beck, Nördlingen
Printed in Germany
ISBN-13: 978-3-426-27364-7
ISBN-10: 3-426-27364-0

2 4 5 3 1

Inhalt

Einleitung

Die Kulisse gefiel Gerhard Schröder: Zehntausend freudig gestimmte SPD-Anhänger warteten geduldig auf dem Opernplatz von Hannover auf den Hauptredner. An den Fahnenmasten, die die Auftaktveranstaltung der Sozialdemokraten zum Bundestagswahlkampf umrahmten, waren – wie es sich gehörte – die roten Flaggen der Partei gehisst worden, Schilder mit der schönen Aufschrift »Der Mut ist links« schmückten den Platz. Vor einem Restaurant versammelten sich die Jusos und boten Kuchenstücke einer vier Quadratmeter großen Himbeertorte an, die Schröder zuvor angeschnitten hatte. Auf dem überdachten Podium standen, wie an Perlen aufgezogen, Otto Schily, Manfred Stolpe, Klaus Uwe Benneter, Matthias Platzeck, Renate Schmidt, Edelgard Bulmahn, Hans Eichel, Brigitte Zypries, Franz Müntefering, Doris Schröder-Köpf und eben – Gerhard Schröder. Eine angenehme Augustsonne strahlte von einem wolkenlosen Himmel, Kabarettist Ottfried Fischer durfte mit Bekenntnissen, warum er gegen den Irakkrieg und für Schröder sei, im Vorprogramm schon mal die Stimmung anheizen.

Minutenlanger Beifall brandete auf, als der Kanzler ans Rednerpult trat. Die außenpolitische Großwetterlage hatte sich wieder einmal mit erstaunlicher Präzision zugunsten Schröders gedreht: Pünktlich zur Eröffnung der heißen Wahlkampfphase konnte er die Bundesrepublik erneut als »anerkannte Friedensmacht« präsentieren, die in den großen globalen Konflikten der aggressiven US-Politik stets mutig entgegentreten musste. Unmittelbar vor Schröders Auftritt Mitte August 2005 hatte ihm George W. Bush mit seiner Äußerung, er habe zur Lösung des Atomstreits mit dem Iran alle Optionen, einschließlich der militärischen, auf dem Tisch liegen, die perfekte Vorlage geliefert.

Die Bilder gleichen sich. Drei Jahre zuvor hatte Schröder aus demselben Anlass am gleichen Ort gestanden: beim zentralen Wahlkampfauftakt der SPD Anfang August 2002. Damals wie heute arbeitete er sich zunächst durch den für ihn nicht gerade erfreulichen Berg innen- und sozialpolitischer Themen, bis er endlich seine rhetorischen Salven in Richtung Washington abfeuern konnte, bei denen er sicher sein konnte, dass diese unterschwelligen antiamerikanischen Appelle nicht nur dem eingeschworenen Genossen-Publikum gefallen würden. Niemand wolle, dass die iranische Führung in den Besitz von Atomwaffen komme, sagte Schröder, um dann mit einem Satz seinen Applaus abzuholen: »Nehmt die militärische Option vom Tisch! Wir haben gelernt, dass sie nichts taugt.« Die Vereinigten Staaten und deren Verbündete im Irakkrieg sollten nicht die Fehler aus der Vergangenheit wiederholen.

Und dann ließ er sein gesamtes außenpolitisches Credo auf die begeisterte Menge herabprasseln: Politische Konflikte müssten friedlich gelöst werden, »eine starke Verhandlungsposition gegenüber Iran« sei »mit den amerikanischen Freunden« zu entwickeln, deutsche Außenpolitik werde immer noch in Berlin gemacht. Mit einem deutlichen Seitenhieb auf die transatlantische Treue der Unionschefin stellte Schröder noch einmal klar, welches Verständnis er von der Rolle des wiedervereinigten Deutschlands in der Welt hat: »Ich will nicht, dass an die Stelle freundschaftlichen Selbstbewusstseins wieder neue Willfährigkeit tritt.« Auch für dieses Verdikt über die vermeintlich prinzipienlose Amerikazuneigung der Konservativen erntete er donnernden Beifall.[1]

Man hätte eigentlich darauf wetten können: Wenn Gerhard Schröder zum Auftakt eines Bundestagswahlkampfs auf dem Opernplatz in Hannover steht, den demoskopischen Gegenwind im Gesicht, Tausende unverdrossener SPD-Anhänger im Blick, dann spitzt sich gerade eine internationale Krise zu einer schweren Herausforderung für die westliche Welt zu. Drei

Bedingungen müssen erfüllt sein, um dieses Szenario zum Leben zu erwecken:

- Erstens muss der US-Präsident George W. Bush heißen und zuvor einem Staat im Mittleren Osten, dessen Name mit dem Buchstaben I beginnt, mit dem Einsatz militärischer Gewalt gedroht haben, wenn er weiterhin gegen internationale Abkommen verstößt.
- Zweitens muss der Union das außenpolitische Thema eher unangenehm sein – und das ist so gut wie immer der Fall, wenn die USA darin verwickelt sind, denn das Plädoyer der Union für ein enges transatlantisches Verhältnis verbindet sich unmittelbar mit der Person des amerikanischen Präsidenten, dessen Popularitätswerte in Deutschland auf einem kaum nachweisbaren Stand sind.
- Drittens muss die Bevölkerung davon überzeugt sein, dass die jeweils aktuelle Krise eine Bedrohung für den Weltfrieden und damit für die Sicherheit Deutschlands darstellt – im Fall des iranischen Atomprogramms fühlen sich über 70 Prozent der Bundesbürger bedroht.

Sollte es sich so fügen, dass diese Kriterien an einem Augusttag mit Gerhard Schröders Anwesenheit in der niedersächsischen Landeshauptstadt zeitlich zusammenfallen, dann stehen wohl wieder Wahlen bevor, die SPD hat den Aufholkampf um die Wählergunst begonnen, und Gerhard Schröder ist wieder dabei, mit einem sicherheitspolitischen Thema auf Stimmenfang zu gehen. Hochwillkommene Schlagzeilen tragen die Botschaft ins Land: »Schröder warnt Bush vor Krieg gegen Iran«, prangte tags darauf von der Titelseite der *Bild am Sonntag*. Und die Leser der *Super Illu* ließ Schröder wissen, dass sie sich keine Sorgen zu machen brauchten: Er könne sicher ausschließen, dass sich eine von ihm geführte Bundesregierung an einem Waffengang Amerikas gegen den Iran beteiligen werde.

Nur ein halbes Jahr zuvor, als Präsident Bush ähnlichlautende Bemerkungen über Amerikas Optionen zur Eindämmung des iranischen Nuklearprogramms gemacht hatte, hatte Schröder auf die publikumswirksame Mahnung an Washington noch verzichtet. Doch damals, im Februar 2005, waren am innenpolitischen Horizont der Bundesrepublik auch noch keine Wahlkampfwolken aufgezogen.

Das deutsche Nein zum Irakkrieg und zu jeglicher möglichen Beteiligung an einem Waffengang, und sei er auch durch ein entsprechendes UN-Mandat legitimiert, sowie die seither gern wiederholten Feststellungen der Schröder-Regierung, leider habe man, rückblickend betrachtet, gegenüber den »amerikanischen Freunden« recht behalten, bewirkte eine Bewusstseinsveränderung: In das politische Bewusstsein der Menschen sank die wohlige Vorstellung ein, wir würden von den Folgen des amerikanischen Eingreifens im Irak nicht erfasst. Schließlich habe Deutschland in dem Konflikt ja auf der »richtigen Seite« der Geschichte gestanden. Ob die Region durch Washingtons Intervention demokratisiert oder radikalisiert wird, könne den Deutschen doch eigentlich gleichgültig sein. Und ohnehin: Amerikas Außenpolitik werde sich schon ändern, wenn erst einmal ein anderer als George W. Bush US-Präsident ist.

Dabei haben die Auswirkungen des Irakkriegs, mit dem – so die Prophezeiung des jordanischen Königs Abdullah – die »Büchse der Pandora« geöffnet worden ist,[2] die Bundesrepublik längst erfasst, und zwar direkt ebenso wie indirekt. Ungeachtet der Ablehnung der Irakinvasion – der vermeintlichen Versicherungspolice gegen Terroranschläge – ist Deutschland wegen der Präsenz der Bundeswehr in Afghanistan und wegen der Partnerschaft mit den Vereinigten Staaten sehr wohl gefährdet. Die Warnungen von Sicherheitsexperten wie Peter Struck, Otto Schily und Günther Beckstein jedoch werden verdrängt. Deren Aussagen sind einhellig wie selten: »Es wäre ein Irrtum anzunehmen, nur weil wir am Irakkrieg nicht teilgenommen haben, würden wir verschont bleiben.« (Peter Struck) – »Wir sind im Visier der Terroristen.« (Otto Schily) – »Nach meiner Einschätzung ist in Deutschland ein Anschlag wahrscheinlicher, als dies von der Bundesregierung dargestellt und in der Öffentlichkeit wahrgenommen wird. [...] Niemand ist an Panik oder Hysterie interessiert. Dennoch muss man der Bevölkerung deutlich sagen, was Sache ist.« (Günther Beckstein)[3]

Die globale Bedrohung durch den extremistischen Islamismus hat weit vor dem 11. September 2001 begonnen. Terroranschläge auf westliche, vor allem amerikanische Einrichtungen waren in den neunziger Jahren nur die ersten Vorboten einer zerstörerischen politisch-ideologischen Strategie, die von Osama bin Laden und seinem weitverzweigten Netzwerk lange vor den Einschlägen der Passagiermaschinen in die Türme des World Trade Centers und in das Pentagon in Gang gesetzt wurde. Die terroristische Gefährdung ist nicht erst durch den Irakkrieg entstanden, doch sie ist durch den Irakkrieg nicht geringer, sondern wesentlich größer, komplexer und vielschichtiger geworden, und sie wird noch lange nicht beendet sein, wenn es in Zukunft einmal einen halbwegs stabilisierten irakischen Staat geben sollte.

Nicht nur bei der Eindämmung der terroristischen Herausforderung sind die Vereinigten Staaten und die Europäische Union aufeinander angewiesen. Nach der Wahl des ultrakonservativen Mahmud Ahmadinedschad zum neuen Staatspräsidenten der Islamischen Republik Iran und der Ernennung eines Kabinetts mit durchweg fundamentalistischen Hardlinern forciert das Regime seine Pläne zur Vollendung des nuklearen Brennstoffkreislaufs und verschafft sich damit die Voraussetzungen für den Bau von Atombomben. Die Bemühungen des europäischen Vermittlertrios Großbritannien, Frankreich und Deutschland, Teheran auf dem Verhandlungswege davon abzubringen, sind nach der Wiederaufnahme des Betriebs in der Uran-Anreicherungsanlage in Isfahan Anfang August 2005 vom Scheitern bedroht. Ursprünglich hatte die US-Regierung die europäische Verhandlungsinitiative als überflüssigen Alleingang ignoriert, seit dem Einzug von Condoleezza Rice ins State Department waren die diplomatischen Bemühungen immerhin toleriert worden. Spätestens jetzt ist klar, dass der europäische Versuch, als vermittelnde Friedensmacht einen der heikelsten sicherheitspolitischen Konflikte zu entschärfen, ohne aktive amerikanische Unterstützung nicht erfolgreich sein wird.

Die Dimension der Gefahr, die von den iranischen Atomplänen ausgeht, scheint vielen Deutschen noch nicht klar zu sein. Dabei zählen die Atompläne Nordkoreas und des Iran nach Einschätzung des renommierten Londoner Instituts für Internationale Strategische Studien (IISS) zu den größten Risikofaktoren für den »Erwerb einer Atomwaffe durch Al Kaida oder eine ähnliche Terrorgruppe zu dem Zweck, Zivilisten massenhaft zu töten«, und stehen damit gleichwertig neben dem Versuch islamistischer Terrorgruppen, in den Besitz von Massenvernichtungswaffen zu kommen, und der Gefahr unzureichend bewachter Atomwaffenlager in den Ländern der ehemaligen Sowjetunion.[4]

Allen drei globalen Herausforderungen – islamistischer Extremismus, Iran, Weiterverbreitung von Atomwaffen – können die USA und Europa nur gemeinsam begegnen. Es ist jedoch mehr als fraglich, ob es zu einer Annäherung Amerikas und Europas kommen wird – zu gegensätzlich sind die auch ideologisch bedingten Positionen. Während die USA eine Transformierung des Nahen und Mittleren Ostens notfalls auch unter Anwendung oder Androhung von Gewalt erzwingen wollen, bemühen sich die Europäer darum, die Region mit diplomatischen und wirtschaftlichen Mitteln zu stabilisieren und zu entwickeln. Bei einer Zuspitzung der Situation wie vor dem Irakkrieg könnte sich eine erneute Spaltung des europäischen Lagers auftun. Ob Deutschland dann an der Seite der USA steht oder nicht – die internationale Sicherheitslage wird sich zwangsläufig so zuspitzen, dass sich kein Land dieser Erde mehr sicher fühlen kann.

Die Vorstellung, wir könnten uns eigentlich fein aus allem raushalten, weil wir schließlich nein zum Irakkrieg gesagt hätten, erweist sich als das, was sie ist: als Illusion, eine Autosuggestion, die nicht mehr trägt. Wir müssen uns auf das Ende der friedlichen Gesellschaft einstellen.

Kapitel 1

Der nächste Krieg

Die Nachrichtenlage meinte es wieder einmal gut mit dem Weißen Haus. Als der Präsident am 31. März 2005 um 11.30 Uhr den Raum 450 des Executive Office Building in Begleitung der beiden Vorsitzenden des Geheimdienst-Prüfausschusses (Commission on the Intelligence Capabilities of the United States Regarding Weapons of Mass Destruction) betrat, flimmerten schon seit einigen Stunden auf den Fernsehbildschirmen der großen TV-Sender die »breaking news«, auf die Amerikas Medien die Anteil nehmende Nation seit Tagen bis zur Erschöpfung vorbereitet hatten: Terri Schiavo, deren Schicksal als Wachkomapatientin eine heftige Kontroverse über passive Sterbehilfe im besonderen und menschliches Leben im allgemeinen ausgelöst hatte, war gestorben, nachdem die künstliche Ernährung eingestellt worden war.

»Laura und ich sprechen der Familie von Terri Schiavo unsere Anteilnahme aus«, begann der US-Präsident seine Ansprache. Er fordere alle Landsleute, die das Andenken der Verstorbenen ehrten, dazu auf, »weiterhin eine Kultur des Lebens zu schaffen, in der alle Amerikaner willkommen, geschätzt und beschützt sind, vor allem diejeinigen, die von der Gnade anderer abhängen«.[1]

Die Meldung vom Ende des mit harten juristischen und politischen Mitteln geführten Kampfs um das Leben der einundvierzigjährigen Terri Schiavo absorbierte das nationale Interesse, das ansonsten einzig und allein dem verheerenden Bericht der Geheimdienst-Kommission gegolten hätte, die der US-Regierung offiziell bescheinigte, »bei fast allen ihren Vorkriegseinschätzungen über die Massenvernichtungswaffen des Irak völlig falschgelegen« zu haben.[2] Doch der selbstbewusste

Amtsinhaber verstand mit derartigen Herausforderungen umzugehen: Es gelang ihm traumwandlerisch sicher, einen Zusammenhang herzustellen zwischen dem beklagenswerten Tod der Komapatientin, der die republikanische Parteibasis wie kaum ein zweites Thema mobilisiert hatte, und seinem präsidialen Auftrag, Amerika zu schützen.

»Das Wesen der Zivilisation besteht darin, dass der Starke die Pflicht hat, den Schwachen zu schützen«, belehrte Bush die Nation. Seine »wichtigste Pflicht als amerikanischer Präsident« sei es, »das amerikanische Volk zu schützen«, und seit dem 11. September 2001 stünden er und Amerika einer »neuen und anderen Art von Feind« gegenüber, der nur »mit den bestmöglichen Geheimdiensterkenntnissen« zu schlagen sei.[3]

An dieser Stelle hätte Bush seine kurze Ansprache am liebsten beendet, denn was nun folgte, war für den Präsidenten besonders bitter: Er musste eingestehen, dass Amerika nach wie vor nicht einmal wusste, wo der »Feind« eigentlich stand und über welche Waffen er verfügte.

Die zehnköpfige Kommission, die Bush im Februar 2004 unter Vorsitz des Bundesrichters Laurence H. Silberman und des ehemaligen Senators Charles S. Robb einberufen hatte, um zu untersuchen, welche Erkenntnisse die amerikanischen Geheimdienste über Massenvernichtungswaffen unliebsamer Regime hatten, verdarb ihm am Morgen dieses 31. März 2005 mit einem deprimierenden Vortrag die Laune. »Fast alle« amerikanischen Geheimdienstangaben, mit denen die Weltmacht einer skeptisch bis ablehnend gestimmten Weltöffentlichkeit gegenüber ihre Invasion in den Irak begründet hatte, »waren völlig falsch« gewesen. Von einer »der größten und offensichtlichsten Geheimdienstpleiten in der jüngsten amerikanischen Geschichte« war im Privatvortrag beim Präsidenten die Rede. Amerikas Auslandsspionage sei »unfähig gewesen, gute Informationen über das irakische Programm zur Herstellung von

Massenvernichtungswaffen zu sammeln«, habe »ernste Fehler bei der Auswertung der Informationen« gemacht und habe dabei »versagt, deutlich zu machen, in welchem Umfang die Analysen auf Mutmaßungen statt auf harten Beweisen« beruhten. Kurzum, so das nüchterne Fazit der Kommission: »Bei einer Angelegenheit von dieser Bedeutung können wir uns Fehler dieser Größenordnung einfach nicht leisten.«[4]

Allerdings hätten die Geheimdienste die Bush-Regierung nicht absichtlich in die Irre geführt, es habe keine Hinweise auf vorsätzliche Täuschung gegeben. »Herr Präsident, die Geheimdienstexperten haben Ihnen über Saddam Husseins Programme das gesagt, was sie glaubten. Sie lagen einfach falsch.«[5] Aber nicht nur das. Über das Rüstungspotential der übrigen Staaten, die Bush vor Beginn des Irakkriegs als Mitglieder der »Achse des Bösen« genannt hatte, lagen dem Präsidenten so gut wie keine verwertbaren Geheimdienstinformationen vor. Welche Ziele der Iran etwa mit seinem Atomprogramm verfolgte, in welchem Stadium sich die nukleartechnische Entwicklung befand, wann und ob Teheran über eine atomare Option verfügen könnte – all diese Fragen konnten die amerikanischen Geheimdienste nicht beantworten.

In ihrem als geheim klassifizierten Bericht für den Präsidenten schlug die Geheimdienstkommission noch weitaus kritischere Töne an und beklagte, dass es mit Blick auf das iranische Nuklearprogramm gravierende Lücken im Kenntnisstand der Vereinigten Staaten gebe.[6] Man wisse »skandalös wenig«. Ohne den Iran und Nordkorea explizit beim Namen zu nennen, hieß es im offiziellen Report: »Wir wissen immer noch beunruhigend wenig über die Waffenprogramme und noch weniger über die Intentionen zahlreicher unserer gefährlichsten Gegner.«[7] Wohin auch immer man innerhalb der amerikanischen Geheimdienstbürokratie schauen würde, von der CIA über die NSA (National Security Agency), die DIA (Defense Intelligence Agency) bis hin zu den Diensten der Teilstreitkräfte: »Quer durch die Bank« herrschten erschreckend geringe Kenntnisse über die tatsächlichen Rüstungsanstrengungen »der gefährlichsten Akteure der Welt«. In einigen Fällen wüssten die US-Dienste heutzutage sogar weniger als »vor fünf bis zehn Jahren«.[8] Nur bei einer »grundlegenden Neuausrichtung« der fünfzehn miteinander konkurrierenden US-Geheimdienste werde Amerika »den Gefahren des 21. Jahrhunderts erfolgreich begegnen können«.[9]

Für George W. Bush, der wie kein zweiter Präsident vor ihm die angeblichen Erkenntnisse der Geheimdienste zur Begründung seiner interventionistischen Außen- und Sicherheitspolitik heranzieht, hätte es kaum schlimmer kommen können. Schließlich versicherte er der Nation gern, dass die Geheimdienstberichte für ihn von zentraler Bedeutung seien, und ignorierte dabei die Tatsache, dass sich seine zentralen Argumente für einen Krieg gegen den Irak als pure Behauptungen entpuppt hatten. Er treffe »sehr schwierige Entscheidungen von Krieg und Frieden, die auf den bestmöglichen Geheimdienstinformationen« beruhten.[10] So auch im Fall Irak.

Weil er aber weiß, dass seine Argumentation auf schwachen Beinen steht, führte der Präsident eine neue sicherheitspolitische Maxime ein, wonach Amerika auch dann einen Präventivschlag gegen diktatorische Regime führen könne, wenn es keine absolut wasserdichten Beweise für die Existenz von Nuklearwaffen gebe. Und warum? Weil die Auslandsaufklärung gegen Diktaturen enorm schwierig sei, schließlich handele es sich ja um abgeschottete Systeme. »Es gibt bei diktatorischen Regimen nicht notwendigerweise so etwas wie eisenharte, absolut solide Beweise«, erklärte Bush und erteilte damit sich und seinem Kabinett die Absolution.[11]

Die Tätigkeit der Geheimdienste ist geheim

Eingerahmt von den beiden Vorsitzenden der Geheimdienstkommission stand der Präsident an diesem 31. März 2005 wie ein beim Schummeln erwischter Schüler da und verwies ein wenig lahm auf die Reformbemühungen seiner Regierung. Schließlich habe er mit John Negroponte, dem früheren US-Botschafter im Irak und bei den Vereinten Nationen, den ersten »Direktor für nationale Geheimdienstarbeit« ernannt.[12]

Wie so oft, wenn er mit der Frage nach seiner eigenen Verantwortung für eine »der größten und offensichtlichsten Geheimdienstpleiten in der jüngeren amerikanischen Geschichte« konfrontiert wurde, suchte Bush Zuflucht bei Platitüden. Die Tätigkeit der Geheimdienstmitarbeiter sei »naturgemäß geheim«, und deshalb könne die amerikanische Bevölkerung auch nichts von deren »zahlreichen Erfolgen« erfahren. Er als Präsident und sein Nationaler Sicherheitsrat müssten »aktuelle und akkurate Geheimdienstinformationen« erhalten. Amerika, folgerte Bush frei von jeder Selbstkritik, »muss viel mehr über die Waffenprogramme und Intentionen unserer gefährlichsten Gegner wissen«.[13]

Das operative Dilemma, in das sich die US-Geheimdienste durch die Instrumentalisierung ihrer »Irakerkenntnisse« durch die Bush-Regierung manövriert hatten, wurde zu Beginn der zweiten Amtszeit des Präsidenten offenkundig. Das Weiße Haus konnte nicht mehr so leicht die politische Propagandamaschine anwerfen, wenn es darum ging, die eigene Nation und die Weltöffentlichkeit von der Gefährlichkeit eines Staates wie dem Iran zu überzeugen. »Niemand weiß genau, wie und wo die [Iraner] es [die Nuklearprogramme] betreiben und wie weit sie sind«, räumte Kenneth Pollack von der Brookings Institution ein, der in den neunziger Jahren als CIA-Analyst mit den Rüstungsambitionen des Iran befasst war.

Diese Informationen seien aber entscheidend, »wenn man einen Luftschlag ausführen will«.[14]

Die Geheimdienstwaffe hatte sich vor den Augen der internationalen Gemeinschaft abgenützt, das Renommee der US-Dienste war ruiniert, die Bereitschaft selbst von befreundeten Ländern, angebliche Erkenntnisse der US-Spionage ernst zu nehmen, sank auf den Nullpunkt. Zugleich verschlechterte sich die Stimmung bei den Mitarbeitern der arg gescholtenen Geheimdienste. »Angst über die Zukunft«, so der frühere CIA-Antiterrorspezialist Michael Scheuer, beherrsche viele seiner ehemaligen Kollegen. Die US-Geheimdienste würden gegenwärtig an derart vielen Stellen reformiert und umstrukturiert, dass »sie wahrscheinlich wegen des Ausmaßes der Unsicherheit weniger effektiv als zuvor sein werden«.[15]

Selbst wenn mit den Reformen sofort begonnen würde, brauche die dringend überfällige qualitative Verbesserung der amerikanischen Geheimdienstarbeit viel Zeit. Washington müsse sehr geduldig sein, warnte Gregory Treverton, der Nachrichtendienstexperte der Rand Corporation: »Zu glauben, dass wir bald viel besser dastehen werden, ist einfach unrealistisch.«[16] Für die Autoren der Geheimdienstkommission, die ein Jahr lang äußerst gründlich und ohne ideologische Scheuklappen das Versagen der Geheimdienste untersuchen konnten, stand deshalb abschließend fest: »Es wird Jahre benötigen, um den Schaden zu beheben, den die amerikanische Glaubwürdigkeit durch unsere allzu offensichtlichen Geheimdienstfehler im Irak erlitten hat.«[17] Aber so lange wollte und konnte der tatendurstige Präsident nicht warten.

Bollwerk gegen Terrorismus, Unterdrückung und Diktatur

Der Anblick erfreute ihn jedesmal aufs neue: An Bord seines Hubschraubers Marine One überflog George W. Bush in niedriger Höhe die 25 000 Soldaten, die auf dem weitläufigen Kasernengelände von Fort Hood in Killeen angetreten waren und geduldig auf die Ankunft ihres Oberbefehlshabers warteten. Der Helikopter flog einen engen Bogen über dem flaggengeschmückten Podium, bevor er am markierten Landepunkt auf dem Paradeplatz aufsetzte. Viele der GIs, von denen die meisten schon mindestens einen Einsatz im Irak absolviert hatten, schwenkten kleine US-Fähnchen, die zuvor verteilt worden waren. Ein Meer von »Stars and Stripes« wogte vor den Augen des Präsidenten, Sprechchöre »USA, USA!« hallten über das sonnige Areal. Es war einer dieser warmen, trockenen Frühlingstage, die Bush so sehr an seinem heimatlichen Texas schätzte.[18]

Die nördliche Spitze des gewaltigen Truppenstützpunkts, der unter anderem die 1. Kavalleriedivision und die 4. Infanteriedivision beherbergte, lag unmittelbar vor Bushs Haustür, keine fünfzehn Meilen von seiner Ranch in Crawford entfernt. Der Präsident kam immer wieder gern nach Fort Hood, dem größten Militärstützpunkt auf US-Gebiet, zurück, um vor begeistertem Publikum seine Botschaft von der nationalen Bestimmung Amerikas als Bollwerk gegen Terrorismus, Unterdrückung und Diktatur zu entwickeln. Seit dem Ende des Irakkriegs war es Bush zur lieben Gewohnheit geworden, zum Ostergottesdienst nach Fort Hood zu kommen, um gemeinsam mit den Soldaten und ihren Familien in der Memorial Kapelle der 4. Infanteriedivision für »Frieden und Stärke« zu beten.[19] Diesmal, am zweiten Jahrestag des Falls von Bagdad – ein Ereignis, das Bush in seiner Ansprache für historisch ebenso bedeutend wie den Fall der Berliner Mauer erklären sollte –, galt es, der Nation eine neue Deutung dafür zu geben, warum Amerika unverändert die schweren finanziellen, militärischen und politischen Lasten im Irak zu tragen habe.

Der Oberbefehlshaber entstieg Marine One in einer grünen Armeejacke, die über seinem Herzen der Aufdruck »Army« und auf der rechten Seite die überflüssige Bezeichnung »Commander in Chief« zierte. Dass sich die Stimmung innerhalb der Truppe geändert haben könnte, ließ die exzellent organisierte Inszenierung zunächst nicht erkennen. »Die Soldaten und Familien von Fort Hood haben zu unseren Anstrengungen im Krieg gegen den Terror mächtig beigetragen«, lobte der Präsident in seiner Begrüßung.[20] – Kein Wunder, dürfte so manchem Soldaten der 1. Kavalleriedivision durch den Kopf gegangen sein, war doch die Einheit Anfang 2004 in den Irak verlegt worden, um erst jetzt, im Frühjahr 2005, heimzukehren. Mindestens neunzig Angehörige der mit 16 700 Soldaten größten Division der US-Armee waren während dieses Einsatzes ums Leben gekommen.[21]

Auch den Soldaten der 4. Infanteriedivision, ebenfalls samt Ehefrauen und Kindern zur präsidialen Aufmunterung angetreten, brauchte Bush nicht wortreich zu erklären, welche Opfer sie und ihre Familien gebracht hatten. Schließlich gehörte die Division zu den Einheiten, die den Irakkrieg von Anfang an hatten mitmachen müssen und sich das erste Jahr nach »dem offiziellen Ende der Kampfhandlungen« in einen verlustreichen Guerillakrieg verstrickt fanden. Im Herbst 2005, das wussten die Soldaten bereits, sollten sie wieder in den Irak verlegt werden.

Bush brachte die beständige Rotation der wenigen regulären Kampfdivisionen auf die schlichte Formel: »Ob ihr [gerade] kommt oder geht, ihr macht einen enormen Unterschied für die Sicherheit unserer Nation und für den Frieden in der Welt aus. Ich möchte euch danken, dass ihr eure Mitbürger verteidigt.«[22]

Längst hatten die Redenschreiber des Präsidenten jeden Hinweis auf den ursprünglichen Kriegsgrund aus den Manuskripten ihres Chefs getilgt. Dass Saddam Hussein zum Zeitpunkt der Invasion chemische, biologische und nukleare Waffen besessen habe und dass »das irakische Regime eine große Bedrohung für die Vereinigten Staaten« darstelle, wie Bush an gleicher Stelle und vor vielen derselben Soldaten noch im Januar 2003 behauptet hatte[23] – das schien den Beratern des Präsidenten buchstäblich nicht mehr der Rede wert zu sein. Die Welt hatte sich mit der Macht des Faktischen abgefunden, und seit dem Ende des letzten Wahlkampfs war Bush dazu übergegangen, nicht mehr über seine Entscheidung für die Invasion im Irak zu sprechen. Statt dessen probten er und sein neues Kabinett einen Imagewandel, weg von der martialischen »Entweder ihr seid mit uns oder ihr steht im feindlichen Lager«-Rhetorik, die seine Ansprache in Fort Hood Anfang 2003 gekennzeichnet hatte, hin zu weichen Tönen und Inhalten wie Freiheit, Demokratie und Menschenrechte.

Im Irak seien die »Grundlagen für eine freie Gesellschaft« gelegt worden, »unabhängige Gerichte« seien »überall im Land« errichtet worden, die US-Soldaten garantierten mit ihrem Einsatz »für Frieden im Irak die Sicherheit der freien Nationen«.[24] Der Erfolg der »irakischen Demokratie«, so das sicherheitspolitische Glaubensbekenntnis des Präsidenten, werde »eine Botschaft von Beirut nach Teheran« senden, dass »Freiheit die Zukunft jedes Landes« sein könne.

Bushs Lehre von der gewaltsam ausgelösten Transformierung des Irak, die eine demokratische Dominowirkung entfalten und ein intellektuelles und sozioökonomisches Austrocknen des islamistischen Extremismus bewirken werde, trat nun in den Vordergrund seiner politischen Verkündigung. »Ein freier Irak in der Mitte des Nahen Ostens wird eine vernichtende Niederlage für die Kräfte der Tyrannei und des Terrors sein«, hörten die Befehlsempfänger auf dem Paradeplatz von Fort Hood, »und ein entscheidendes Ereignis in der globalen demokratischen Revolution.«[25]

»Möge Gott dieses große Land der Freiheit, die Vereinigten Staaten von Amerika, weiterhin segnen« – nach den obligatorischen Schlussworten zog der Präsident unter den »Hoo-ah«-Rufen in das Wagon Wheel Inn ein, die Kantine der 1. Kavalleriedivision, ließ sich Grillhühnchen, Makkaroni und Salat auf den Teller häufen und nahm zwischen zwei seiner Soldaten zum Lunch Platz. Abgeschirmt von der Öffentlichkeit verbrachte Bush die letzten drei Stunden der Visite auf seinem Lieblingstruppenstandort damit, Familienangehörigen von Soldaten, die im Irak ums Leben gekommen waren, den übergeordneten geopolitischen Sinn ihres Verlusts nahezubringen.[26]

Israel könnte es tun

Vizepräsident Dick Cheney liebte es, dem sorgsam gepflegten Klischee neue Nahrung zu geben, er sei die graue Eminenz im Hintergrund, beständig um die Gefahren für die Sicherheit der Nation besorgt – öffentlichkeitsscheu, kühl kalkulierend und selbstlos allein dem Präsidenten der Vereinigten Staaten verpflichtet. Nach der Lektüre von Bushs Rede zum Amtsantritt, die er vorab vom Weißen Haus bekommen hatte, entschied sich Cheney für einen publizistischen Präventivschlag, denn für Cheneys Geschmack war Bushs Ansprache reine Politpoesie. Für die pragmatische Prosa fühlte sich der Vizepräsident zuständig.

Wie vereinbart, erschienen am Morgen des 20. Januar 2005 die Produzenten der *Don-Imus-Show* in der Residenz des Vizepräsidenten im Naval Observatory. Mikrophone, Kopfhörer und Sendekabel waren bereits für das Interview mit dem landesweit bekanntesten Radiomoderator installiert. Don Imus, dessen auf dem Nachrichtenkanal MSNBC ausgestrahlte morgendliche Talkshows Kultstatus besitzen, bot Dick Cheney das geeignete Forum, um wenige Stunden vor der Amtseinführung des wiedergewählten Präsidenten die große sicherheitspolitische Linie abzustecken.

»Ladies and Gentlemen, begrüßen Sie bitte bei der *Imus-am-Morgen-Show* den Vizepräsidenten der Vereinigten Staaten Dick Cheney und seine Frau!« eröffnete der Moderator.[27]

»Guten Morgen, wie geht's euch?«

Mit einer Mischung aus jahrzehntelanger Routine, trockensarkastischem Humor und ernst vorgetragenen Politanalysen hangelte sich der Stellvertreter des Präsidenten ganz gut durch das Interview, bis Moderator Imus auf die Recherchen von Seymour Hersh vom *New Yorker* zu sprechen kam, wonach Washington seit Sommer 2004 potentielle Nuklearstätten im Iran mit unbemannten Drohnen und Spezialeinsatzkräften ausspioniere:[28] »Mal angenommen, dass Sie irgendwas gegen den Iran vorhaben. Versuchen wir herauszubekommen, was die [Iraner] haben? Und falls wir herausfinden, dass die ein Atomwaffenprogramm haben – was dann?«

Cheney wusste, dass seine Äußerungen an einem Tag wie der Amtseinführung des Präsidenten weltweit Beachtung finden würden, und so nutzte er die Gelegenheit für eine volle außenpolitische Breitseite gegen den einzig verbleibenden ernsthaften Feind der USA im Mittleren Osten: »Wir sind sehr besorgt über den Iran«, beschied der Vizepräsident. »Wenn man sich nach Krisenherden auf der Welt umschaut, dann steht der Iran ganz oben auf der Liste.«

Der Moderator, der sich patriotischen Gefühlen nicht recht verschließen konnte, ermunterte Cheney mit der Frage: »Heißt das also, dass wir wieder ranmüssen?«

Offenkundig hatte Don Imus das politische Selbstverständnis seines Gesprächspartners richtig eingeschätzt, denn

Cheney setzte an: »Wir müssen den ernsthaften Versuch machen, um …«

Wieder unterbrach der Radiomoderator, denn ihm war eine neue Variante der Frage nach einem Präventivangriff in den Sinn gekommen: »Warum veranlassen wir nicht Israel, es zu tun?«

Für alle israelischen Regierungen, gleich welcher politischen Couleur, gilt als oberste Maxime der nationalen Sicherheit, dass es in der Region keine andere Atommacht geben darf. Unter ganz anderen Umständen und zu einer anderen Zeit, am 7. Juni 1981, hatten sechzehn Kampfflugzeuge der israelischen Luftwaffe auf Befehl des damaligen Ministerpräsidenten Menachem Begin den irakischen Atomreaktor Osirak bei Bagdad mit der Begründung zerstört, der Reaktor sei eine tödliche Gefahr für die Sicherheit Israels, denn er könnte zur Herstellung von Nuklearwaffen genützt werden.[29]

Dick Cheney, der die heftigen außenpolitischen Reaktionen auf den israelischen Präventivschlag von 1981 seinerzeit als republikanischer Kongressabgeordneter verfolgt hatte, ließ keinen Zweifel aufkommen, dass Israel im Falle des iranischen Nuklearprogramms zu einer ähnlichen Gefahreneinschätzung kommen könnte: »Israel könnte es tun, ohne jemanden zu fragen.« Wenn die Israelis davon überzeugt wären, dass die Iraner bedeutende nukleare Kapazitäten hätten, könnten sie angesichts der erklärten Politik des Iran, die die Zerstörung Israels vorsehe, »als erste handeln und es der restlichen Welt überlassen, die diplomatische Sauerei nachher aufzuwischen«.[30]

Cheney sorgte für die nötige Klarheit: Seine eher beiläufig eingestreute Bemerkung, »wir wollen keinen Krieg im Mittleren Osten, wenn wir ihn vermeiden können«, dokumentierte eindrucksvoll, dass für die Bush-Administration der Krieg längst eine Handlungsoption war.

Natürlich wäre es für alle das Beste, wenn »wir die iranische Situation diplomatisch regeln können«, versicherte der Vize generös. Briten, Deutsche und Franzosen würden ja mit Teheran verhandeln, um eine »größere Transparenz« über das iranische Nuklearprogramm zu erzielen, und da arbeite man mit den Europäern zusammen. Aber, und damit beendete Cheney einen der raren Einblicke in seine machtpolitische Seelenlage, sollten die Iraner ihren Verpflichtungen nicht nachkommen, »wäre der nächste Schritt, die Angelegenheit vor den Sicherheitsrat der Vereinten Nationen zu bringen und internationale Sanktionen zu verhängen«. Damit könnten die UN den Iran »zwingen«, als Unterzeichnerstaat des Atomwaffensperrvertrags seinen »Verpflichtungen« nachzukommen.

Gute alte Zeiten: Die USA unterstützen Irans Atomprogramm

»Mr. Vice President, willkommen in Moorhead, Minnesota. Ich habe eine Frage zum Iran und dessen Nuklearpotential.« Die Wahlkampfveranstaltung des Vizepräsidenten in der Aula der Minnesota State University näherte sich dem Ende, anderthalb Stunden schon hatte Dick Cheney das freundlich gestimmte Auditorium mit Ausflügen in die internationale Politik und Erläuterungen zur besonderen Rolle der Vereinigten Staaten unterhalten.

»Das ist eine gute Frage«, freute Cheney sich.[31] Der Iran bemühe sich schon seit langem, eine eigene Nukleartechnologie zu entwickeln, und stets behaupte Teheran, die Atomkraft ausschließlich für friedliche Zwecke, zur Energiegewinnung, zu benötigen.

»Die sitzen auf einer wahnsinnigen Menge von Erdöl und Erdgas. Niemand kann verstehen, warum sie Atomkraft brauchen, um Energie zu gewinnen«, brachte Cheney das Standardargument der US-Regierung vor, das die angebliche Absurdität des iranischen Wunschs nach Kernenergie verdeutlichen sollte.[32] Schließlich verfüge der Iran über 10 Prozent der weltweiten Erdölreserven und über die nach Russland weltweit größten Erdgasvorkommen.[33] Dass Cheney dreißig Jahre zuvor in seiner Funktion als stellvertretender Stabschef im Weißen Haus genau gegenteiliger Meinung war und dies auch als offizielle Politik der Regierung von Präsident Gerald Ford vertreten hatte, brauchte die republikanische Anhängerschaft ebensowenig zu wissen wie der Rest der Nation.

Das Memorandum des Nationalen Sicherheitsrats aus dem Jahr 1975 trug den versöhnlichen Titel »US-iranische Nuklearkooperation«, war aus nachvollziehbaren Gründen als geheim klassifiziert und ging nur an einen kleinen Verteiler: der Verteidigungsminister, der stellvertretende Außenminister, die Chefs der Waffenkontroll- und Abrüstungsbehörde sowie der Energiebehörde erhielten das Schreiben, eine Kopie durfte der Direktor der CIA lesen. Das Memorandum enthielt »Empfehlungen« des US-Präsidenten für Verhandlungen »über eine Vereinbarung zur Zusammenarbeit bei der zivilen Nutzung der Atomenergie mit der Regierung des Iran«. Die Gespräche zwischen Washington und Teheran sollten sich an drei Grundsätzen orientieren: Die US-Regierung unterstütze den Aufbau einer Atomenergie-Industrie im Iran. Dazu dürften die USA angereichertes Uran oder Plutonium an den Iran liefern, um einen »vollständigen [Nuklear-]Kreislauf« zu gewährleisten. Für die atomare Entsorgung solle eine multinationale Wiederaufbereitungsanlage zuständig sein.

Das Schriftstück stammt aus den längst vergangenen Tagen der engen amerikanisch-iranischen Freundschaft: Am 22. April 1975 unterschrieb Henry Kissinger als Sicherheitsberater und Außenminister das »National Security Decision Memorandum 292«.[34] Die engsten Mitarbeiter von Präsident Ford waren zu diesem Zeitpunkt Donald Rumsfeld als Stabschef im Weißen Haus, Dick Cheney als dessen Stellvertreter und Paul Wolfowitz als für die Nichtweiterverbreitung von Atomwaffen zuständiger Abteilungsleiter in der Waffenkontroll- und Abrüstungsbehörde.[35] Heute ist Rumsfeld Verteidigungsminister, Cheney Vizepräsident, und Wolfowitz war bis 2005 stellvertretender Verteidigungsminister, bevor er zum Präsidenten der Weltbank nominiert wurde. Die Verantwortlichen von damals sind die Verantwortlichen von heute.

Geplant war der Verkauf von »US-Atomreaktoren und -Materialien« an den Iran.[36] Unter der Führung des Westinghouse-Konzerns wollten amerikanische Unternehmen sechs bis acht Atomreaktoren im Wert von 6,4 Milliarden Dollar an die iranische Regierung veräußern. Zudem beabsichtigte der Iran, für eine weitere Milliarde Dollar einen zwanzigprozentigen Anteil an einer privatwirtschaftlich betriebenen amerikanischen Urananreicherungsanlage zu erwerben, die einen Großteil des Urans für den Betrieb der Reaktoren liefern sollte.[37]

Die Ford-Regierung begrüßte die Absicht des Schahs, eine eigene Atomindustrie aufzubauen, denn es sei ja vernünftig, wie es in einem Strategiepapier des Nationalen Sicherheitsrats hieß, dass sich Teheran »auf die Zeit – vermutlich in fünfzehn Jahren – einstellt, wenn die iranische Erdölproduktion voraussichtlich stark zurückgeht«. Wegen seiner beständig wachsenden Bevölkerung, begrenzter Erdölressourcen und einem steilen Anstieg des Energiebedarfs sei das Nuklearprogramm für den Iran absolut notwendig. Henry Kissinger argumentierte 1975 genauso wie die iranischen Mullahs heute: »Die Einführung der Atomkraft wird den wachsenden [Energie-]Bedarf der iranischen Wirtschaft befriedigen und zudem dafür sorgen, dass die freigesetzten verbleibenden Erdölreserven exportiert werden können.«

Dreißig Jahre später kam Kissinger zur genau entgegengesetzten Einschätzung: Für den Iran als »bedeutenden Erdölproduzenten ist die Atomenergie ein verschwenderischer

Verbrauch von Ressourcen«, erklärte der Großmeister der amerikanischen Realpolitik den Lesern der *Washington Post* im März 2005. Diesen Standpunkt teilte auch Präsident Bush, dessen Sprecher Scott McClellan von einem »interessanten Kommentar« Kissingers sprach, der »einige unserer Ansichten« widerspiegele.[38] Kurz darauf legte der Präsident persönlich nach: »Ich bin irgendwie verwundert darüber, warum die [Iraner] eine Atomindustrie brauchen, schließlich haben sie das ganze Öl.«[39]

Unter dem Schah-Regime hatte der Iran den Aufbau einer nationalen Atomindustrie damals mit den gleichen Argumenten für sich in Anspruch genommen wie sie heute die islamische Republik Iran unter den Mullahs vorbringt – nur die Einschätzung des Iran durch die Vereinigten Staaten hatte sich in der Zwischenzeit grundlegend geändert. Letztlich kam das amerikanisch-iranische Nukleargeschäft Mitte der siebziger Jahre zwar nicht zustande,[40] doch dass es überhaupt erwogen wurde, basierte damals auf »gegenseitigem Vertrauen. Das war die Grundlage«, erinnerte sich Gary Sick, der während der Regierungszeit der Präsidenten Ford, Carter und Reagan für die Nichtweiterverbreitung von Nuklearwaffen zuständig war.[41]

Der Iran »war damals ein befreundetes Land«, verteidigt Henry Kissinger sich heute. »Über die Frage, dass sie [die Iraner] irgendwann einmal in Richtung Nuklearwaffen« rücken könnten, habe man nicht gesprochen.[42] Zudem habe es sich, so der damalige Chargé d'affaires an der US-Botschaft in Teheran, Charles Nass, um ein in wirtschaftlicher Hinsicht »attraktives Geschäft« gehandelt. Für Washington seien die Beziehungen zu Schah Reza Pahlevi, dem politischen Geschöpf der USA,[43] »sehr wichtig« gewesen.[44]

Offenkundig hatte die Bush-Regierung bei der Beurteilung der iranischen Nuklearambitionen auf das kurze Gedächtnis der Weltöffentlichkeit gesetzt.

Israels Befürchtungen

Um 9.30 Uhr kam die schwarze Limousine des israelischen Regierungschefs auf der grob geteerten Zufahrtsstraße der Crawford Ranch präzise an der Stelle zum Halten, die das Protokoll zuvor bestimmt hatte: am Ende des gepflasterten Fußwegs zum Haus des US-Präsidenten, auf dessen letzter Steinplatte Scharons wichtigster Verbündeter bereits im blauen, aufgeknöpften Freizeithemd, grauer Hose und dunkelbraunen Cowboystiefeln stand, eskortiert von seinem schwarzen Scotch-Terrier Barney. Ariel Scharon ergriff die ausgestreckte Hand von George Bush, dem er für die Einladung nach Texas außerordentlich dankbar war.

Neunmal hatte der Premier den US-Präsidenten seit dessen Amtsantritt im Januar 2001 in den Vereinigten Staaten besucht, dieses Mal endlich, im April 2005, konnte es zur von Scharon angestrebten Begegnung in Bushs Heimat kommen. Er brauchte die Bilder, die ihn als engsten Partner des US-Präsidenten zeigten, der einen neuen, demokratischen und friedlichen Nahen Osten zu formen gewillt sei: die obligatorische Fahrt mit Bush in dessen weißem Pickup-Geländewagen über das sechs Quadratkilometer große Gelände, die Besichtigung der sorgfältig von der First Lady gehegten Blumenbeete und Präriepflanzen, der kurze Spaziergang vor dem gemeinsamen Mittagessen. All das sollte dem bedrängten Premier daheim helfen, dem Widerstand, der sich in Israel so vehement gegen seinen Abzugsplan aus Gaza artikulierte, den Wind aus den Segeln zu nehmen.[45]

Doch für sein eigentliches Anliegen konnte Ariel Scharon keine Kameras gebrauchen. Wie schon bei einem Treffen mit dem Präsidenten Ende Juli 2003 in Washington[46] zog der israelische Regierungschef seinen langjährigen militärischen Berater Joaw Galant zu dem vertraulichen Lunch mit Bush und dessen Stellvertreter Dick Cheney hinzu. Der Dreisternegeneral Galant legte die Ergebnisse der israelischen Nachrichtendienste auf den Tisch und breitete Satellitenaufnahmen und Charts über die, wie die israelische Seite betonte, geheime iranische Nuklearrüstung aus.

Die Mullahs hätten bald den »point of no return« erreicht, erklärte Scharon. Eindringlich forderte er Bush dazu auf, den Druck auf Teheran massiv zu erhöhen, um Israels Erzfeind zur Aufgabe des Atomprogramms zu zwingen.[47] Die Europäer unter Führung der sogenannten EU-3 – Frankreich, Großbritannien und Deutschland – würden ihre Verhandlungsposition gegenüber dem Iran aufweichen, sie wären gegebenenfalls sogar bereit, Teheran die Technologie zur Urananreicherung zu gestatten. Er habe wenig bis gar kein Vertrauen in das Ergebnis der europäisch-iranischen Atomgespräche, setzte Scharon hinzu, wohl wissend, dass die US-Regierung seine Skepsis teilte.

In den Wochen und Monaten vor dem Treffen in Crawford hatten Mitglieder der israelischen Regierung und israelische Geheimdienstexperten immer wieder darauf hingewiesen, dass nicht mehr viel Zeit bleibe, um den Iran von der Vollendung seines verdeckten Atomwaffenprogramms abzuhalten. Während der Jahresversammlung des Verbands der israelischen Zeitungsverleger Anfang Dezember 2004 warnte der Premier, der Iran werde schon im nächsten Jahr über einen geschlossenen Nuklearkreislauf verfügen. Und vor dem Knesset-Ausschuss für Außenpolitik und Verteidigung warnte Meir Dagan, der Chef des israelischen Auslandsdienstes Mossad, Ende Januar 2005, die nukleare Bedrohung seitens des Iran werde bald nicht mehr zu stoppen sein.[48] Damit wiederholte Scharons enger Vertrauter, den mit dem Ministerpräsidenten eine jahrzehntelange gemeinsame militärische Vergangenheit verbindet,[49] den beständigen Vorwurf Israels, die islamistische Führung in Teheran würde mit der Internationalen Atomenergiebehörde (IAEO) ohnehin nur Katz und Maus spielen.

Der US-Präsident zeigte sich von den Informationen des

israelischen Geheimdiensts wenig beeindruckt. Die Satellitenaufnahmen von iranischen Nuklearstätten sowie die sonstige Beweisführung seien für Bush »weder erschütternd noch neu« gewesen, ließen dessen Mitarbeiter anschließend verbreiten.[50] Auch Außenministerin Condoleezza Rice winkte ab. Solche Gespräche habe man schon öfters mit den Israelis geführt, und diese Erwägungen seien sicherlich auch in die eigene Politik gegenüber Teheran eingegangen. Nur: »Da gab es [diesmal] keine Enthüllungen.«[51]

Offenkundig hatte das Weiße Haus nicht die Absicht, sich von der israelischen Regierung unter Zeitdruck setzen zu lassen, zumal die iranischen Atompläne in den Augen der USA noch gar nicht so weit gediehen waren: Falls sich der Iran nicht »einer atomaren Nichtweiterverbreitungsvereinbarung« unterwerfen würde, werde Teheran »voraussichtlich mit Beginn des nächsten Jahrzehnts die Fähigkeit haben, Nuklearwaffen herzustellen«, wusste einen Monat nach dem Beginn von Bushs zweiter Amtszeit der Chef der Defense Intelligence Agency (DIA), Vizeadmiral Lowell E. Jacoby, dem Senatsausschuss für Geheimdienste zu berichten. Zu einer ähnlich lautenden Prognose kam ein halbes Jahr später auch die lang erwartete »National Intelligence Estimate«, die das Geheimdienstgremium des US-Präsidenten im Januar 2005 angefordert hatte: Der Iran werde erst »Anfang bis Mitte des nächsten Jahrzehnts« in der Lage sein, in ausreichender Menge hochangereichertes Uran produzieren zu können.[52]

Umklammerter Iran

Hinsichtlich der Motive der iranischen Führung unterstellten die amerikanischen Geheimdienste, dass der Iran »wahrscheinlich« deshalb bestrebt sei, Nuklearwaffen zu besitzen,

»um zur regionalen Vormacht« aufzustreben, und zur Abschreckung eines potentiellen Angriffs der USA oder Israels.[53] Deshalb wende das Regime »beträchtliche Ressourcen für seine Massenvernichtungswaffen- und Raketenprogramme auf«.

Diese Sprachregelung sollte für die US-Regierung bis auf weiteres ihre Gültigkeit bewahren. Natürlich hatte sich das strategische Umfeld des Iran seit dem 11. September 2001 und den anschließenden Kriegen in den Nachbarländern Afghanistan und Irak grundlegend verändert. Nur anderthalb Jahre später standen rund 138 000 US-Soldaten im Zweistromland, 18 000 GIs waren im ehemaligen Reich der Taliban, und entlang der Golfküste, in Katar und Kuwait, gab es weitere US-Stützpunkte. »Die haben neue Nachbarn bekommen«, fasste Condoleezza Rice die Auswirkungen der US-Präsenz im Mittleren Osten trocken zusammen.[54] Die demokratische Transformation eines Landes unmittelbar jenseits der Grenzen des Iran müsse doch der Führung in Teheran ebenso zu denken geben wie der iranischen Bevölkerung, deren Schicksal »von einer Gruppe nicht gewählter Mullahs« entschieden werde: Im Irak sei »eine demokratische Regierung« entstanden, die zwar von Schiiten geführt werde, nicht aber theokratisch durchsetzt sei. Und aus Afghanistan, einem ehemaligen »Terrorstaat«, war nach Rices Worten nun »ein guter Freund der Vereinigten Staaten« geworden, der »den Terrorismus bekämpft«. Mittel- bis langfristig werde sich das politische System des Iran dem des demokratisch gewendeten Irak und Afghanistans schon anpassen.

»Ja, der Iran ist ein Problem«, räumte die US-Außenministerin im Frühjahr 2005 ein, »aber ich würde nicht sagen, dass das Umfeld des Iran so großartig ist, wenn Sie sich anschauen, was in den letzten drei Jahren passiert ist.«[55] Mit ihrem Einsatz in den beiden wichtigsten Nachbarländern des Iran haben die USA die geostrategischen Gewichte in der Region auf Dauer verändert – auch wenn auf absehbare Zeit offenbleibt, zu wessen Vorteil. Denn mit der erhöhten Präsenz amerikanischer Truppen entlang der iranischen Grenzen und den Wahlgängen im Irak und in Afghanistan hat sich Washington in eine kaum auflösbare gegenseitige Abhängigkeit zu Teheran begeben, die den Handlungsspielraum der US-Regierung im Dauerkonflikt um das iranische Nuklearprogramm deutlich begrenzt.

»Die Leute realisieren nicht, welch großen Einfluss die Iraner gegenwärtig auf uns haben«, stellte der ehemalige US-Oberst Sam Gardiner fest, der sich innerhalb des amerikanischen Militärs als Spezialist für sogenannte »war games« einen Namen gemacht hat.[56] Amerika verfüge nur noch über »eingeschränkte militärische Optionen«, solange »wir im Irak sind«. Umgekehrt habe der Iran erhebliche Möglichkeiten, »uns das Leben dort wirklich schwerzumachen«.

Es war eine schon oft gehörte Einschätzung, die der rundliche, ein wenig professoral wirkende Gardiner da Ende des Jahres 2004 wiedergab, doch Gardiner plapperte nicht einfach etwas nach, sondern hatte gute Argumente für seine Feststellung. Im Auftrag des liberalen Monatsmagazins *Atlantic Monthly* hatte der pensionierte Militärstratege eines seiner »Kriegsspiele«, eine recht detaillierte Simulation durchgeführt – die Zeitschrift hatte Gardiner und einige führende Iranexperten, ehemalige Regierungs- und Geheimdienstmitglieder eingeladen, die Frage zu analysieren: »Ist der Iran als nächstes dran?«[57]

Das Planspiel sollte die Entscheidungsprozesse im Nationalen Sicherheitsrat aufzeigen, dessen Aufgabe es ist, dem US-Präsidenten Vorschläge zu unterbreiten, wie Amerika auf Irans zügige Fortschritte bei der Herstellung von Atomwaffen reagieren solle. Die Schlussfolgerung der Fachleute, unter denen sich der frühere US-Chefwaffeninspekteur David Kay sowie der ehemalige Pentagonsprecher Kenneth Bacon befanden: Es gebe keine realistische militärische Option, mit der die Vereinigten Staaten den Iran erfolgreich, wirksam und dauerhaft davon abhalten könnten, sich Nuklearwaffen zu beschaffen. Dafür gab es mehrere Gründe.

Planspiele

Vor allem berge die unmittelbare Nachbarschaft zum Irak, dessen Bevölkerung bekanntlich zu rund 60 Prozent schiitisch ist, für die Vereinigten Staaten mehr Risiken als Vorteile. Sollte sich die theokratische Führung in Teheran tatsächlich oder vermeintlich in ihrer politischen Herrschaft bedroht fühlen, wäre es der schiitischen Geistlichkeit des Iran ein leichtes, ihre Glaubensbrüder im Irak zu aktivieren und aus ihrer bislang neutral-gleichgültigen Haltung gegenüber den amerikanischen Truppen im Lande zu wecken. Bislang, so bilanzierte Kenneth Pollack während der Simulation des *Atlantic Monthly*, »hat der Iran uns im Irak keinen ernsthaften Strich durch die Rechnung gemacht«. Sollten sich die herrschenden Mullahs jedoch durch neue Wirtschaftssanktionen in die Enge gedrängt fühlen oder gar mit einem Angriff der US-Streitkräfte rechnen, »können sie uns das Leben im Irak zur Hölle machen«.[58]

Wie sehr sich die US-Regierung der Möglichkeiten Teherans bewusst ist, Einfluss auf die Entwicklung im benachbarten »Hauptkampfgebiet gegen den Terrorismus« auszuüben (so die Standardformulierung Washingtons für den Irak), mit dem der Iran eine rund 1600 Kilometer lange Grenze teilt, lässt sich an den beständigen amerikanischen Warnungen erahnen. Mit Ausnahme der kurzen Zeitspanne zwischen dem 11. September 2001 und der Stigmatisierung des Iran in der legendären Ansprache Bushs zur Lage der Nation Ende Januar 2002, in der es vorsichtige Ansätze einer amerikanisch-iranischen Wiederannäherung gab, unterließ es Washington, eine Iranpolitik zu definieren, die mehr gewesen wäre als die gewohnte Mischung von militärischen Drohungen, moralischen Verdammungen und Appellen an die iranische Bevölkerung, den Regimewechsel aus eigener Kraft herbeizuführen.

»Jede der [militärischen] Maßnahmen gegen den Iran würde strategische Risiken in sich bergen«, analysierte die Planspielrunde unter Leitung von Sam Gardiner. Neben der Möglichkeit, dass der Iran seinen Einfluss dazu benutzen könnte, um »die antiamerikanische Gewalt im Irak« anzufachen, wäre das rohstoffreiche Land als zweitgrößter OPEC-Produzent jederzeit in der Lage, »die Ölpreise in die Höhe zu treiben, und damit der amerikanischen Wirtschaft und der Weltwirtschaft« erheblichen Schaden zuzufügen. Ferner sei wegen der lückenhaften Geheimdiensterkenntnisse selbst im Falle eines mehrtägigen Militärschlags gegen »300 Zielorte« im Iran, davon rund 125 angebliche Produktions- oder Lagerstätten von ABC-Waffen, nicht sicherzustellen, dass mit einer derartigen Aktion das vermutete iranische Nuklearwaffenpotential auch wirklich ausgeschaltet wäre. Die USA wüssten einfach viel zuwenig darüber, wo sich welche Nuklearstätten im Iran befänden. Selbst im Falle eines »Angriffs könnten die Vereinigten Staaten die iranischen Fortschritte [auf dem Weg zur Atommacht] allenfalls für eine nicht bekannte Anzahl von Monaten oder Jahren aufhalten – und sich dafür eine umfassende iranische Vergeltung einhandeln«.[59]

Aus diesem Dilemma zwischen außenpolitischen Drohgebärden und der langsam einsickernden Einsicht in die eigene militärpolitische Begrenztheit hat die US-Regierung noch keinen überzeugenden Ausweg gefunden. In der Frage, wie die weitere Gangart gegenüber dem Iran aussehen kann, bleibt Washington gespalten und setzt darauf, dass die öffentlichen Warnungen an die Islamische Republik Iran als Vorstufe eines Präventivschlags verstanden werden, getreu der Sicherheitsdoktrin, wonach der angebliche oder auch nur angestrebte

Besitz von Massenvernichtungswaffen durch einen von den USA als feindlich identifizierten Staat ausreicht, um gegen das Regime vorzugehen und es gewaltsam abzusetzen.

Vorposten des Terrors

»Iran bleibt der vorrangige Staatssponsor des Terrors«, hatte der US-Präsident nach der Wiederwahl in seiner ersten Rede zur Lage der Nation gesagt, um anschließend die beiden Gründe für diese Einschätzung zu benennen, mit denen er innenpolitisch am meisten punkten kann: Das Land »strebt Nuklearwaffen an, während es seinem Volk die Freiheit verwehrt, die dieses anstrebt und verdient«.[60] Der Kontext zwischen Massenvernichtungswaffen und Diktatur, zwischen Gefahr für Amerika und seine Verbündeten und dem Vorwurf des staatlich unterstützten Terrors – diese Beschwörung dient als öffentlichkeitswirksamer Ersatz für eine Iranpolitik, die den Namen verdient und den Sicherheitsinteressen der Vereinigten Staaten gerecht werden würde.

Bushs Außenministerin, die dem State Department wegen ihrer engen persönlichen Bindung zum Präsidenten neues politisches Gewicht verleihen konnte,[61] rückt das zentrale außenpolitische Thema der zweiten Amtszeit ihres Förderers stets in den Mittelpunkt. »Während Ihrer Senatsanhörung haben Sie den Iran einen Vorposten der Tyrannei genannt«, ging der Fernsehmoderator und ehemalige Clinton-Berater George Stephanopoulos die Außenministerin am Tag der Wahlen im Irak in der sonntäglichen Polittalkshow *This Week* an. »Sind Sie heute besorgt über die Rolle, die der Iran im Irak spielt?«

»Natürlich sind wir besorgt über die Rolle, die der Iran *versucht hat,* im Irak zu spielen«, verbesserte Rice den Journalisten. Auch die Iraker seien sehr besorgt über den iranischen Einfluss. Dass es zwischen Nachbarn wie den beiden Ländern enge Beziehungen gebe, sei ja »nur allzu normal«, nur – und diese Trennlinie zog Condoleezza Rice sehr deutlich – »die Iraner müssen begreifen, dass die Iraker ihre eigene Zukunft gestalten wollen und dass sich diese Zukunft sehr von der des iranischen Regimes unterscheidet«.[62]

Die Furcht, dass Teheran die für Washington so entscheidende Stabilisierung des Irak und Afghanistans stören könnte, sitzt aus sehr nachvollziehbaren Gründen tief. »Das ist unser Problem mit dem Iran – dies und die Unterstützung von ...«, und die Außenministerin machte an dieser Stelle eine kleine dramaturgische Pause, »... vielleicht von Aufständischen, die wirklich nicht erwünscht ist.«

Seit dem voreilig verkündeten »Ende der Hauptkampfhandlungen im Irak« Anfang Mai 2003, so bilanzierte ein Antiterrorexperte des Washington Institute for Near East Policy zwei Jahre später während einer Anhörung vor dem Kongress, sei der Iran aktiv daran beteiligt, die Interessen der USA und ihrer Verbündeten im Irak zu unterminieren.[63] Schiitische Geistliche würden von der Führung in Teheran regelmäßig mit »Büchern, CDs und Videos« in das Nachbarland entsandt, um dort für einen »militanten Islam« zu werben. Zudem seien libanesische Hisbollahkämpfer über Syrien und den Iran in den Irak eingedrungen, von denen einige – wie etwa Anfang Februar 2005 – von irakischen Sicherheitskräften aufgegriffen und verhaftet worden seien. Der irakische Innenminister Falah Al-Naqib richtete nach der Inhaftierung von achtzehn Hisbollahmitgliedern heftige Vorwürfe an Teheran: Schuld an den meisten der Problemen, die der Irak habe, sei der Iran, den der Minister als »die größte Bedrohung« des Irak bezeichnete.[64]

Vor den Wahlen im Irak beschuldigte Jordaniens König Abdullah II. die geistliche Führung in Teheran, über eine Million

Iraner ins Nachbarland geschickt zu haben, um an der Stimmabgabe teilzunehmen. Darunter befänden sich militante Iraner, die von den Revolutionsgarden ausgebildet worden seien und »Anschläge nach den Wahlen« durchführen sollten.[65] Der haschemitische Monarch machte aus seinen Befürchtungen über eine zu enge ideologisch-politische Partnerschaft zwischen der schiitisch dominierten neuen Regierung in Bagdad und den Klerikern in Teheran keinen Hehl: »Falls es einen von Schiiten geführten Irak gibt, der besondere Beziehungen zum Iran unterhält, und man sich dann deren Verhältnis zu Syrien und der Hisbollah und dem Libanon ansieht, dann«, so warnte der jordanische König, »scheint hier etwas zu entstehen, das für die Golfstaaten und die gesamte Region sehr destabilisierend sein wird.«[66]

Ein Bündnis zwischen dem Iran, einem unter iranischem Einfluss stehenden Irak, Syrien und der Hisbollah im Libanon würde nach Einschätzung des Königs das Potential für »einen großen Konflikt« in sich tragen.[67] Das einzig wirksame Instrument, das die Mullahs von ihrem strategischen Ziel einer stillen Beteiligung an der Macht im Nachbarland und vom Aufstieg zur Nuklearmacht abhalten könnte, sei die Bildung »einer gemeinsamen Front«. Die Vereinigten Staaten, Europa sowie die arabischen Nachbarstaaten des Iran müssten geschlossen gegenüber Teheran auftreten, dies allein zeige Wirkung bei der geistlichen Führung.

»Als wir vor anderthalb Jahren in den Iran fuhren«, berichtete König Abdullah im Frühjahr 2005, »standen die Iraner unter gewaltigem Druck.« Bei seinen Gesprächen mit dem religiösen Führer des Landes Ayatollah Ali Khamenei – den ersten direkten Kontakten zwischen einem jordanischen Monarchen und der Spitze der islamischen Revolutionsbewegung seit deren Machtübernahme 1979 – sei ihm Entgegenkommen auf allen umstrittenen Feldern signalisiert worden: »Bitte, wir wollen auf die Vereinigten Staaten zugehen, wir haben unsere

Al-Kaida-Gefangenen, die wir übergeben wollen, wir wollen über die Frage der Massenvernichtungswaffen sprechen, und wir wollen zu einer gemeinsamen Verständigung über den Irak und die Einheit des Irak kommen.« In dem Moment aber, in dem die Europäische Union unter Leitung der drei Verhandlungsführer Großbritannien, Frankreich und Deutschland »an die iranische Tür angeklopft« habe, sei der internationale Druck auf den Iran in sich zusammengefallen.

»Wie wollen Sie da die Nuklearfrage ansprechen«, meinte Abdullah skeptisch »angesichts dessen, wie es um Europa bestellt ist und um die Beziehungen Frankreichs und Deutschlands zu den Vereinigten Staaten?«

Feindbild Iran

Im Sitzungssaal 2172 des Rayburn House Office Building nahm die zierlich wirkende Exilkubanerin Ileana Ros-Lehtinen auf dem großen, mit schwarzem Leder bezogenen Stuhl der Vorsitzenden des Unterausschusses für Nahost- und Zentralasiatische Angelegenheiten Platz. Die streitbare Republikanerin aus Miami wartete, bis die Photographen Aufnahmen von den geladenen Zeugen gemacht hatten, die möglichst eindrucksvoll das Thema der Ausschussitzung ausschmücken sollten: »Iran – ein Vierteljahrhundert staatlich gesponserten Terrors« lautete die plakative Überschrift.

Dann rückte die Abgeordnete Ros-Lehtinen ihre Hornbrille zurecht und begann, den politischen Kontext zwischen dem Al-Kaida-Angriff auf Amerika und den Mullahs in Teheran herzustellen: »Der 11. September 2001 wird in unserem kollektiven Bewusstsein für immer als einer der brutalsten Terroranschläge gegen unsere Nation verwurzelt sein. Doch wir sind bereits seit dem 4. November 1979 Opfer eines internationalen Terrornetzwerks, als iranische Bewaffnete die US-Botschaft in Teheran stürmten und unschuldige Amerikaner als Geiseln nahmen – einige von ihnen für 444 Tage.«[68] Sie blickte auf die fünfköpfige Zeugenreihe, die an dem langen blanken Holztisch Platz genommen hatte, und dankte vor allem zwei Zeugen, einem Major der Marines, der 1979 als junger Unteroffizier an der Botschaft beschäftigt war und die Geiselnahme miterlebt hatte, und einer Tochter eines Offiziers, der bei dem Bombenanschlag auf die Marines in Beirut 1983 ums Leben gekommen war.

Das »iranische Regime« betrachte seit der Botschaftsbesetzung »Terrorismus als ein legitimes Mittel zur Erreichung seiner ideologischen und strategischen Ziele«. Mit ruhiger Stimme zählte die Vorsitzende die lange Liste der iranischen Verfehlungen auf, allen voran die Gründung, Unterstützung und militärische Ausbildung der Hisbollah durch die iranischen Revolutionsgarden, die sich Teheran mehr als 80 Millionen Dollar pro Jahr kosten lasse, einschließlich der Lieferung von bis zu 13000 Artilleriegranaten, einigen hundert Raketen sowie einer unbemannten Aufklärungsdrohne. Im Gegenzug habe die Hisbollah mit andauernden Terroranschlägen auf die Vereinigten Staaten und ihre Verbündeten in der Region die iranischen Interessen verfolgt, beispielsweise mit dem Angriff auf die Unterkunft der Marines in der libanesischen Hauptstadt 1983, dem 241 amerikanische Soldaten zum Opfer fielen, oder mit der Entführung einer TWA-Maschine 1985 und dem Bombenanschlag auf die US-Kaserne Khobar Towers in Saudi-Arabien 1996 mit neunzehn toten GIs.

Ferner sei der Iran für die Finanzierung und Koordinierung der gewaltbereiten Palästinenserorganisationen verantwortlich, mit der er das Ziel verfolge, den nach dem Tod Arafats aufkeimenden Friedensprozess im Ansatz zu ersticken. Zuvor schon hätte das Regime im Sommer 2001 als Gastgeber einer

»Unterstützung für die palästinensische Intifada« überschriebenen Konferenz in Teheran Vertreter der Hamas, der Hisbollah, des Islamischen Dschihad und der Volksfront zur Befreiung Palästinas an einen Tisch gebracht, ein halbes Jahr später hätten israelische Marineverbände 50 Tonnen iranischer Waffen an Bord des Kutters Karine A abgefangen, die an »Elemente der palästinensischen Autonomiebehörde« geliefert werden sollten.

Nach der Irakinvasion, das zeigte die Anhörung vor dem Kongressausschuss sehr deutlich, erhielt Teheran allerdings noch weitaus größere Möglichkeiten an die Hand, um die nationalen Sicherheitsinteressen der USA zu durchkreuzen. »Die Hisbollah ist ein entscheidender Bestandteil der iranischen und syrischen Versuche geworden, den Irak zu destabilisieren«, stellte die Ausschussvorsitzende fest. Es gehe dem Iran darum, im amerikanisch dominierten Nachbarland »eine politische und militärische Präsenz« aufzubauen.

Als ob das iranische Sündenregister nicht schon lang genug wäre, kam Ileana Ros-Lehtinen auf die fatale Kombination von staatlich gefördertem Terrorismus, islamistischem Extremismus und chemischen, biologischen und nuklearen Rüstungsprogrammen zu sprechen: »Die rasante Ausweitung des nichtkonventionellen Rüstungsprogramms des Iran, vor allem seines nuklearen Programms, verbunden mit der Unterstützung von Terrororganisationen weltweit, erhöht das Risiko eines Transfers von chemischen, biologischen oder nuklearen Materialien oder Bestandteilen an Terrororganisationen durch den Iran.« Das kam einem politischen Todesurteil gleich, denn damit hatte die als enge politische Verbündete des Präsidenten geltende Exilkubanerin die beiden Kriterien für die Anwendung der Bush-Doktrin miteinander verknüpft: Terrorismus und Massenvernichtungswaffen.

»Wir können uns den Luxus des Zögerns nicht mehr länger leisten«, resümierte die Vorsitzende abschließend. Die Alliierten Amerikas, vor allem die Europäer, müssten von Washington überzeugt werden, dass internationaler Druck auf Teheran nur dann Wirkung zeige, »wenn unsere Verbündeten gewillt sind, die iranische Bedrohung einzudämmen und den Iran für seine Unterstützung des Terrorismus und sein Streben nach tödlichen, nichtkonventionellen Waffen zur Verantwortung zu ziehen«.

Nach dieser Einleitung über das »unakzeptable Verhalten des Iran« eröffnete die Vorsitzende die Aussprache und erteilte ihrem langjährigen Kollegen, dem demokratischen Abgeordneten Gary Ackerman aus New York, das Wort, der das Auditorium mit der düsteren Wirklichkeit im Jahre vier des Kriegs gegen den internationalen Terrorismus vertraut machte.

»Es gibt doch einen fassungslos machenden Mangel an Optionen gegenüber dem Iran«, hielt Ackerman der Bush-Regierung vor. Es finde überhaupt keine Iranpolitik statt. »Eine Invasion [in den Iran] liegt – mit Blick auf den Irak – jenseits dessen, was wir bewältigen können.« Selbst die Bombardierung von mutmaßlichen Produktionsstätten des iranischen Nuklearwaffenprogramms verbiete sich, weil man nicht sicher sein könne, sie damit alle ausgeschaltet zu haben, und weil die USA dann »mit iranischen Vergeltungsmaßnahmen gegen US-Truppen im Irak und gegen Israel rechnen« müssten. So bleibe der Bush-Regierung »also nur die internationale Diplomatie« als einzige Option übrig; keine sonderlich überzeugende Lösung, meinte Ackerman, für einen Präsidenten, der einen nuklear bewaffneten Iran als nicht hinnehmbar bezeichnet habe.

Von den europäischen Verbündeten, auf deren politische Hilfe Amerika angewiesen ist, erwarteten die Abgeordneten, gleichgültig ob Republikaner oder Demokraten, nichts. Die seien ja sogar auf die »bizarre Idee gekommen, die Hisbollah als eine normale Partei« zu charakterisieren. Ackerman schüttelte den Kopf über soviel Ignoranz. »Wenn Verbündete wie Frankreich oder Deutschland mit uns Beziehungen haben wollen«, drohte der republikanische Abgeordnete Brad Sherman aus Kalifornien, »dann müssen sie den Iran an die Spitze ihrer Agenda stellen.«[69]

Der europäische Weg

»Bundeskanzler Gerhard Schröder hat Außenminister Joschka Fischer im Namen des gesamten Bundeskabinetts für das Ergebnis seiner erfolgreichen Vermittlungsreise in den Iran gedankt.« Ein wenig ungelenk und bürokratisch formulierten die Mitarbeiter des Bundespresseamtes die freudige Nachricht von der EU-3-Visite in Teheran, mit der die drei größten Mitgliedsländer der Europäischen Union zum ersten Mal seit längerer Zeit wieder als gemeinsame Akteure in der internationalen Sicherheitspolitik aufgetreten waren.[70] Der Stolz über die mit der iranischen Führung erzielte Übereinkunft fand seinen Weg bis in die Schlagzeilen der internationalen Presse, die davon kündeten, dass es Europa gelungen sei, eine der schwierigsten Herausforderungen der Staatengemeinschaft ganz unmartialisch auf dem Verhandlungsweg gemeistert zu haben: »Nach Eingang der notwendigen Klarstellungen hat die iranische Regierung beschlossen, das Zusatzprotokoll der IAEO zu unterzeichnen und das Ratifikationsverfahren einzuleiten«, hieß es in der Teheraner Erklärung »zum Abschluss eines Besuchs der Außenminister Deutschlands, Frankreichs und Großbritanniens in der Islamischen Republik Iran am 21. Oktober 2003«.[71]

Seine »guten Absichten« wollte das theokratische Regime durch die Zusage gegenüber den drei europäischen Staaten unter Beweis stellen, dass es »bereits vor der Ratifikation [des

Zusatzprotokolls zum Atomwaffensperrvertrag, das den Inspektoren der Internationalen Atomenergiebehörde unangekündigte Kontrollen in den Vertragsstaaten erlaubt] mit der Organisation [IAEO] auf der Grundlage des Protokolls« zusammenarbeiten wolle. Den iranischen Rechtsanspruch »Kernenergie für friedliche Zwecke zu entwickeln«, der sich aus dem noch Ende der sechziger Jahre vom Schah unterzeichneten Beitritt des Landes zum Atomwaffensperrvertrag ableitete,[72] hoben die beiden Verhandlungspartner EU-3 und Iran ebenfalls deutlich hervor.

Das Kommunique, von einem euphorisch gestimmten Joschka Fischer als Beweis für die »echte Dialogmöglichkeit« der »drei Großen« gefeiert,[73] betonte genau das, was die Vereinigten Staaten seit langem bezweifelten: »Die iranischen Regierungsstellen bekräftigen, dass es für Kernwaffen in der Verteidigungsdoktrin des Iran keinen Platz gibt und dass das Nuklearprogramm und die nuklearen Aktivitäten des Landes ausschließlich friedlichen Zwecken dienen.« Amerikanische Karikaturisten regte dieser rosig verklärende Satz dazu an, einen Mullah zu zeichnen, der zwischen zwei Atombomben eine Wäscheleine gespannt hat. »Sehen Sie: nur für friedliche Zwecke«, legten die Karikaturisten dem breit grinsenden iranischen Geistlichen in den Mund.

Washington sah durch die europäische Intervention seine langjährigen Bemühungen beeinträchtigt, den politischen und wirtschaftlichen Druck auf Teheran aufrechtzuerhalten. »Falls der Iran das unterschreibt und das Zusatzprotokoll ratifiziert, vollständig mit der IAEO zusammenarbeitet und seine Urananreicherungs- und Wiederaufbereitungsaktivitäten beendet, dann wäre dies ein positiver Schritt in die richtige Richtung.«[74] Die erste Reaktion des Weißen Hauses triefte geradezu vor Skepsis. Kein Wunder, die Glaubwürdigkeit des Iran war durch die Recherchen der Atomenergiebehörde angeschlagen. Obgleich iranische Oppositionelle im August 2002 berichtet hatten, dass der Iran bei Natanz und Arak zwei neue unterirdische Anlagen zur Urananreicherung errichtet hätte, hatte der Präsident der iranischen Atomenergiebehörde, der damalige Vizepräsident der Islamischen Republik Reza Aghazadeh, auf der Jahreskonferenz der IAEO im September 2002 treuherzig versichert, sein Land habe »alle Nuklearaktivitäten einschließlich des Kraftwerksprojekts Bushehr der Aufsicht der [Atomenergie-]Behörde unterstellt«. Zudem habe der Iran »auf der Grundlage seiner islamischen Glaubenssätze, Überzeugungen und humanitären Verbundenheit immer den Besitz von Massenvernichtungswaffen verurteilt«.[75]

Der Chef der IAEO, Mohamed ElBaradei, der in den Monaten vor Beginn des Irakkriegs unter dem Generalverdacht der Vereinigten Staaten stand, zu nachgiebig zu sein, sprach Aghazadeh auf der Konferenz in Wien an: Ob denn die Presseberichte über bislang geheimgehaltene neue Nuklearanlagen zuträfen? Seine Experten würden sich gerne ein eigenes Urteil bilden und die fraglichen Stätten an Ort und Stelle besichtigen wollen. Mit einer sechsmonatigen Verzögerung reisten ElBaradei und seine Fachleute dann im Februar 2003 in den Iran, wo sie feststellen mussten, dass die Vorwürfe der iranischen Oppositionellen eine reale Grundlage hatten.

Ja, es gebe zwei neue Anlagen, räumte die iranische Regierung ein: In Natanz werde eine Pilotanlage zur Urananreicherung gebaut, bestehend aus 1000 Gaszentrifugen, von denen 160 nahezu betriebsbereit seien. Diese Anlage könnte, so schätzten Experten, 10 bis 12 Kilogramm waffenfähiges Uran pro Jahr produzieren. Zusätzlich sei in Arak eine Anlage zur Produktion von schwerem Wasser im Bau. Dieser Reaktor wäre in der Lage, jährlich rund 8 bis 10 Kilogramm Plutonium zu erzeugen.

»Diese beiden Einrichtungen«, so schrieb ElBaradei anschließend in seinem Zwischenbericht, »wurden der [Atomenergie-]Behörde erstmals während dieses Besuchs angegeben.«[76] Anders gesagt: Der Iran war offenkundig bei dem Versuch überrascht worden, die IAEO vor vollendete Tatsachen zu stellen. Teheran hatte, so schrieb der IAEO-Chef, gegen die sogenannten Safeguard-Verträge der Atomenergieagentur verstoßen, da »eine neue Anlage 180 Tage vor der Lieferung von Nuklearmaterial in diese Anlage gemeldet werden« muss.[77] Aber weder hatte der Iran »importiertes Nuklearmaterial« gegenüber der Agentur deklariert noch dessen anschließenden Gebrauch.

Geheime Atomanlagen

Die Nachricht von den iranischen Geheimanlagen in Natanz und Arak war Wasser auf die Mühlen der amerikanischen Warnungen vor Teherans atomaren Rüstungsprogrammen. Ein bestens aufgelegter George W. Bush erklärte im Juni 2003 nach einem Treffen mit der EU-Spitze, die USA und Europa stimmten darin überein, »dass Iran vollständig mit der IAEO kooperieren muss«. Teheran müsse das Zusatzprotokoll unterzeichnen und verabschieden, das an jedem gewünschten Ort kurzfristig anberaumte Kontrollen durch die Atomenergiebehörde zulässt. Nur so könne die IAEO »die heimlichen Atomwaffenaktivitäten untersuchen«. Schließlich habe der Iran versprochen, keine Massenvernichtungswaffen zu entwickeln, und »die gesamte internationale Gemeinschaft muss dieses Regime« zur Einhaltung der Verpflichtungen zwingen.

»Mister Prodi«, rief einer der anwesenden Journalisten, »als Sie mit Präsident Bush über den Iran gesprochen haben, haben Sie da die Frage gestellt, was denn passieren würde, falls der Iran nicht einwilligt?«

Der italienische EU-Präsident Romano Prodi, von Bush zuvor schon fälschlich als »Roman« angesprochen, trat die

Flucht nach vorne an: »Wir haben intensiv über den Iran geredet, aber, wissen Sie, ich habe ihn nicht gefragt, was er tun würde. Ich kann Ihnen meine Meinung sagen.« Unter den White-House-Korrespondenten kam Gelächter auf. Der US-Präsident schaltete sich ein: »Iran muss sich dran halten. Es ist«, Bush unterbrach sich selber und begann aufs neue: »Die freie Welt erwartet von Iran, dass es sich dranhält.«

»Und wenn nicht?« entfuhr es dem Journalisten.

»Wir erwarten das aber. Schauen Sie, Sie unterstellen ja bereits, dass die [Iraner] nicht mitmachen. Wir glauben, dass sie alle Inspektionen akzeptieren werden.« Sollte dies nicht der Fall sein, »werden wir uns damit beschäftigen«.[78]

Die »Beschäftigung« mit der iranischen Nuklearherausforderung schob die US-Regierung allerdings während der ersten Amtszeit des Präsidenten auf die lange Bank. Das rief neokonservative Verfechter eines härteren Vorgehens gegenüber dem Iran wie Reuel Marc Gerecht vom American Enterprise Institute auf den Plan: Der Irakkrieg und die andauernden Rückschläge bei der Bekämpfung der Aufständischen hätten die Bush-Administration dazu verleitet, der EU-3-Gruppe das Feld zu überlassen. »Viele in der Regierung wollten das iranische Problem den Europäern zuschieben«, klagte er, und hegten dabei die vage Hoffnung, dass die Verhandlungen mit Teheran schon die gewünschten Ergebnisse zeitigen würden.[79] Aber auch Sicherheitspolitiker der Demokraten stießen in dasselbe Horn: »Als Antwort auf eine der unmittelbarsten Gefahren für die Vereinigten Staaten hat Bush die amerikanische Sicherheit an die Europäer weitergegeben«, ärgerte sich Susan E. Rice von der Brookings Institution, die unter Präsident Clinton Staatssekretärin im State Department war. »Hoffnungslos überbeansprucht durch die Präsenz der 140 000 Soldaten im Irak, paralysiert durch interne Debatten, hat sich die Antwort der Regierung darauf beschränkt, sich in Pose zu werfen und dem Iran zu drohen, die Angelegenheit vor den

UN-Sicherheitsrat zu bringen, während sie tatsächlich überhaupt keine Iranpolitik hat.«[80]

Richtig ist: Eine strategisch angelegte, auf den langfristigen US-Interessen in der Region beruhende Iranpolitik hat Washington nicht vorgelegt. Die heftig ausgetragenen Dispute zwischen den ideologischen Befreiungstheoretikern um den damaligen Pentagon-Vize Paul Wolfowitz und seinen neokonservativen Mitstreitern wie Scooter Libby und Richard Perle auf der einen Seite und den ausgewiesenen Realpolitikern, angeführt von Außenminister Colin Powell, auf der anderen ließen keinen Konsens in dieser Frage zu. Die Kontroverse zwischen Befürwortern eines »Regimewechsels« in Teheran und den Vertretern eines vorsichtigen Zugehens auf den Iran führte zu einer Blockade, die Washington zu »einer statischen Politik der Eindämmung« verdammte.[81] Selbst Versuche, eine präsidiale Direktive zur Iranpolitik zu erstellen – eine Art Entscheidungsgrundlage, wie sie sonst für nahezu jeden Politikbereich im Weißen Haus erarbeitet wird –, scheiterten bis zur Wiederwahl Bushs kläglich.

Unmittelbar nach dem Wahlerfolg vom 2. November 2004 begannen einige der einflussreichsten Think Tanks in Washington damit, neue Entwürfe für eine amerikanische Iranpolitik zu formulieren, wenn auch unter der wenig zuversichtlich stimmenden Fragestellung: »Was sollen wir bloß mit dem Iran anfangen?«[82] Von drei Grundprämissen habe die wiedergewählte Bush-Regierung auszugehen: Erstens werde die Islamische Republik ihr Streben nach Nuklearwaffentechnologie nicht aufgeben; zweitens unterstütze Teheran den Terrorismus, der sich vor allem gegen Israel richte; und drittens verfüge die iranische Führung über beträchtlichen Einfluss im Irak. Der Iran sehe in dem Nachbarland mit seiner großen schiitischen Mehrheit »neue Möglichkeiten« – die Besetzung des Irak erwies sich als immer größeres Hemmnis auf dem Weg zu einer konsequenten Politik gegenüber Teheran.

In diesem Dilemma habe das Weiße Haus nur drei Optionen, von denen nur die letzte eine langfristige Chance auf Erfolg beinhalte:

- die »europäische Option«, also das Angebot Amerikas, zum ersten Mal seit 1979 einen politischen Dialog mit dem Regime aufzunehmen;
- die militärische Option, also Militärschläge gegen iranische Nuklearstätten, die allerdings nicht vollständig auszuschalten seien, was zu einer unkalkulierbaren Eskalation führen würde;
- und schließlich die »Regimewechsel-Option«, die von den verbliebenen Neokonservativen in der Bush-Regierung favorisiert wird und mit dem Grundtenor des Präsidenten übereinstimmt, wonach die Ausbreitung von Freiheit und Demokratie die beste Gewähr dafür biete, die Verbreitung von Massenvernichtungswaffen zu unterbinden.

Hinter der öffentlich immer wieder aufgebauten rhetorischen Drohkulisse der US-Regierung verbarg sich mithin nicht viel mehr als das stille Eingeständnis, über keine sonderlich attraktiven Perspektiven und Konzeptionen zu verfügen.

Regimewechsel – aber wie?

»Sanger!« Präsident Bush rief, wie er es sich zur Gewohnheit gemacht hatte, fast jeden White-House-Korrespondenten namentlich auf. Das schuf eine gewisse persönliche Basis und kam dem Amtsinhaber sehr entgegen, der gern unprätentiös erscheinen wollte. Im großen Auditorium des Old Executive Buildings, wo er die letzte Pressekonferenz vor den Weihnachtstagen abhielt, konnte er alle Journalisten sehen und persönlich ansprechen. Jetzt war David E. Sanger an der Reihe, der vierundvierzigjährige Reporter von der *New York Times,* ein sachkundiger Beobachter des Präsidenten.

»Danke, Mr. President«, sagte Sanger, um dann eine der Kernfragen zu den offenkundigen Paradoxien der Sicherheitspolitik unter George W. Bush zu stellen. »Sie haben vor dem Irakkrieg ziemlich viel Zeit darauf verwandt, teilweise in diesem Saal, um uns zu erklären, warum die Kombination von Saddam Hussein als einem Diktator und den Waffen, von denen Sie damals glaubten, dass er sie besäße, für Sie ein Grund zum Regimewechsel sei.« Wenn man sich nun aber Nordkorea und Iran anschaue, dann habe Bush es bislang immer vermieden, von »Regimewechsel« zu sprechen. Das sei doch recht verwunderlich angesichts der Tatsache, dass Nordkorea, wie »Ihre Geheimdienste glauben«, in den letzten beiden Jahren sechs bis sieben Atomwaffen angesammelt haben könnte. Und der Iran »scheint ein geheimes [Nuklearwaffen-]Programm zu betreiben, oder zumindest glaubt Ihre Regierung, dass dies der Fall ist«. Dann stellte der *New-York-Times*-Journalist dem Präsidenten, der im Verlauf von Sangers ausführlicher Einlassung die Stirn runzelte und die Mundwinkel für einige Sekunden stark nach unten zog, eine scheinbar leichte Frage: »Wo stehen Sie beim Regimewechsel? Und wie sollte dies bewerkstelligt werden?«

»Ich sage Ihnen, wo ich stehe, David«, gab Bush zurück. »Ich stehe auf der…«, der Präsident sammelte sich noch einmal, »… der Fortsetzung der Sechs-Parteien-Gespräche mit Nordkorea.« Die allenfalls halbherzig geführten Verhandlungen Washingtons mit dem nordkoreanischen Diktator, die im wesentlichen aus Appellen an China bestanden, es möge einen mäßigenden Einfluss auf das poststalinistische Regime ausüben, wollte der Präsident als Beispiel für einen multinationalen Ansatz verstanden wissen.

Amerika habe »in gutem Glauben« mit Pjöngjang ein Abkommen ausgehandelt – Bush vergaß zu erwähnen, dass dies sein demokratischer Amtsvorgänger Bill Clinton 1994 veranlasst hatte –, und dann »hat er [Kim Jong Il], er selbst, Uran angereichert oder dafür gesorgt, dass Uran angereichert wird«. Seine Regierung habe daraus »zu lernen, dass die beste Art und Weise, um ihn [Kim Jong Il] zu entwaffnen, darin besteht, dass andere sich einschalten«. Genauso verhalte es sich mit »der iranischen Situation«.

Als habe er gemerkt, dass diese Analogie zwischen den beiden geostrategisch so unterschiedlich zu bewertenden Angehörigen der »Achse des Bösen« eine Schieflage hatte, suchte Bush Zuflucht in der Bemerkung, Amerika verlasse sich bei den Verhandlungen mit Teheran »auf andere, weil wir uns [aus der Fähigkeit], unseren Einfluss auf den Iran auszuüben, selber heraussanktioniert haben«.[83]

Seit der Botschaftsbesetzung von 1979 hatte Washington stets neue Sanktionen gegen den Iran verhängt, die immer präziser gefasst und zugleich immer wirkungsloser wurden. Mitte der neunziger Jahre hatten die von Präsident Clinton erlassenen präsidialen Direktiven unter anderem dafür gesorgt, dass amerikanischen Unternehmen aus der Energiewirtschaft geschäftliche Kontakte mit dem Iran verboten wurden. Die Politik der iranischen Regierung, so stellte Clinton in seinem Begleitschreiben zur Direktive 12 957 vom 15. März 1995 an den Kongress fest, stelle eine »außerordentliche Gefahr für die nationale Sicherheit, die Außenpolitik und Wirtschaft der Vereinigten Staaten dar«.[84] Diese einseitigen Sanktionen ergänzten Clinton und der Kongress durch weitere Einschränkungen, die nicht nur den gesamten US-Handel mit dem Iran, sondern auch ausländische Investitionen in die iranische Erdöl- und Erdgasindustrie betrafen. Wegen der massiven europäischen Proteste gab es in den Folgejahren zwar Ausnahmeregelungen, aber die Clinton-Regierung ließ sich dafür im Gegenzug Zusagen der EU geben, in den Bereichen Nichtweiterverbreitung von Massenvernichtungswaffen und Antiterrormaßnahmen stärker mit den USA zusammenzuarbeiten.

Hinsichtlich dieser Sanktionspolitik kam die nachfolgende Bush-Administration zu dem Ergebnis: Die Sanktionen »haben das [ausländische] Investment in den [iranischen] Energiesektor nicht gestoppt«. Zwar wurde die Energiegewinnung ein wenig verlangsamt, aber die iranische Erdölproduktion sei seit den frühen neunziger Jahren nur unwesentlich beeinträchtigt worden.[85]

Der US-Präsident hatte immer noch keinen Ausweg aus seiner verschachtelten Antwort auf die Frage des *New-York-Times*-Korrespondenten gefunden: »Wir erwarten von denen [Iranern], dass sie die Botschaft [der Europäer] – mit anderen Worten: Wir haben gegenwärtig nicht viel Einfluss auf die Iraner, und wir erwarten von ihnen, dass sie diesen Stimmen zuhören, und wir sind Teil dieser weltweiten Anerkennung.«

Dieser Satz machte, dies schien dem Präsidenten aufzufallen, nicht viel Sinn. Er breitete die Arme aus, offenkundig, um mit seinen Gesten die schwachbrüstige Argumentation zu überspielen. »Ich glaube, dass – und deswegen handeln wir so – dies das ist, wie wir mit der Frage umgehen.«[86] Aus diesen Gründen sei auch die Situation im Irak und im Iran so unterschiedlich, fügte Bush rasch hinzu. Dreizehn Jahre lang hätte die Diplomatie gegenüber dem Irak versagt. »Und wenn Sie sich erinnern, und ich bin sicher, dass Sie sich daran erinnern, dann wurden alle UN-Resolutionen, die von den Vereinten Nationen verabschiedet wurden, von Saddam Hussein total ignoriert.« Diplomatie müsse daher »die erste Wahl und immer die erste Wahl einer Regierung sein, die diese Frage der – in diesem Fall – Nuklearrüstung zu lösen versucht«.

Das »Alte Europa« will beweisen, was es kann

Das sicherheitspolitische Vakuum, das aus der Abwesenheit einer schlüssigen Iranpolitik der USA entstand, machten sich, aus höchst unterschiedlichen Gründen, die iranische Führung sowie Frankreich und Deutschland zunutze, die sehnlichst nach einem prestigeträchtigen Comeback suchten, nachdem sie von Washington an die Seitenlinien der internationalen Politik verbannt worden waren. Der Iran bot sich dem Tandem Chirac/Schröder als einzig verbliebenes Objekt einer aktiven Politik im Mittleren Osten an, mit der sich der nach dem Irakkrieg zementierten amerikanischen Dominanz in der Region etwas entgegensetzen ließ. Die Europäer wollten den Fall Iran zu einem Beispiel für den Erfolg eines außenpolitischen Gegenkonzepts zur Bush-Doktrin machen. Allein mit diplomatischen Mitteln, mit wirtschaftlichen und finanziellen Anreizen, mit der Garantie einer langfristigen Berücksichtigung der iranischen Sicherheitsinteressen, mit dem Versprechen, sich unter keinen Umständen in die inneren Angelegenheiten des Landes einzumischen, das unverändert von der alten Revolutionsgarde diktatorisch beherrscht wird, sollte der internationalen Staatengemeinschaft gezeigt werden, dass es eben doch einen funktionierenden Gegenentwurf zu der als eindimensional und daher als beschränkt und gefährlich empfundenen Weltsicht Bushs gebe.

Die Europäische Union, deren Mitgliedsländer sich im März 2003 entlang ihrer nationalstaatlichen Interessen für oder gegen den Kriegskurs des amerikanischen Präsidenten ausgesprochen hatten, könnte – so die Hoffnung – durch die Aufnahme von Gesprächen mit dem Iran ihre verlorene außenpolitische Handlungsfähigkeit wiedergewinnen. Der Zeitpunkt für das geplante Comeback der Europäer hätte nicht wirkungsvoller gewählt sein können: Der Iran stand unmittelbar vor einer scharfen IAEO-Resolution, die die Frage der iranischen Nuklearprogramme an den Sicherheitsrat der Vereinten Nationen verwiesen hätte – ein Szenario, das Teheran auf jeden Fall vermeiden wollte.

Noch bevor es zur öffentlichen Zurechtweisung des Iran durch die Internationale Atomenergiebehörde vom September 2003 kam, wonach die IAEO »besorgt über das Versagen der Islamischen Republik Iran ist, Materialien, Einrichtungen und Aktivitäten« ihres Nuklearprogramms der Behörde zu melden,[87] ergriff die Europäische Union die Initiative und übernahm die vakante Rolle als Vermittler zwischen der IAEO, die unter großem Druck seitens der USA stand, und dem Regime in Teheran, das international an den Pranger gestellt zu werden drohte. Ende August 2003 reiste Javier Solana, der EU-Beauftragte für Außen- und Sicherheitspolitik, in die iranische Hauptstadt, um Staatspräsident Mohammed Khatami die Offerte der Europäer zu unterbreiten: Europa rate dem Iran, das Zusatzprotokoll zu unterzeichnen und eng mit der IAEO zusammenzuarbeiten dies würde »die Ungewissheiten beseitigen und die gegenwärtige politische Atomsphäre rasch glätten«.[88]

Solanas Plädoyer entsprach dem klassischen europäischen Konfliktlösungsmodell, das von intellektuellen Hardlinern in den amerikanischen Think Tanks als Paradebeispiel für die einzige Art von Machtausübung verspottet wurde, zu der die EU imstande sei – als Exempel für die »soft power« der EU, die noch lange daran arbeiten müsse, ihr militärpolitisches Potential zu entwickeln. Der Iran, so warb der spanische Chefdiplomat, müsse zurückkehren zu einem »Vertrauensbildungsprozess« mit dem Ziel, »der Weltgemeinschaft zu versichern«, dass Teheran nicht nach der Nuklearwaffenoption strebe. Die iranische Seite müsse eben alles tun, »um die internationale Stimmung gegenüber dem iranischen Nuklearprogramm zu beruhigen«. Die Empfehlungen der Europäer seien zu verstehen »wie der Rat eines Freundes«, schließlich sei es die

Absicht der EU, »die Beziehungen zur Islamischen Republik Iran zu vertiefen«.[89]

Gemeint waren, wie Javier Solana später einräumte, »Hilfe bei der Nukleargewinnung, Gespräche über Wirtschafts- und Handelsfragen« sowie die Aufnahme eines »politischen Dialogs mit dem Iran«.[90] Von Anfang an, und damit war die Rollenverteilung zwischen Europa, dem »good cop«, und den USA, »dem bad cop«, festgelegt, bot die Europäische Union Teheran ein Maximum an Vergünstigungen an, von der Aufnahme des Iran in die Welthandelsorganisation (Washington ließ sich in dieser Frage von Brüssel überreden) über die Lieferung von Ersatzteilen für die hoffnungslos veraltete Boeing-Flotte der Iran Air bis zu technologischen Hilfen bei der Fertigstellung von Leichtwasserreaktoren.

Zudem stellten die Europäer das »unveräußerliche Recht des Iran und unseres Volkes auf den Gebrauch der friedlichen Kernenergie« nicht in Frage, das der damalige Staatspräsident Khatami gegenüber Solana eingefordert hatte.[91] Dass der Iran darunter die Schließung des Nuklearkreislaufs verstand, um somit in der Lage zu sein, hochwertiges Uran anzureichern und Brennstäbe wiederaufzubereiten – die beiden Voraussetzungen zur Gewinnung von spaltbarem Material für Nuklearwaffen –, wollte die EU nicht zur Kenntnis nehmen. Auch das von amerikanischen Sicherheitsexperten unterstützte Angebot der Europäer, unter internationaler Aufsicht spaltbares Material für den Betrieb von Leichtwasserreaktoren zur Verfügung zu stellen, das anschließend von der Lieferländern wieder abtransportiert würde, entsprach nicht den nationalen Interessen des Iran.

»Die Europäische Union ist unverändert bereit, Wege zu suchen, um eine breitere Zusammenarbeit mit dem Iran zu entwickeln.« Das Abschlusskommunique des EU-Gipfels von Brüssel Mitte Oktober 2003 durfte ein bestens aufgelegter »Jacques Schröder«[92] den Medien erläutern: Der Bundeskanzler, dessen Stimme beim knappen Votum über die Arbeitsmarktreformen im Bundestag dringend benötigt wurde, hatte den französischen Staatspräsidenten Jacques Chirac gebeten, beim Spitzentreffen der Europäischen Union die deutschen Interessen zu vertreten. Allein durch »stärkeres internationales Vertrauen in die friedliche Natur des iranischen Nuklearprogramms« könne der Ausbau der Beziehungen zwischen der EU und dem Iran erzielt werden, hieß es im Iranpassus der Gipfelerklärung.[93]

Der für Teheran wichtigste Handelspartner bot dem bedrängten Regime einen breitgefächerten politischen Dialog an, der sich auch auf »Verbesserungen auf dem Gebiet der Menschenrechte, den Kampf gegen den Terrorismus und Irans Haltung im Nahostfriedensprozess« erstrecken sollte. Im Gegenzug sollte sich der Iran »sofort« so verhalten, als ob er bereits das Zusatzprotokoll des Atomwaffensperrvertrags ratifiziert hätte. Die Hauptsorge der Europäischen Union galt den Aktivitäten zur Urananreicherung und Wiederaufbereitung.

Wenn Teheran den Forderungen der IAEO Folge leiste und das Zusatzprotokoll ratifiziere, dann, so erläuterte Jacques Chirac, der Chefarchitekt der europäischen Iranpolitik, den amerikanischen Medien und konnte sich dabei eine wohlkalkulierte Spitze gegen Präsident Bush nicht verkneifen, »dann sind wir zufrieden, und ich glaube, dass wir dann zusammen mit den Briten und den Deutschen vielleicht kleine, geringe Differenzen mit der amerikanischen Auffassung haben werden.« In Chiracs selbstbewusster Bemerkung spiegelte sich nicht nur das Ego des Präsidenten der französischen Republik wider, der sich im Konflikt der letzten Jahre mit den USA auf der richtigen Seite der Geschichte glaubte – der »kleine« Unterschied zwischen der europäischen und der amerikanischen »Auffassung« in Sachen Iran war durchaus fundamental: »Wir glauben, es wäre für den Iran richtig, ein ziviles Nuklearprogramm zu entwickeln« – falls, vergaß Chirac nicht hinzuzufügen, sich der Iran den IAEO-Auflagen unterwerfen würde.[94]

Mit diesem Ansatz, der von der Bush-Regierung im wohlwollendsten Fall als naiv beurteilt wurde, zogen die Außenminister der EU-3-Gruppe in die Verhandlungen mit dem Iran, nur um im Verlauf der kommenden Wochen und Monate festzustellen, dass die amerikanische Skepsis gegenüber iranischen Versprechungen einen realen Hintergrund hatte. Denn der Appell der Europäer, die wesentlichen Bestandteile des iranischen Atomprogramms einzustellen, also die Urananreicherung und die Wiederaufbereitung von Brennstäben, verhallte in Teheran zunächst ungehört.

»Ich hätte mich gefreut, Ihnen am heutigen Tage eine positive Nachricht übermitteln zu können«, beschied im November 2004, ein Jahr nach der Aufnahme der Verhandlungen mit Teheran, ein resigniert klingender Joschka Fischer dem Deutschen Bundestag.[95] Die »entscheidende und unabdingbare Voraussetzung« für den Ausbau der politischen Beziehungen zum Iran, die für die EU »weiterhin prioritär« seien, konnte Fischer nicht vermelden. Zu einer »vollständigen und anhaltenden Suspendierung der Anreicherungs- und Wiederaufbereitungsaktivitäten« durch Teheran war es nicht gekommen. Entschuldigend fügte der deutsche Außenminister hinzu, dass die Gespräche »alles andere als einfach« seien.

Das war nicht übertrieben, denn keine zehn Tage, nachdem die EU-3-Staaten am 14. November 2004 mit der iranischen Regierung eine erneute Vereinbarung unterzeichnet hatten, alle Urananreicherungsaktivitäten einzustellen, verkündete Teheran ungerührt, die Pläne wiederaufzunehmen.[96] Und das, so regten sich europäische Diplomaten auf, die an den Verhandlungen beteiligt waren, obgleich die Europäer zuvor damit gedroht hatten, dem Drängen der USA endlich nachzukommen und den Iran vor den UN-Sicherheitsrat zu bringen. Hatte nicht Javier Solana, der EU-Chefaußenpolitiker, das frisch unterzeichnete Abkommen als den Beginn »eines neuen Kapitels« in den Beziehungen zwischen Europa und dem Iran bezeichnet?

»Komisch ist nur«, frotzelte der Irankorrespondent des britischen Wirtschaftsmagazins *Economist* Christopher de Bellaigue, »dass dieses neue Kapitel schon vor fast genau einem Jahr hätte geöffnet werden sollen.«[97] Bereits im Oktober 2003 hätten ja alle Beteiligten schon einmal »das nahezu identische Abkommen« unterzeichnet, und Teheran habe damals nur deswegen eingelenkt, weil das Regime kurz davorgestanden habe, sich in New York verantworten zu müssen. Der amerikanische Druck, der damals von den Europäern und der Atomenergiebehörde gleichermaßen verstärkt worden war, hätte den Erfolg gebracht.

Teherans Taktierereien

Die angekündigte freiwillige Einstellung der iranischen »Anreicherungs- und Wiederaufarbeitungsaktivitäten« entsprach also ein Jahr nach Beginn der europäisch-iranischen Gespräche »zum großen Bedauern« auch der Atomenergieagentur »bei weitem nicht dem Verständnis der Agentur von dem Ausmaß solcher Verpflichtungen«. Zudem habe Teheran trotz gegenteiliger schriftlicher Zusicherungen der iranischen Atomenergieagentur einige der Zusagen wieder revidiert, stellte der Verwaltungsrat der UN-Behörde Mitte September 2004 fest.[98]

Wiederholt habe die iranische Seite während oder unmittelbar vor Inspektionen durch die Wiener Fachleute eingeräumt, Experimente etwa zur Urananreicherung durch Lasertechnologie durchgeführt zu haben, obgleich diese bis zu den IAEO-Untersuchungen an Ort und Stelle stets geleugnet worden waren.

Aber das Misstrauen gegenüber der »Aufrichtigkeit« der iranischen Führung speiste sich nicht allein aus den detaillierten »Beobachtungen« der IAEO im Iran. »Um es mal einfach auszudrücken«, sagte der französische EU-3-Unterhändler Philippe Errera, »für den Iran geht es darum, das Vertrauen der internationalen Gemeinschaft wiederzugewinnen.« Die Glaubwürdigkeit Teherans war, so Errera, »durch die Enthüllung der nahezu zwanzig Jahre lang geheimgehaltenen Aktivitäten« auf den Nullpunkt gefallen.[99] Viel zu früh hätten sich die Europäer von ihrem Gegenspieler in die Karten schauen lassen: Die Verbesserung der Beziehungen sei für Teheran kein großer Anreiz gewesen, schließlich seien diese Beziehungen schon zuvor relativ solide gewesen.

Es gebe eben nicht sehr viele Gründe, weshalb der Iran gegenüber den Europäern oder der Drohkulisse der Amerikaner einlenken sollte, räumte auch Robert Einhorn vom Center for Strategic and International Studies nüchtern ein. Einhorn, einer der führenden US-Experten in Fragen der Nichtweitergabe von Massenvernichtungswaffen, wies die Europäer frühzeitig auf die iranischen Perspektiven hin, die aus deren Sicht recht rosig aussehen mussten: Die US-Streitkräfte seien überstrapaziert, deswegen seien die Chancen eines amerikanischen Militärschlags gering. Der iranische Einfluss auf die Schiiten im Irak diene als machtvolle Abschreckung gegenüber den Vereinigten Staaten. Die beständig wachsenden Handelskontakte mit der EU versetzten den Iran in die Lage, die Europäer unter Druck zu setzen.

Teheran könne sich zudem noch sehr gut an die internationalen Reaktionen erinnern, als Indien und Pakistan Ende der neunziger Jahre ihre Nuklearwaffen entwickelt hatten.[100] Damals seien zwar Sanktionen gegen die beiden miteinander verfeindeten südasiatischen Nachbarstaaten verhängt worden, aber zahlreiche Länder hätten dagegen protestiert und die Handelsbeschränkungen umgangen. Damit gebe sich Teheran jedoch einer trügerischen Hoffnung hin, denn die Tatsache, dass Indien und Pakistan den Atomwaffensperrvertrag nie unterzeichnet hatten, erleichterte die spätere Umgehung und die Aufhebung der Sanktionen.[101]

Je länger sich die Verhandlungen mit dem Iran mehr oder weniger ergebnislos in die Länge zogen, um so mehr gerieten die Europäer unter den Generalverdacht der neokonservativen Meinungsmacher in den USA, eine reine »Appeasementpolitik« gegenüber Teheran zu betreiben. »Alle paar Monate eilen elegant gekleidete Zauberkünstler aus London, Paris und Berlin über den Kontinent und treffen sich mit Iranern in Turban und Gewändern, und nach einigen Stunden angeblich harter Arbeit erscheinen sie mit einer neuen Vereinbarung«, spottete Michael Ledeen vom American Enterprise Institute. Die jeweiligen »Vereinbarungen« hielten noch nicht einmal eine Woche, die Verfallszeit werde stets geringer. Niemand könne doch ernsthaft behaupten, dass die Gespräche der EU-3 mit Teheran den »iranischen Wettlauf zur Atombombe« aufhalten, geschweige denn beenden könnten. Die Europäer hätten sich zum Verbündeten der »iranischen Vertuschungen« gemacht.[102]

Blair, Chirac und Schröder sei doch das politische Schicksal Chamberlains bekannt, der sich in München 1938 zwischen »Krieg und Schande« zu entscheiden gehabt hätte. Der damalige britische Premier hätte sich für letzteres entschieden, aber das erstere erhalten. Vor einer ähnlichen Situation stünde die internationale Staatengemeinschaft im Jahr 2005. Warum die Europäer dennoch bei diesem Spiel mitmachen? – »Die haben große finanzielle Interessen, die eng mit dem iranischen Regime verbunden sind«, lautet das schlichte Urteil der Neokonservativen, und diese zuweilen vom Neid auf die blühenden Handelsbeziehungen zwischen der Europäischen Union und dem Iran geprägte Perspektive sollte das Negativimage der EU in den einschlägigen politischen Kreisen Amerikas weithin prägen.

Die amerikanischen Zweifel daran, dass im Weltsicherheitsrat Sanktionen gegen den Iran verhängt werden könnten, nahmen kräftig zu. So sind Frankreich, Deutschland und Italien die wichtigsten Handelspartner des Iran innerhalb der EU. Die Franzosen exportierten 2003 mit 2,4 Milliarden Dollar doppelt soviel Waren in den Iran wie noch fünf Jahre zuvor, und die deutschen Ausfuhren gingen von 2003 auf 2004 gleich um 33 Prozent nach oben, auf nunmehr 4,4 Milliarden Dollar.[103] Italien gehört neben Griechenland zum wichtigsten Importeur von iranischem Erdöl innerhalb der EU. China importiert 13 Prozent seines Erdölbedarfs aus dem Iran, Japan und Südkorea sind ebenfalls Großabnehmer des iranischen Erdöls.[104] Und Russland schließlich versorgt den Iran nicht allein mit Militärgütern, sondern ist seit 1995 mit der Fertigstellung des Bushehr-Reaktors beauftragt, ein Kontrakt, der für Moskau – ungeachtet der massiven Proteste der USA – von strategischer Bedeutung ist.

»Diese Länder werden sich nicht hinter die Sanktionen stellen, unter keinen Umständen«, glaubte das konservative *Wall Street Journal* Ende 2004. Die sorgten sich viel zu sehr um ihre Aufträge, anstatt zu entscheiden, was sie gegen »eine iranische Bombe« zu tun gedächten.[105]

Paul Wolfowitz überflog noch einmal sein Schreiben, das er im Mai 2004 an das Defense Science Board, den wissenschaftlichen Beraterkreis des US-Verteidigungsministeriums richtete. »Hiermit werden Sie aufgefordert, eine Studie zu verfassen, wie es zum Ausbruch und zur Beendigung von Feindseligkeiten kommt.« Diese Zeile gefiel dem ideologischen Chefstrategen des Pentagon. Auch die Idee, in seinem Ministerium endlich eine verschwiegene Stabsstelle zu errichten, die nichts anderes zu tun haben sollte, als sich mit der Vorbereitung und Abwicklung von künftigen Krisen und Kriegen zu beschäftigen, fand das Wohlgefallen des Rumsfeld-Stellvertreters.[106] Seinem geschlossenen neokonservativen Weltbild hatten die vergangenen Jahre nichts anhaben können, das verriet jede Zeile der vier Seiten, auf denen Paul Wolfowitz seine von keinen Selbstzweifeln angekränkelte Weltmachtpolitik zu Papier gebracht hatte.

»Unsere militärischen Feldzüge in Afghanistan und Irak dürften«, da war er sich ganz sicher, »wohl kaum die letzten derartigen Exkursionen im weltweiten Krieg gegen den Terror gewesen sein.« Die USA könnten gezwungen sein, einen Verbündeten zu unterstützen, »der von Terroristen angegriffen wird«, die entschlossen seien, »die rechtmäßige Regierung zu ersetzen«. Dass damit Staaten wie Saudi-Arabien, Pakistan oder Jordanien gemeint waren, konnte und wollte Wolfowitz nicht so ausdrücklich in sein Memorandum hineinschreiben.

»Wir könnten auch einen Regierungswechsel eines Landes benötigen, das ganz offen den Terrorismus fördert«, überlegte der stellvertretende US-Verteidigungsminister weiter. Iran, Syrien – so viele Länder gab es ja nicht mehr in der Region rund um den Irak, die zu den staatlichen Sponsoren dessen zählten, was Washington bewusst unpräzise als Terrorismus bezeichnete.

Schließlich konnte auch »ein befreundetes Land, das nicht in der Lage ist, alle Gegenden seines eigenen Landes zu regieren« ein wenig Amerikas Hilfe benötigen, zumal falls dort regelrechte Terroristencamps à la Taliban aufgeschlagen werden sollten. An Teile des Irak dachte Wolfowitz dabei, an die Philippinen und Indonesien, aber auch an afrikanische Staaten, die sich mehrheitlich auf die Seite der Macht gestellt hatten.

Der Mann, der wie kein zweiter seine Reputation für den Krieg gegen Saddam eingesetzt und grandios verloren hatte, erinnerte seine wissenschaftlichen Berater an die Kette der Versäumnisse und Pannen des Irakdesasters: »Wir haben inzwischen gelernt«, dass militärischer Erfolg nur dann von Dauer sein könne, »wenn wir die genaue Lage der feindlichen Führung und der Massenvernichtungswaffen kennen, die Finanzströme der Terroristen kappen und deren Kuriere fangen können.« Das alles könnten die USA nicht mehr während laufender Kampfhandlungen herausfinden. Vielmehr benötigte die Weltmacht nach Ansicht des Pentagons »eine effektive Vorbereitung des Schlachtfelds durch die Geheimdienste in den Jahren – nicht Wochen und Monaten – vor Ausbruch der Feindseligkeiten«. So verhängnisvolle Fehler wie im und nach dem Irakkrieg glaubten sich Wolfowitz und seine politische Glaubensgemeinschaft im Weißen Haus nicht mehr länger leisten zu können.

Das Szenario, das die professionellen Kriegsplaner von der US-Army und dem U.S. Joint Forces Command für das Jahr 2015 entwarfen, unterschied sich nicht sonderlich von der Lage, in der sich das amerikanische Militär 2005 befand. Unter dem Motto »Unified Quest« übten die Militärstrategen in virtuellen Kriegsspielen schon seit Anfang des neuen Jahrtausends stets die gleiche Ausgangslage: »Die blauen Verbände [die Vereinigten Staaten] sind in Südwestasien [gemeint ist der Mittlere Osten] in einen größeren Konflikt mit dem fiktiven Land Nair [Iran] verwickelt. Weiteres Ungemach droht im pazifischen Raum, wo islamistische Fundamentalistenrebellen die säkulare, proamerikanische Regierung von Sumenia [Sumatra, also Indonesien] stürzen wollen. Währenddessen bewirken Terrorwarnungen gegen die Vereinigten Staaten, dass das Heimatschutzministerium von einer Krise in die nächste gerät.«[107]

Um einen Präventivschlag der blauen Verbände gegen Nair zu begegnen, greift Nair »prä-präventiv« mit fünfzehn bis siebzehn Armeecorps an, ausgerüstet mit modernen Kommunikations- und Waffensystemen, die Nair auf dem freien Weltmarkt erworben hat. Die blauen Verbände schlagen mit sechs Divisionen, zwei Luftwaffengeschwadern, fünf Flugzeugträgern (vier amerikanische und ein britischer) und drei Special-Forces-Bataillonen zurück. Sie attackieren Nair aus sechs unterschiedlichen Richtungen mit dem Ziel, sehr rasch die Hauptstadt (Teheran) zu erreichen.

Die uneingeschränkte Lufthoheit der blauen Verbände veranlasst Nair, die erkennbare konventionelle Unterlegenheit durch den Einsatz von Massenvernichtungswaffen (chemische und biologische Waffen) zu kompensieren. Die Kämpfe konzentrieren sich um Teheran, die blauen Verbände bemühen sich, das Regime unter der Führung des geistlichen Oberhaupts von Nair abzusetzen, das nur noch dreißig Tage bräuchte, um Nuklearsprengköpfe auf Boden-Boden-Raketen zu installieren, die amerikanische Ziele in der Region bedrohen würden.[108]

Unter den rund 500 Teilnehmern des Kriegsspiels »Unified Quest« befanden sich unter anderem auch Beobachter aus Großbritannien, Spanien, Frankreich, Deutschland, der Türkei, Australien und Israel, denen gegenüber recht offen eingeräumt wurde, dass es natürlich um den Iran gehe.

Als Anfang Mai 2005 erneut in das Army War College in den Carlisle Barracks, Pennsylvania, zum »einheitlichen

Streben 05« (»Unified Quest 05«) geladen wurde, fokussierten die amerikanischen Gastgeber nur noch auf ein Land: Nair/Iran. Dies sei die unmittelbare Aufgabe, und bei der Übung solle es vor allem darauf ankommen, die Zusammenarbeit der verschiedenen US-Teilstreitkräfte entscheidend zu verbessern. Während sich die Krise um das iranische Nuklearprogramm verschärfte, so bilanzierte ein kundiger israelischer Beobachter der US-Kriegsspiele, »gibt es systematische Vorbereitungen für eine andere Art von Militäroperation; nicht gegen die Nuklearstätten – das wäre ohnehin Teil der Operation, durchgeführt von Spezialeinheiten und mit Luftschlägen, würde aber nicht ausreichen –, sondern gegen das Regime, das sich weigert, [mit dem Streben nach der Nuklearoption] aufzuhören.«[109]

Die Stärken Irans

»Iran wird sehr wahrscheinlich der nächste konventionelle Konflikt im Central-Command-Bereich sein.« Der Kommandeur der 5. US-Flotte und der Seestreitkräfte von Centcom, Vizeadmiral David C. Nichols jr., stand im großen Convention Center des John Ascuaga's Nugget Hotel und Casino in Sparks, Nevada, einem der besseren Hotelkästen im Großraum von Reno. Vor den ehemaligen und aktiven Marinepiloten, die auf Flugzeugträgern stationiert waren und sich Anfang September 2004 zur 48. »Tailhook-Reunion« versammelt hatten, brauchte der Vizeadmiral kein Blatt vor den Mund zu nehmen. Von allen »großen, besorgniserregenden politischen Entwicklungen« im Mittleren Osten identifizierte er die »Hardliner unter den iranischen konservativen Geistlichen« als die »eigentliche dunkle Wolke«, die sich über seinem Kommandogebiet zusammengezogen habe.[110] Sie waren es, die für Unruhe sorgten, weil sie in ihrer Heimat »mehr Macht« erhalten und »wahrscheinlich« Massenvernichtungswaffen haben wollten.

Die Lageanalyse des Chefs der 5. Flotte ließ erkennen, dass sich die Centcom-Kommandeure zumindest über die gegenseitige Wahrnehmung der Kontrahenten im klaren waren. Der Iran sei davon überzeugt, dass die USA »in Afghanistan und Irak festgenagelt« und nicht in der Lage seien, »in sinnvoller Weise auf irgendeine iranische Provokation« zu reagieren, sagte Nichols. Wer innerhalb der iranischen Führung die Oberhand habe, sei schwer zu sagen: Die Revolutionären Garden, »eine Bande von Verrückten«, wie der Vizeadmiral meinte, oder das reguläre iranische Militär, »eine verantwortungsbewusste Organisation«. Zudem hätten, und mit dieser Feststellung hatte er zweifellos recht, die USA durch ihre beiden Kriege die »regionale Stellung des Iran aufgewertet«. Die langjährigen Feinde des Iran hatte die Bush-Regierung von der politischen Bühne genommen: im November 2001 Afghanistan, im März 2003 den Irak. Saddam Hussein, der 1980 den Iran angegriffen und mit stillschweigender Unterstützung des Westens und Washingtons acht Jahre lang einen verheerenden Krieg gegen den Iran geführt hatte, bei dem auch Giftgas eingesetzt worden war, saß im amerikanischen Hochsicherheitsgefängnis Camp Cropper bei Bagdad.

»Der Iran ist heute stärker«, fasste der Vizeadmiral vor den Marinefliegern im klimatisierten Konferenzsaal des Nugget Hotels seine Überlegungen zusammen, »weil wir dessen taktische Gegner entfernt haben: Saddam im Westen, die Taliban im Osten, und der strategische Feind [des Iran], Saudi-Arabien, ist durch innere Unruhen gefesselt.«[111] Diese Auflistung der geostrategischen Vorteile, in die der Iran durch die Blitzkriege der Vereinigten Staaten gekommen war, wäre führenden Vertretern der US-Regierung vor dem Irakkrieg sicherlich nicht über die Lippen gekommen.

Viel war nicht mehr übriggeblieben von den ehemaligen Doktrinen der USA in der Region, etwa von der sogenannten Zwei-Säulen-Doktrin, die bis Anfang der neunziger Jahre galt und wonach sich Washington zur Sicherung seiner nationalen Interessen in der Region stets der Unterstützung entweder des Irak oder des Iran vergewissert hatte. Vom amerikanischen Coup zur Absetzung des iranischen Ministerpräsidenten Mohammad Mosaddeq 1953[112] über die massive militärische Aufrüstung und politische Unterstützung des Iran unter der Herrschaft des Schahs, dem Präsident Nixon »die Entscheidungen über den Kauf von militärischem Equipment« wie etwa von F-14- und F-15-Kampfflugzeugen bis hin zu lasergesteuerten Bomben überließ,[113] bis zu der drastischen Kehrtwende hin zu Saddam Hussein nach der iranischen Revolution – stets galt eine Maxime: Irak und Iran durften sich unter keinen Umständen miteinander verbünden und unter den einigenden Einfluss der schiitischen Geistlichkeit des Iran geraten.[114] Wenn die amerikanischen Geheimdienste ein Szenario für den denkbar schlechtesten Ausgang der Invasion in den Irak hatten, dann lautete es: Ein feindlich gesinnter Iran könnte sich zusammen mit einem schiitisch dominierten Irak gegen die Sicherheitsinteressen Amerikas verbünden.

Die Irak-Connection

Der iranische Außenminister kam auf dem Landweg nach Bagdad. Keine achtundvierzig Stunden, nachdem Condoleezza Rice die irakische Hauptstadt unter strengster Geheimhaltung betreten und wieder verlassen hatte, rollte der Konvoi von Kamal Kharrazi bei Mehran über die iranisch-irakische Grenze und erreichte nach 160 Kilometern Bagdad. Mit Bedacht hatte Teheran die Reiseroute ausgesucht, denn für den Außenminister der Islamischen Republik Iran wäre es undenkbar gewesen, an Bord eines amerikanischen Militärhubschraubers nach Bagdad zu fliegen, wie es alle anderen ausländischen Gesprächspartner der irakischen Regierung getan hatten.

Seite an Seite mit Ministerpräsident Ibrahim al-Jaafari verließ der iranische Chefdiplomat dessen Amtszimmer und schritt die wenigen Marmorstufen herab zu den wartenden Journalisten. Der irakische Regierungschef hatte zuvor taktvoll angeordnet, dass sich die schwerbewaffneten Mitglieder der U.S. Navy Seals, die rund um die Uhr für seine Sicherheit sorgten, im Hintergrund hielten und das Bild von der neuen irakisch-iranischen Annäherung nicht trübten.

»Mr. Kharrazi, konkurrieren der Iran und die USA hier in Bagdad darum, wer über den größten Einfluss verfügt?« wollte einer der Reporter von dem wie stets im makellosen grauen Seidenanzug erschienenen Außenminister wissen. Natürlich war es alles andere als ein Zufall, dass die erste hochrangige Regierungsdelegation aus dem Iran ausgerechnet jetzt, fünfundzwanzig Jahre nach dem Überfall Saddam Husseins auf den Iran, der Hunderttausende von iranischen Soldaten das Leben gekostet hatte, nach Bagdad kam, das hatte sein irakischer Amtskollege schon öffentlich eingeräumt. Dr. Kamal Kharrazi – seinen Doktor hatte er Mitte der siebziger Jahre an der Universität von Houston gemacht – wählte seine Worte gewohnt sorgsam und unternahm vor den internationalen Medien einen kleinen Exkurs in die geographisch-politischen Realitäten am Persischen Golf: »Die Partei, die den Irak verlassen wird, sind die Vereinigten Staaten, weil sie sich schlussendlich zurückziehen werden«, sagte er auf englisch. »Aber die Partei, die mit den Irakern leben wird, ist der Iran, weil er ein Nachbar des Irak ist.«[115]

Damit signalisierte Kharrazi der US-Regierung gleich zu Beginn seiner mehrtägigen Visite, in welch langen Zeiträumen der Iran seine machtpolitischen Ansprüche in der Region zu realisieren gedachte. Teheran bleibe stets der unmittelbare

Partner der irakischen Regierung. Deren Ministerpräsident, der wie so viele Mitglieder der neuen politischen Klasse während der Saddam-Diktatur im Iran Zuflucht gefunden hatte, versäumte es denn auch nicht, auf diese persönlichen Bindungen zum Iran hinzuweisen.[116]

Doch bei allen Referenzen an die schützende Rolle des Iran während der langen Jahre des Exils durfte der neue irakische Ministerpräsident die Realitäten im Land nicht außer acht lassen, vor allem nicht die allgegenwärtige Präsenz der amerikanischen Besatzungsmacht. Er werde nicht zulassen, dass die Feindseligkeiten zwischen den USA und dem Iran das irakisch-iranische Verhältnis belasten, versprach al-Jaafari in eloquentem Farsi. »Wir werden unsere Beziehungen zwischen dem Irak und anderen Staaten irakischen Maßstäben und irakischen nationalen Interessen gemäß aufbauen.«

Der irakische Regierungschef wollte sich nicht in den Machtkampf zwischen Washington und Teheran verwickeln lassen. Er könne sich eine ganz andere amerikanisch-iranische Zukunft vorstellen: »Wir wünschen uns Beziehungen zwischen Iran und den Vereinigten Staaten, die von Frieden und Liebe charakterisiert sind und von einem Verständnis ihrer gemeinsamen Interessen.«[117]

Den Hinweis auf die »gemeinsamen Interessen« verstand al-Jaafaris iranischer Gast problemlos: Wenn es um den Kampf gegen die sunnitischen Aufständischen gehe, sei Iran jederzeit in der Lage, dem Irak in Fragen der Sicherheit hilfreich zur Seite zu stehen. »Beide, der Iran und die Vereinigten Staaten«, analysierte später ein britischer Iranexperte, »wollen den sunnitischen Aufstand besiegt sehen, beide würden Opfer bringen müssen, falls ein Bürgerkrieg im Irak ausbrechen sollte.« Deshalb favorisiere Teheran auch nicht den sofortigen vollständigen Abzug der amerikanischen Truppen aus dem Irak, jedenfalls so lange nicht, bevor nicht der Widerstand der Sunniten gebrochen sei.[118]

»Wenn wir die Lage im Irak ausgenützt hätten, um uns in die Angelegenheiten des Irak einzumischen, und Terroristen erlauben würden, den Irak vom Iran aus zu betreten, dann«, drohte der iranische Außenminister in Richtung Washington, »wäre die Situation im Irak sehr viel schlimmer.«[119] Aber Terroristen würde nicht gestattet, in den Irak einzusickern, die lange Grenze werde kontrolliert, und jeder Eindringling werde verhaftet, denn »den Irak zu sichern heißt den Iran zu sichern«.

Kharrazi hob die eigentlichen Intentionen seines Landes gegenüber dem Irak hervor: Stabilität und Demokratie stünden auf der iranischen Prioritätenliste für den geschundenen Nachbarstaat ganz oben. Schöner und vor allem wirkungsvoller hätte es selbst Condoleezza Rice nicht formulieren können.

Teherans Gesandter verstand sich darauf, einen möglichst deutlichen – und damit für Washington negativen – Kontrast zwischen seinem ausgiebigen Irakbesuch und der vierzehnstündigen Stippvisite der amerikanischen Außenministerin zu zeichnen. In Kerbala, der Heiligen Stadt der Schiiten, traf sich Kamal Kharrazi mit Groß-Ayatollah Ali al-Sistani, dem einflussreichsten Schiitenführer, der sich seit der Invasion der US-Streitkräfte stets geweigert hatte, mit einem amerikanischen Vertreter auch nur zu telefonieren, geschweige denn eine Condoleezza Rice zu empfangen.

Die Vertrautheit, mit der sich der iranische Außenminister in den politischen und religiösen Führungskreisen des Nachbarlands bewegte, habe schon den Charakter »eines Familientreffens«, fand Scott Peterson, der seit Jahren aus dem Irak für den *Christian Science Monitor* berichtet, der für seine ausgezeichnete Nahostberichterstattung bekannt ist.[120] Auch mit der Wahl seines nächsten Gesprächspartners zeigte der iranische Außenminister, wie vertraut er mit dem unruhigen innenpolitischen Terrain des Irak war: Er machte Abdul Aziz al-Hakim seine Aufwartung. Al-Hakim ist seit dem Bombenanschlag auf seinen Bruder Anfang September 2004 in Nadschaf dessen Nachfolger im Amt des Vorsitzenden des Obersten Rats der Islamischen Revolution im Irak (SCIRI), einer Anfang der achtziger Jahre von Khomeinis Geheimdiensten gegründeten Exilorganisation von irakischen Gegnern Saddam Husseins.

Die politischen Signale, die Teheran aussandte, richteten sich klar gegen Washington. Hatte die Chefin des State Department binnen nur weniger Stunden ein dichtgedrängtes Gesprächsprogramm ausschließlich mit der irakischen Staats- und Regierungsspitze sowie mit hohen US-Militärs absolviert, das unter strengsten Sicherheits- und Geheimhaltungsvorkehrungen durchgeführt wurde, erwies ihr iranischer Amtskollege zusätzlich noch der geistlichen und politischen Führung der Schiiten seine Reverenz. Damit war der Einfluss Teherans auf den Irak, dessen politisches Schicksal die Präsidentschaft von George W. Bush bestimmen wird, zur Zufriedenheit der Iraner vor aller Welt dokumentiert worden. Dass Bagdad auch noch dem iranischen Drängen nachgekommen war, Saddam Hussein für die Kriegsverbrechen vor Gericht zu stellen, die der Diktator während des achtjährigen Golfkriegs mit Unterstützung Washingtons verübt hatte, machte den diplomatischen Erfolg perfekt.[121]

Für den Fall, dass die USA den Iran vor den Weltsicherheitsrat ziehen wollten, hatte Kharrazi den Amerikanern die nicht sonderlich subtile Botschaft übermittelt, dass Teheran der Supermacht, die sich mit dem Irak übernommen hatte, jederzeit die Daumenschrauben anziehen könne. Die Behauptung von Robert B. Zoellick, des Stellvertreters von Condoleezza Rice, die irakischen Regierungsvertreter seien »in erster Linie und vor allem Iraker«, klang da schon wie das resignierte Eingeständnis, Washington sei sich über die neuen Realitäten im Verhältnis zwischen Bagdad und Teheran durchaus im klaren.[122]

Bislang habe der Iran seinen Einfluss darauf, was im Irak geschehe, mit einer »bemerkenswerten Zurückhaltung« ausgeübt, befand die unabhängige »International Crisis Group«. Nach Monaten intensiver Nachforschungen im Iran und Irak kam das angesehene Konfliktverhütungsinstitut im März 2005 zu einer Einschätzung, die im deutlichen Gegensatz zu den Vorwürfen der amerikanischen Regierung stand. Die Beweise für Versuche des Iran, das Nachbarland zu destabilisieren, seien »weitaus geringer und unklarer, als behauptet wird«.[123]

Die »vitalen Interessen« der Islamischen Republik an der Entwicklung im Irak bestanden aus einem Geflecht vielschichtiger, mitunter paradoxer Motive. Nach einem achtjährigen Krieg, der Hunderttausende von Iranern das Leben gekostet und im Iran Vermögenswerte in Höhe von 644 Milliarden Dollar vernichtet hat,[124] durfte der Irak nicht noch einmal zu einer existentiellen Gefahr für den Iran werden, weder militärisch noch politisch noch ideologisch. Über ein Netz von bezahlten Informanten und eingeschleusten Mitgliedern der Revolutionären Garden sowie über die Finanzierung von religiöser Propaganda und Wohlfahrtseinrichtungen verfügt der Iran seitdem über exzellente Kenntnisse der sozialen und politischen Landschaft des Nachbarlands. Zudem hat sich Teheran nach Kräften darum bemüht, den politischen Neubeginn nach dem Ende der Kampfhandlungen im April 2003 zu beeinflussen, vor allem durch die Unterstützung des Obersten Rats der Islamischen Revolution im Irak (SCIRI). Die erhoffte Wirkung trat jedoch, so die Analyse der International Crisis Group, nicht ein. Auf die irakische Gesellschaft hätten die iranischen Interventionsversuche »wegen des tiefen Misstrauens und der Vorbehalte vieler Iraker gegenüber ihren Nachbarn kaum Einfluss«[125] gehabt«.

Das zweite Motiv der Iraner, die Geschicke des amerikanisch dominierten Irak mitzubestimmen, war paradoxerweise identisch mit den amerikanischen (und auch türkischen) Interessen in dieser Frage: Um jeden Preis sollte der Zerfall des Irak in die ethnischen Bevölkerungsgruppen verhindert werden, schließlich sind rund 10 Prozent der Iraner kurdischer Abstammung. Weil ein autonomes kurdisches Separatistengebiet nicht entstehen sollte, trat Teheran dafür ein, dass die irakischen Kurden in der neuen Übergangsregierung in Bagdad stark vertreten waren. So konnte sich der Kurdenführer Jalal Talabani von der Patriotischen Union Kurdistans in bezug auf seine präsidialen Träume der massiven Unterstützung der iranischen Diplomatie erfreuen – er wurde tatsächlich Iraks Staatspräsident.

Auch bei der Durchführung »freier und fairer Wahlen« im Irak, die der UN-Gesandte Lakhdar Brahimi Anfang 2004 in Gesprächen mit Groß-Ayatollah Sistani ausgehandelt hatte, standen Iraner und Amerikaner auf der gleichen Seite. Da es aufgrund der schiitischen Bevölkerungsmehrheit klar war, dass sich bei freien Wahlen die schiitisch geprägten politischen Gruppierungen durchsetzen würden, stand dem Wahlgang am 30. Januar 2005 aus der Sicht Teherans nichts im Weg – im Gegenteil.

Schließlich musste der Iran daran interessiert sein, dass die amerikanischen Truppen im Irak »beschäftigt« blieben, konkret: dass die Bekämpfung der militanten Aufständischen so viele militärische und politische Ressourcen binden würde, dass die Vereinigten Staaten nicht ernsthaft über eine Ausdehnung ihrer Art des Demokratieexports nach Osten nachdenken könnten.

»Managed chaos«, gelenktes Chaos – diesen Begriff prägten die Experten der International Crisis Group für die iranische Taktik, den Irak nicht komplett zu stabilisieren, ihn aber auch nicht zu destabilisieren. Über ausreichende Machtmittel, sich gegen die USA zu behaupten, verfügte der Iran ohnehin.

»Wenn der Iran gegen die Amerikaner im Irak kämpfen wollte, dann würde es für die Amerikaner die Hölle«, urteilte Hamid al-Bayati, der stellvertretende irakische Außenminister, der einige Exiljahre im Iran zugebracht hatte. »Die könnten Tausende von Selbstmordattentätern schicken, und keiner von denen käme aus dem Iran. Ich kenne die Iraner und weiß, wozu sie in der Lage sind. Und sie tun es nicht.«[126]

Für die USA ist der Iran ein sehr fremdes Land

»Die Formulierung einer US-Politik gegenüber Teheran ist niemals einfach oder gradlinig gewesen«, räumte rückblickend eine Projektgruppe ein, die sich im Auftrag des renommierten Council on Foreign Relations unter Leitung von Zbigniew Brzezinski, dem ehemaligen Sicherheitsberater von Präsident Carter, und Robert M. Gates, dem früheren CIA-Direktor, mit den amerikanisch-iranischen Beziehungen befasste. Unter dem programmatischen Titel »Iran: Zeit für einen neuen Ansatz« plädierten die ausgewiesenen Realpolitiker für die Aufnahme eines breitangelegten politischen Dialogs mit Teheran, der die gemeinsamen Interessen in den Vordergrund zu stellen hätte, ohne dabei die ideologischen und strategischen Gegensätze zu negieren.

Die Tatsache, dass die USA seit 1979 keine diplomatischen Kontakte und bilateralen Gesprächsforen mehr mit dem Iran hatten, schadete »den amerikanischen Interessen in dieser wichtigen Region«, erklärte die Brzezinski-Projektgruppe. Genauso wie die USA unter Präsident Nixon 1972 einen politischen Dialog mit dem kommunistischen China eröffnet hatten, sollte nun auch die Bush-Administration mit dem Iran verfahren. Amerika könne sich gar nicht erlauben, dem Regime in Teheran auf Dauer nur mit düsteren Drohungen zu begegnen. Brzezinski und seine Mitautoren widersprachen der zentralen These der neokonservativen Befreiungstheoretiker in Washington, wonach die Herrschaft der Mullahs durch demokratischen Widerstand der überwiegend jungen iranischen Bevölkerung akut gefährdet wäre: »Der Iran steht nicht am Rande einer neuen Revolution.« Die Bush-Regierung sollte jeden Versuch unterlassen, das Regime durch »direkte US-Anstrengungen abzusetzen«. Das würde nicht von Erfolg gekrönt sein, warnte die Expertenrunde des Council on Foreign Relations. Vergleichbares gelte insbesondere für einen »Regimewechsel durch Intervention von außen«, also für die militärische Option. Die öffentliche Befreiungsrhetorik Washingtons stachle nur die nationalen Gefühle der Iraner an, die auf auswärtigen Druck hin stets das Regime verteidigen würden, auch wenn sie es sonst eher ablehnten.[127]

Es sei »nicht realistisch«, von Teheran alles auf einmal zu verlangen, einen »Big Deal« zwischen der Supermacht USA und der einflussreichen Regionalmacht Iran werde es nicht geben. Statt dessen müsse dem Iran kurzfristig deutlich gemacht werden, dass eine umfassende Kooperation Teherans mit der Internationalen Atomenergiebehörde notwendig sei, um »multinationale Sanktionen, verhängt vom Sicherheitsrat der Vereinten Nationen«, zu vermeiden. Langfristig müssten die USA mit dem Iran einen sicherheitspolitischen Dialog eröffnen, der auch die Interessen des Iran und die Präsenz der »nuklear bewaffneten Nachbarn« berücksichtige, also Pakistan, Indien und Israel.

Für die Kernfrage des Ausbaus einer nachgewiesenermaßen friedlich genutzten Atomenergie durch den Iran schlugen Brzezinski und Gates eine Art großes Swap-Geschäft vor, wie es auch von der Europäischen Union favorisiert wurde: Die USA würden ihren Widerstand gegen ein ziviles Nuklearprogramm des Iran einstellen, das dem Zusatzprotokoll des Atomwaffensperrvertrags und damit der ständigen Kontrolle durch die

IAEO-Inspektoren unterliegt, und zugleich durch ein multinationales Abkommen Teheran die Lieferung und die Entsorgung des nuklearen Materials garantieren. Im Gegenzug müsse der Iran das Zusatzprotokoll ratifizieren und sich verpflichten, auf die »Urananreicherung und andere Bemühungen, den Nuklearkreislauf zu schließen, dauerhaft zu verzichten«.[128]

In ihrem Plädoyer für eine grundlegende Kehrtwende der US-Politik gegenüber Teheran wiesen die Realpolitiker unter den US-Sicherheitsexperten immer wieder darauf hin, welche Motive der Iran habe, angesichts »der turbulenten Nachbarschaft« nach Atomwaffen zu streben. Dieses strategische Kalkül des Iran sei »nicht völlig irrational«. Entgegen dem Eindruck, es ginge um die öffentlich zelebrierten Hasstiraden gegen die Atommacht Israel, forciere die iranische Führung um Ayatollah Khamenei das Nuklearprogramm aus »dem ungeheueren Gefühl der Unsicherheit« heraus, das verursacht sei durch die amerikanische Invasion in den Nachbarländern und durch die enorme Geschwindigkeit, mit der die US-Verbände binnen neunzehn Tagen Bagdad erreicht hatten.[129] Wie ein Katalysator hatte die »Operation Iraqi Freedom« also zur Beschleunigung des iranischen Nuklearprogramms geführt.

Teheran fühlte sich von den Amerikanern regelrecht eingekreist, das Regime glaubte sich in seiner Existenz bedroht. Der Irak bot den Mullahs die Chance für eine überzeugende Abschreckung: Sollte Bush dem Iran drohen, »dann haben wir 140000 potentielle Geiseln im Irak«, warnte ein hoher iranischer Regierungsvertreter Ende November 2004.[130] Alles würde vom Verhalten des US-Präsidenten abhängen – sollte George W. Bush in seiner zweiten Amtszeit einen stärker realpolitisch ausgerichteten Kurs gegenüber Iran fahren, bliebe es beim Status quo. Die Freigabe der seit 1979 eingefrorenen Konten der iranischen Regierung könnte ein erster Schritt sein. Danach könnten intensive sicherheitspolitische Gespräche folgen, mit dem Ziel der Wiederaufnahme von diplomatischen Beziehungen.

Den Europäern jedoch erschien diese Entwicklung allzu hoffnungsfroh, um daran zu glauben. »Die USA«, rief der EU-Chefdiplomat Solana ein wenig spöttisch in Erinnerung, »unterhalten seit über zwanzig Jahren keine Beziehungen mehr zum Iran. Für sie ist der Iran ein sehr fremdes Land.«[131]

Ein Keil zwischen den USA und der EU

»Wenn die Amerikaner ihre Drohungen aufgeben und auch guten Willen zeigen, dann«, so warb Hassan Rowhani, Irans Chefunterhändler mit den EU-3 Staaten, im April 2005, »kann ein neuer Horizont aufziehen.«[132] Anderthalb Jahre nach der Aufnahme der Nukleargespräche mit den Europäern musste Rowhani feststellen, dass die iranische Taktik, einen Keil zwischen die USA und die drei europäischen Führungsnationen zu treiben, noch nicht die gewünschten Ergebnisse gezeitigt hatte. Condoleezza Rice war es gelungen, ihren Präsidenten davon zu überzeugen, die europäischen Gespräche mit dem Iran zu unterstützen, ohne allerdings selbst an dem Dialog beteiligt zu sein, den Washington ohnehin nicht für sonderlich erfolgversprechend hielt. Das war eine pragmatische Lösung, die es den Amerikanern erlaubte, sich die notwendige diplomatische Unterstützung für die angestrebte Verurteilung des iranischen Nuklearprogramms durch den Weltsicherheitsrat zu sichern.

Am »Ziel der freien Welt« gegenüber dem Iran konnte es nach den Worten des US-Präsidenten keinen Zweifel geben: »Um des Friedens willen muss das iranische Regime seine Unterstützung des Terrorismus einstellen und darf keine Nuklearwaffen entwickeln«.[133] Nach seiner Auffassung hatte sich die europäische Troika durch ihren allzu nachgiebigen Verhandlungsstil in eine Sackgasse manövriert und sich zudem noch öffentlich blamiert. Solange die Europäer nicht zu der Drohung bereit waren, im Falle eines Scheiterns der Gespräche die Angelegenheit an den UN-Sicherheitsrat zu übergeben, solange würden sich die EU-3-Länder vom Iran an der Nase herumführen lassen.

Dass sich der Iran Mitte November 2004 dazu bereit erklärt hatte, alle Urananreicherungs- und Wiederaufbereitungsaktivitäten vorübergehend einzustellen, reichte dem US-Präsidenten bei weitem nicht aus. Diese Vereinbarung, an deren Zustandekommen die Europäer nach Angaben des britischen Außenministers Jack Straw »hart gearbeitet« hatten,[134] konnte Washingtons Befürchtungen nicht lindern, dass der Iran unter dem Deckmantel der vom Atomwaffensperrvertrag erlaubten Urananreicherung zu friedlichen Zwecken unverdrossen die atomare Rüstung weiter forcieren würde. Es galt, die Europäer einzubinden und zugleich ihre wortreichen Verpflichtungen in Frage zu stellen, wonach die EU-3 in der Lage wären, mit »objektiven Garantien« sicherzustellen, »dass Irans Nuklearprogramm ausschließlich für friedliche Zwecke genutzt werden kann«.[135]

Bush und Schröder ziehen an einem Strang – bloß in verschiedene Richtungen

»Fletcher, *Washington Post*. – Danke, Mr. President«, sagte der Reporter, nachdem ihm Bush das Wort erteilt hatte. Die renommierte Hauptstadtzeitung hatte dem außenpolitischen Kurs des Präsidenten in den vergangenen Jahren überraschend aufgeschlossen gegenübergestanden. »Bundeskanzler Schröder hat betont, dass der Iran seine nuklearen Ambitionen nur dann aufgeben würde, wenn er [der Iran] sicher sein könnte, dass seine wirtschaftlichen Interessen und seine berechtigten Sicherheitsinteressen dabei berücksichtigt werden.« Ob Bush dieser Einschätzung zustimme, fragte der Journalist. Die Antwort darauf hätte sich Michael Fletcher sicherlich denken können, doch hier, während der sechzehnminütigen gemeinsamen Pressekonferenz mit dem Bundeskanzler in Mainz, also in Anwesenheit Schröders und der deutschen Presse, war es interessant zu hören, ob und wie der US-Präsident solchem – in Bushs Augen – Unsinn widersprechen würde. »Und kann das geschehen, ohne dass die Vereinigten Staaten sich an diesen Gesprächen mit dem Iran beteiligen?«

Es widerstrebte Bush, aus seiner tiefverwurzelten Überzeugung einen Hehl zu machen, wonach Amerikas Krieg gegen den Terrorismus erst mit der weiteren Verbreitung von Freiheit und Demokratie seinen krönenden Abschluss finden würde. Sollte er diese Grundsätze für einen Kuhhandel mit einem Regime über Bord werfen, das seine Regierung als *den* staatlichen Unterstützer des weltweiten Terrorismus identifiziert hatte?

Der Präsident versuchte, freundlich dreinzublicken, und hob dann zu einer kleinen Unterweisung für offenkundig verwirrte Geister an, die doch zwischen Ursache und Wirkung besser zu unterscheiden lernen sollten: »Schauen Sie mal, erstens, lassen Sie mich mal klarstellen – die Seite, die diese Diskussionen verursacht hat, sind in erster Linie die Iraner.« Und der Grund, warum sich die internationale Gemeinschaft mit der Frage des iranischen Nuklearprogramms zu beschäftigen habe, sei »doch, weil sie dabei erwischt worden sind, Uran anzureichern, nachdem sie einen Vertrag unterzeichnet haben, der besagt, dass sie nicht Uran anreichern würden«.[136] Es liege also ein eindeutiger Fall von Vertragsbruch durch den Iran vor, und dafür müsse Teheran zur Verantwortung gezogen werden.

Wie schon am Vortag in Brüssel, als Bush die These, die USA bereiteten sich gerade darauf vor, den Iran anzugreifen, mit der Bemerkung abtat, das sei »einfach lächerlich« – um dann nach einer kurzen Pause hinzuzufügen, dass er sich »alle Optionen« vorbehalte,[137] hielt sich der US-Präsident nun auch in Deutschland an diese Sprachregelung, um den Verbündeten und dem Iran ein wenig Angst einzujagen. Mit den Staats- und Regierungschefs der EU-3 habe er recht ausführlich über das iranische Nuklearprogramm gesprochen und sich dabei für deren »Führung in dieser Frage« bedankt. Wichtig sei es, erklärte Bush weiter, dass die »Iraner von der Welt einstimmig hören, dass sie keine Nuklearwaffen haben sollten«.

Der Präsident konnte sich über die offenkundige Naivität der Journalisten nur wundern, ihm – George W. Bush – zu unterstellen, er würde seine gesamte Sicherheitsdoktrin ausgerechnet im Fall Iran außer Kraft setzen. »Schauen Sie, gestern bin ich zur US-Haltung befragt worden, und ich habe gesagt, dass alle Optionen auf dem Tisch sind. Das ist Teil unserer Auffassung. Aber ich muss auch die Leute daran erinnern, dass die Diplomatie erst begonnen hat.«

Vor, während und nach dem Irakkrieg hatte es sich Bush bei ähnlichen Fragen nach der Berechtigung für die amerikanische Invasion zur Regel gemacht, die ununterbrochene Verletzung der UN-Resolutionen durch Saddam Hussein in den Vordergrund zu rücken. Sechzehnmal habe der Diktator die Beschlüsse der internationalen Gemeinschaft in den Wind geschlagen, ohne dafür zur Rechenschaft gezogen worden zu sein. Geschehen sei nie etwas, bis schließlich er und Tony Blair nach der Verabschiedung der Resolution 1441 vom November 2002 für deren Durchsetzung gesorgt hätten. Die meisten seiner Berater kannten diese Einlassungen des Präsidenten zur Genüge. Doch im Zusammenhang mit dem Iran bekamen Bushs Bemerkungen neues Gewicht. Der Iran war noch kein einziges Mal wegen seines Nuklearprogramms vom Weltsicherheitsrat verurteilt worden. Es lag keine Resolution in dieser Sache gegen Teheran vor. Was also aus Sicht des Weißen Hauses für eine Änderung der Iranpolitik offenkundig noch fehlte, war – Diplomatie.

Unabhängig von allen anderen sachlichen Gründen, die gegen ein härteres amerikanisches Vorgehen gegen den Iran sprachen: Ohne eine entsprechende UN-Resolution, in der Teheran wegen nachgewiesener Missachtung der Auflagen der Atomenergiebehörde international an den Pranger gestellt werden konnte, waren selbst den Vereinigten Staaten außenpolitisch die Hände gebunden. Also bemühte sich Bush, dem Bundeskanzler und den Journalisten seine Position in einfachen Sätzen zu vermitteln: »Iran ist nicht Irak. Wir haben gerade erst mit den diplomatischen Bemühungen begonnen, und ich möchte mich bei meinen Freunden dafür bedanken, dass sie die Führung übernommen haben, und ich will ...«, Bush korrigierte sich: »*Wir* wollen mit ihnen zusammenarbeiten, um die Mullahs zu überzeugen, dass sie ihre nuklearen Ambitionen aufgeben.«[138] Er erhalte ja den »guten Rat« seiner »europäischen Partner«.

In der Wahl der Methoden jedoch lagen Washington einerseits, London, Paris und Berlin andererseits meilenweit auseinander. Leicht geschockt, gelinde gesagt, reagierten »die europäischen Partner« auf die rhetorischen Salven, die der Präsident nach seiner zweiten Inauguration in Richtung Teheran abfeuerte. In Berliner Regierungskreisen waren die Experten zu der Erkenntnis gekommen, »dass die Amerikaner die Anwendung militärischer Gewalt gegen das Teheraner Regime durchaus ernst meinten«. Offenkundig hatten diese Fachleute bis dahin aus politischen Gründen ihre Expertise negiert, nach der Bush seit dem 11. September 2001 zu keinem Zeitpunkt einen Zweifel daran gelassen hatte, notfalls mit Gewalt gegen Regime vorzugehen, die sich bemühten, in den Besitz von Massenvernichtungswaffen zu kommen. Nun erlebten SPD-

Bundestagsabgeordnete ein Déjà-vu und fühlten sich an die Monate vor dem Irakkrieg erinnert: Berlin sei »sehr in Sorge wegen der angespannten Beziehungen zwischen dem Iran und den USA«.[139]

Es habe ja keinen Sinn, von einer erneuten Nagelprobe im transatlantischen Verhältnis zu sprechen, gab ein deutlich um Distanz zu Washington bemühter Gerhard Schröder zu bedenken. »Unser Ziel« sei doch »das gleiche«, schließlich wollten Europa und die USA, »dass der Iran auf atomare Waffen verzichtet«.[140] Nur in der Frage der »Instrumente« müsse man sich noch abstimmen.

Strategisch war der Kanzler zu keinen Zugeständnissen gegenüber dem amerikanischen Präsidenten bereit: »Die EU setzt auf Verhandlungen, was ich für richtig halte«, schob Schröder hinterher, um damit gleich festzustellen, dass für ihn nichts anderes in Frage kam. Auch nach den mehrmaligen erfolglosen Bemühungen der Europäer, den Iran zum Verzicht auf die Urananreicherung zu bewegen – ein Unterfangen, das ein europäischer Diplomat mit den Worten beschrieb, das sei so, »als ob man zweimal denselben Teppich verkauft«[141] –, beharrte Schröder noch darauf zu wissen, wie man »richtig« mit dem Iran umgeht: »Wenn man erfolgreich verhandeln will, muss man der anderen Seite etwas anbieten.« Konkret hieße das »wirtschaftliche Zusammenarbeit und Sicherheit«. Beides könnten Europa und Amerika bieten. Von Sanktionen, vom Einschalten des UN-Sicherheitsrats oder gar von militärischer Gewalt hielt der deutsche Regierungschef gar nichts: »Ich bin gegen eine militärische Intervention.«[142]

Der Grünen-Chef Reinhard Bütikofer teilte die Bedenken des Kanzlers: Selbst wenn dem Iran nachgewiesen werde, dass er Atombomben baue, seien militärische Aktionen falsch: »Ich sehe nicht, dass ein Krieg gegen Iran gerechtfertigt wäre.«[143] Gleichzeitig hatte sich in Berlin, Paris und London allerdings die Erkenntnis festgesetzt, dass sich die Europäer bei ihren

Verhandlungen mit Teheran so lange in der Verliererposition befänden, wie die Vereinigten Staaten sich nicht daran beteiligten.

»Frankreich, Deutschland und Großbritannien können alleine nicht gewinnen, und jeder weiß das«, räumte ein europäischer Diplomat vertraulich ein. »Und falls die USA draußen bleiben, haben wir nicht genug Einfluss, und unsere Bemühungen werden scheitern.«[144] Es sei auch abzusehen, dass jede UN-Resolution, die Sanktionen gegen den Iran vorsehe, von den Vetomächten Russland und China blockiert würde. Das würde die Bush-Regierung wiederum in ihrer tiefsitzenden Abneigung gegenüber den Vereinten Nationen bestätigen, und dann bliebe nur noch die militärische Option.

Vorbereitungen zum Erstschlag

Die militärischen Vorbereitungen schienen in vollem Gang zu sein, berichteten amerikanische Zeitungen unmittelbar nach Bushs erneuter Amtseinführung, und richteten sich auf das Ausspionieren potentieller und tatsächlicher Atomanlagen und Forschungsstätten im Iran. Seit Anfang 2004 stiegen von US-Stützpunkten im Irak unbemannte Aufklärungsdrohnen zu ihren Einsätzen auf. Ausgerüstet mit Videokameras, Luftfiltern und Radar sollten die Flugkörper das leisten, was den Geheimdiensten bislang nicht gelungen war: Zur Untermauerung der US-Vorwürfe sollten sie handfeste Beweise für Verstöße Teherans gegen die Auflagen der Atomenergiebehörde finden. Gleichzeitig sollten die Drohnen mögliche militärische Ziele ausmachen und die iranische Luftabwehr herausfordern, um so Erkenntnisse über deren Einsatzbereitschaft zu erhalten. »Das ist Standard bei militärischen Vorbereitungen für einen eventuellen Luftangriff und wird auch als Mittel der

Einschüchterung eingesetzt«, stellte die *Washington Post* nüchtern fest.[145]

Die Recherchen von Seymour Hersh, die Ende Januar 2005 im *New Yorker* veröffentlicht wurden, verstärkten den von der US-Regierung erwünschten »Shock and Awe«-Effekt. Seit Sommer 2004 seien geheime Aufklärungskommandos der US-Spezialstreitkräfte in den Iran eingedrungen mit dem Auftrag, präzisere Informationen und genaue Zielangaben über Lagerstätten atomarer und chemischer Waffen sowie über Raketenstellungen zu gewinnen. Unter Hinweis auf die Führungsspitze des Verteidigungsministeriums schrieb Hersh über die Apologeten eines gewaltsamen Regimewechsels: »Die Zivilisten im Pentagon wollen in den Iran reingehen und dort soviel von der militärischen Infrastruktur wie möglich zerstören.«[146]

Douglas Feith, bis Sommer 2005 Staatssekretär im Pentagon und einer der führenden neokonservativen Agitatoren eines Krieges gegen Saddam Hussein, suchte den Kontakt zu fragwürdigen iranischen Oppositionellen, die ihn – nach dem Vorbild von irakischen »Dissidenten« wie Ahmed Chalabi einige Jahre zuvor – mit neuen »Beweisen« für das iranische Streben nach der Atombombe versorgen sollten. Dem Weißen Haus ließ Feith im Herbst 2004 den Entwurf für eine »Executive Order« des Präsidenten vorlegen, wie ein Regimewechsel im Iran zu bewerkstelligen sei.

Daniel Schoor, einer der Kommentatoren des für seine ausgewogene Berichterstattung bekannten semiöffentlich-rechtlichen US-Senders *National Public Radio,* meinte, dass »die Art und Weise, wie Douglas Feith die Pläne für einen Regimewechsel im Iran ausarbeitet, eine Déjà-vu-Qualität besitzt«.[147] Die Vorlage für den Präsidenten beinhaltete dieselben Ingredienzen wie für das Vorgehen gegen den Irak, die später in den US-Medien veröffentlicht und von den Offiziellen dementiert wurden: die »Autorisierung von verdeckten Operationen mit dem Ziel, das Regime zu stürzen«.[148]

Zum selben Zeitpunkt wurden Ermittlungen der amerikanischen Bundespolizei FBI gegen einen engen Mitarbeiter Feiths im Pentagon, Lawrence A. Franklin, bekannt. Der Vorwurf: Geheimdienstverrat. Franklin, in der dem Pentagon unterstellten Defense Intelligence Agency (DIA) für den Iran zuständig, habe seit zwei Jahren streng geheime Informationen der US-Dienste über den Iran, Irak sowie den Nahostkonflikt an die proisraelische Lobbyorganisation American Israel Political Action Committee (AIPAC) weitergegeben, die diese Unterlagen an die israelische Regierung weitergeleitet hätte.[149]

Unter der Führung von Douglas Feith, so wollte Seymour Hersh Ende Januar 2005 erfahren haben, gebe es im Pentagon eine »enge und weitgehend nicht genehmigte Kooperation mit Israel«, die sich unter anderem auf »potentielle Lagerstätten nuklearer und chemischer Waffen und Raketen« beziehe. »Die glauben, dass rund drei Viertel der möglichen Ziele aus der Luft zerstört werden können, während ein Viertel zu nah an bevölkerungsreichen Zentren liege oder zu tief vergraben sei, um sie zu treffen.«[150]

Washington spielt auf Zeit

Die Bedrohung durch Nuklearwaffen und waffenfähiges Plutonium entschärft man nicht »durch die Beseitigung welcher ausländischen Regierungen auch immer, die die Vereinigten Staaten gerade als am bedrohlichsten ansehen«, stellte John Cirincione fest. Die Geschichte habe immer wieder gezeigt, sagte der Direktor für die Nichtweiterverbreitung von Massenvernichtungswaffen am Carnegie Endowment for International Peace, »dass der Verbündete von heute der Schurkenstaat von morgen« werden könne.[151] Mit den Folgen dieses geradezu klassischen Fehlers der amerikanischen Außen- und Sicherheitspolitik, der sich in Pakistan ebenso wie in den zentralasiatischen Republiken wiederholen könnte, müssten sich die USA und ihre Verbündeten im Fall Iran mühsam auseinandersetzen.

Einen anderen Kurs einzuschlagen als den diplomatischen wollte sich die Außenministerin zunächst nicht vorstellen: »Der diplomatische Kurs, auf dem wir sind, ist der richtige Kurs«, warb die rasch zu eigener Statur aufgestiegene Nachfolgerin von Colin Powell.[152] Unmittelbar nach ihrer Anhörung und der anschließenden Bestätigung durch den Senat, bei der Condoleezza Rice den Iran mehrmals als »totalitäres Regime« verurteilt hatte, reiste die Bush-Vertraute Anfang Februar 2005 nach London und Berlin, wo sie den Eindruck erweckte, als gebe es in der Iranfrage keine wesentlichen Meinungsverschiedenheiten zwischen Washington und den europäischen Verbündeten. Es galt, die Wellen zu glätten, die in Europa nach den dunklen Androhungen hochgeschlagen waren, die der Präsident und sein Stellvertreter an die Adresse Teherans gerichtet hatten.

Rice setzte die »europäischen Drei« unter Druck: Washington halte die Aussicht, dass der Iran in den Besitz von Nuklearwaffen kommen könnte, für »sehr destabilisierend, einerseits, aus sehr guten Gründen, für die Nachbarn des Iran, aber auch für Frieden und Sicherheit international«, sagte sie in London.[153] Die Europäer wüssten genau, dass ihre Gespräche mit den Mullahs ohne amerikanische Unterstützung noch schneller scheitern würden als ohnehin schon. Deshalb werde die Bush-Regierung als Zeichen, dass sie sich ein gemeinsames Vorgehen gegen Teheran wünsche, die EU-3-Gespräche fördern, ohne allerdings daran teilzunehmen. Im Gegenzug könnten die Europäer den Iranern, wenn sie sich denn kooperativ zeigten, versichern, dass Washington endlich sein Veto gegen eine Mitgliedschaft des Iran in der Welthandelsorganisation

(WTO) aufgeben werde. Zudem könnten die veralteten Boeings der Iran Air mit der Lieferung von dringend benötigten Ersatzteilen rechnen.

Was später als großer Durchbruch bei der Reparatur der durch den Irakkrieg lädierten transatlantischen Beziehungen gefeiert wurde, war nicht viel mehr als ein Zugeständnis der USA, das die frustrierten Europäer innenpolitisch gut verkaufen konnten: Nun sei ja unter Beweis gestellt worden, dass sich Amerika Europa wiederangenähert habe.

WTO-Aufnahmeverhandlungen dauern allerdings in der Regel mehrere Jahre und können somit noch nicht einmal ansatzweise als »Zuckerbrot« Washingtons bezeichnet werden. So verhandeln etwa Algerien seit 1987, Russland, die Ukraine, Weißrussland und Saudi-Arabien allesamt seit 1993, ohne dass es zu einem Abschluss, also zur Aufnahme in die WTO gekommen wäre. Die Boeing-Teile sind ein noch marginaleres Zugeständnis.

Worum es Rice in Wahrheit ging, war die Revision des Atomwaffensperrvertrags, der nach amerikanischer Auffassung längst nicht mehr in der Lage ist, Schurkenstaaten vom Erwerb von Atomwaffen abzuhalten. »Wir sind zusammen der Meinung«, konnte Condoleezza Rice in Anwesenheit ihres britischen Amtskollegen feststellen, »dass der Iran nicht unter dem Deckmantel der zivilen Nuklearenergieentwicklung – die für Unterzeichnerstaaten des Atomwaffensperrvertrags möglich ist – ein Programm aufrechterhalten darf, das zur Atombombe führen kann.«

Dieses vielleicht wichtigste geopolitische Thema verfolgt Washington nur als Berater, der sich im Hintergrund mit den drei europäischen Verhandlungsführern über den schleppenden Fortgang der Gespräche mit Teheran abstimmt. In dieser Situation bleibt die Drohung mit militärischer Gewalt das einzige und zugleich wirkungslose Mittel der Vereinigten Staaten im Disput mit dem Iran.

»Frau Außenministerin, darf ich Sie bitten, Ihre letzte Antwort zu präzisieren?« bat einer der Journalisten die Chefin des State Departments, die zuvor von den »zahlreichen diplomatischen Mitteln« gesprochen hatte, die »uns zur Verfügung stehen und die wir vollständig anwenden wollen«. Ob Frau Rice sich ein Szenario während der zweiten Amtszeit von Präsident Bush vorstellen könne, in dem »die Vereinigten Staaten den Iran angreifen würden«?

Im Pressesaal des britischen Außenministeriums suchte Rice gar nicht erst nach Ausflüchten: »Die Frage steht einfach zum jetzigen Zeitpunkt nicht auf der Tagesordnung«, gab sie zurück. »Wissen Sie, wir haben diplomatische Mittel, um das zu tun.«[154]

»Die Vereinigten Staaten begrüßen die Bemühungen der ›europäischen Drei‹ und der Internationalen Atomenergiebehörde, sich mit der iranischen Nuklearfrage zu befassen. Präsident Bush hatte sehr gute Gespräche über den Iran, als er in Europa war, in denen sich eine gemeinsame Auffassung widerspiegelt«, formulierte das State Department in einer schmalen, fünf Absätze umfassenden Presseerklärung vom 11. März 2005.[155] So habe sich der Präsident entschlossen, die Einwände Amerikas gegen einen Antrag des Iran auf Mitgliedschaft in der Welthandelsorganisation fallenzulassen und auf einer »Von Fall zu Fall«-Basis europäische Lieferungen von lizenzierten Ersatzteilen für die iranische Zivilluftfahrt wohlwollend zu erwägen.

Während selbst renommierte US-Zeitungen in ihren Berichten von einer »scharfen Kehrtwende« einer Regierung sprachen, die sich lange Zeit geweigert habe, das iranische Wohlverhalten mit Vergünstigungen zu belohnen,[156] gab die Außenministerin am selben Tag der streng konservativen *Washington Times* gegenüber zu erkennen, dass es sich um ein rein operatives Einlenken Washingtons handelte. Es sei der Präsident gewesen, der mit seiner legendären »Achse des Bösen«-Rede vor über drei Jahren dafür gesorgt hatte, dass sich die internationale Gemeinschaft endlich mit der iranischen »Nuklearfrage« beschäftigte. Und nun, »langsam aber sicher«, wie Condoleezza Rice der Chefredaktion versicherte, schließe sich die Staatengemeinschaft der »Idee an, dass der Iran keine Nuklearwaffe haben darf«.[157]

Rice machte in erster Linie die Taktik der iranischen Führung, Europäer und Amerikaner gegeneinander auszuspielen, für den angeblichen Kurswechsel ihres Präsidenten verantwortlich. Den Iranern sei es »ganz klar gelungen, die Vereinigten Staaten in den Mittelpunkt der Debatte« zu rücken und den Anschein zu erwecken, als müssten die Europäer zwischen Washington und Teheran vermitteln. Dabei sollten doch nicht die USA »isoliert werden, sondern der Iran«, ärgerte sich die Außenministerin. Das mache doch keinen Sinn. Ihre Kollegen von den EU-3-Staaten hätten das einsehen müssen. Zurückgekehrt aus London, Paris und Berlin hatte Condoleezza Rice dann ihren Chef ins Gebet genommen, der »sofort dieses Problem gesehen hat«.

Der Präsident nimmt die Verbündeten ins Gebet

Als Bush Ende Februar 2005 zu seiner ersten Auslandsreise nach der erneuten Amtseinführung gen Europa aufbrach, konfrontierte er seine unwilligen Koalitionäre Chirac und Schröder in Brüssel und Mainz mit einigen wenigen Fragen: »Glauben Sie, dass der Iran davon abgehalten werden muss, eine Atombombe zu bekommen? – Ja. Sind Sie bereit, einige harte Dinge zu tun, um sicherzustellen, dass der Iran keine Atomwaffe erhält? – Ja.«[158]

Nachdem es Bush nach eigener Überzeugung geschafft hatte, »den Europäern zu einem klareren Bild des iranischen Problems« sowie zu der Einsicht zu verhelfen, dass ihre Verhandlungen mit Teheran »auch Konsequenzen« haben müssten, gab der Präsident seinen Segen zu der Initiative der EU-3. Danach war auf beiden Seiten des Atlantiks klar, »wo unsere roten Linien sind und wann wir zum Sicherheitsrat gehen müssen«.[159] So glaubte die Bush-Regierung, die Europäer im Verlauf der teilweise sehr hitzig geführten Gespräche von dem zentralen amerikanischen Anliegen überzeugt zu haben: Unabhängig vom Inhalt des Atomwaffensperrvertrags, der den Unterzeichnerstaaten die friedliche Nutzung der Kernenergie erlaubt, sei dem Iran kein geschlossener Brennstoffkreislauf zu erlauben. Punkt.

»Die Europäer sind jetzt unserer Auffassung, dass wir niemals deren [des Irans] Anreicherungsaktivitäten zuverlässig genug überprüfen werden können«, um sicherzustellen, dass der Iran kein atomwaffenfähiges Uran produzieren kann, brüstete sich die US-Regierung recht undiplomatisch.[160] Zwar habe der Iran »auf dem Papier« das Recht zur Urananreicherung, um Strom zu erzeugen, aber dem Präsidenten sei es gelungen, die widerstrebenden Europäer auf das aus amerikanischer Sicht einzig zulässige Ergebnis der Verhandlungen der EU-3 mit dem Iran einzuschwören: »Der Iran muss dieses Recht aufgeben.«[161]

Damit zog das Weiße Haus die Konsequenzen aus den seiner Ansicht nach schlechten Erfahrungen der Weltgemeinschaft mit dem Atomwaffensperrvertrag. Das Beispiel Nordkorea habe doch gezeigt, dass totalitäre Regime sich nicht davon abhalten ließen, unter dem Deckmantel des Sperrvertrags Nuklearwaffen zu entwickeln. In der Tat hatte der nordkoreanische Diktator genau in dem Augenblick, in dem er sein Land zur Atommacht ausrief, den Austritt aus dem Atomwaffensperrvertrag mitgeteilt.

»Die Iraner schauen zu den Nordkoreanern, die mit ihren Bomben winken. Wir können es uns nicht leisten, diesen Fehler zu wiederholen«, hieß es in amerikanischen Regierungskreisen.[162] Ohne dass er öffentlich eine grundlegende Revision des Atomwaffensperrvertrags gefordert hätte, in dem Bush eines der überholten völkerrechtlichen Relikte aus der Zeit des Kalten Krieges sah, betrieb der Präsident am Beispiel Iran genau dies: die Aufhebung eines der wesentlichen Bestandteile des Vertrags.

»Wir können es Schurkenstaaten nicht erlauben, dass sie ihre Verpflichtungen verletzen und der internationalen Gemeinschaft trotzen«, warnte George W. Bush den Iran, ohne die Islamische Republik dabei ausdrücklich beim Namen zu nennen. Andernfalls würde »die fundamentale Aufgabe des Atomwaffensperrvertrags unterminiert, die internationale Sicherheit zu stärken«.[163] Deshalb müssten die »Schlupflöcher geschlossen werden, die es Staaten erlauben, unter dem Deckmantel ziviler Nuklearprogramme nukleares Material zu produzieren, das zum Bau von Bomben genützt wird«.

Diese Sichtweise machten sich – davon war die US-Regierung nach den Worten des nationalen Sicherheitsberaters Stephen Hadley überzeugt – die Europäer nun zu eigen. »Wir haben jetzt mit den Europäern eine strategische Agenda und deren Zustimmung, dass wir zusammen marschieren und es [das iranische Nuklearprogramm] vor die Vereinten Nationen bringen werden, wenn ihre Verhandlungen nicht erfolgreich sind und der Iran seine Bemühungen zum Aufbau eines atomaren Potentials fortsetzt.«[164]

Dass die europäischen Gespräche mit Teheran eher früher als später scheitern würden, davon waren der Präsident und seine Berater ohnehin überzeugt. Dann hätte Washington zwei Ziele zugleich erreicht: Zum einen wäre der Atomwaffensperrvertrag faktisch außer Kraft gesetzt, vor allem der entscheidende Artikel IV, auf den sich der Iran stets beruft und der aus amerikanischer Sicht keine Garantie mehr vor unangenehmen Überraschungen bot. »Dieser Vertrag«, so heißt es dort, »ist nicht so auszulegen, als werde dadurch das unveräußerliche Recht aller Vertragsparteien beeinträchtigt, unter Wahrung der Gleichbehandlung und in Übereinstimmung mit den Artikeln I und II die Erforschung, Erzeugung und Verwendung der Kernenergie für friedliche Zwecke zu entwickeln.«[165]

Und zweitens waren die Europäer mit ihrer Verpflichtung, im Krisenfall den Weltsicherheitsrat anzurufen, fest an das amerikanische »Verhandlungsergebnis« gebunden, dem Iran unter keinen Umständen einen eigenständigen Brennstoffkreislauf für zivile Zwecke zu gestatten.

Der Iran lässt es auf eine Konfrontation ankommen

»Wir werden unsere Nuklearaktivitäten nicht einstellen. Das ist unsere rote Linie.« Das sechs Meter breite und drei Meter hohe Spruchband mit den Worten des obersten geistlichen Führers der Islamischen Republik, Ayatollah Ali Khamenei, hing während der Freitagspredigt an der Universität Teheran direkt unter der Kanzel. Unmittelbar nach dem amerikanisch-europäischen Schulterschluss Mitte März 2005 übertrug das iranische Fernsehen das allwöchentliche ideologische Pflichtprogramm. Die Botschaft hätte an keiner prominenteren Stelle ausgestrahlt werden können: Bushs Angebot, sein Veto gegen eine iranische Mitgliedschaft in der Welthandelsorganisation fallenzulassen, wurde als »unbedeutend« zurückgewiesen; wenn der Iran sein vertraglich garantiertes Recht zur Entwicklung der Nukleartechnologie aufgeben solle, werde ein wesentlich höherer Preis zu entrichten sein.[166] Amerika korrigiere nur einen Fehler der Vergangenheit, wenn es seinen Widerstand gegen einen WTO-Beitritt Irans aufgebe, das sei kein echter Anreiz.

»Das Angebot ist ein Angriff auf die iranische Würde«,

kommentierten einflussreiche Meinungsmacher wie Amir Mohebian von der führenden konservativen Zeitung *Resalat*. Es gebe einige amerikanische Politiker, die der Meinung wären: »Wenn wir euch nicht angreifen, ist das schon ein Entgegenkommen.«[167] Weitaus pragmatischer und wohl auch naiver als die geistliche Führung des Landes formulierten Journalisten wie Mohebian die wesentliche Bedingung des Iran für die Aufnahme eines echten Dialogs mit den USA. Präsident Bush sollte die klare Botschaft vermitteln: »Wir sind nicht eure Feinde.«

Das Nuklearprogramm aufzugeben, mit dem sich der ganze Nationalstolz des Landes verband, weit über die streng konservativen Kreise hinaus, stand allerdings unter keinen Umständen zur Debatte. Gebetsmühlenartig wiederholten führende Politiker wie der damalige Staatspräsident Mohammad Khatami ihr sicherheitspolitisches Credo, wonach »der Iran nicht die Absicht hat, eine Atombombe zu entwickeln, wohl aber das Recht, entsprechend der unterzeichneten internationalen Verträge an einer friedlichen Nukleartechnologie zu arbeiten«.[168]

Das tiefsitzende Gefühl einer fortgesetzten Ungleichbehandlung seitens der ehemaligen Schutzmacht des Schahs verstärkte das iranische Beharren, seinen eigenen nuklearen Weg zu gehen. Stets würden die USA Teheran mit zweierlei Maß messen. Wirtschaftliche Angebote könnten den Iran nicht von seinem Atomprogramm abbringen. Ein Kompromiss, so wiederholte Irans Außenminister Kamal Charrasi, sei nur denkbar, wenn er »das Recht des Iran auf Fortsetzung seines friedlichen Atomprogramms berücksichtige«.[169]

Das Ende der EU-3-Verhandlungen und die aus seiner Sicht wenig erfolgversprechende Überweisung des Falls an den UN-Sicherheitsrat wäre eine kolossale diplomatische Niederlage Europas, »ein großes Scheitern für Europa, die IAEO und den Multilateralismus«, prognostizierte der iranische Sicherheitsberater Hassan Rowhani in der Gewissheit, dass die Europäische Union sich nach einem großen politischen Erfolg geradezu sehnte und deshalb zu weiteren Zugeständnissen bereit sein würde. »Die [Europäer] müssen sich mehr gegenüber den USA behaupten«, drängte der Unterhändler Teherans, in dessen Äußerungen sich das nüchterne Kalkül des Iran widerspiegelte, die europäischen Ambitionen konsequent zur Durchsetzung der eigenen Interessen auszunützen. »Das ist deren größter politischer Test«, legte Rowhani in einem Gespräch mit der *Financial Times* nach.[170]

Strenge Worte aus Europa

»Premierminister, darf ich Ihnen eine Frage zum Iran stellen?« Tony Blair blickte in den bis zum letzten Platz vollbesetzten Pressesaal in der Downing Street 10. Wenige Tage nachdem er trotz seines Verhaltens im Irakkrieg und des daraus resultierenden massiven persönlichen Ansehensverlusts wiedergewählt worden war, sah sich der britische Regierungschef zum ersten Mal wieder den Londoner Hauptstadtkorrespondenten gegenüber. »Werden Sie die Gespräche mit dem Iran beenden, falls der Iran erklärt, die Nuklearaktivitäten wieder aufzunehmen, und wird Großbritannien die Angelegenheit dann sofort an den Sicherheitsrat der Vereinten Nationen übergeben?«

Blair hatte sich im Verlauf des kurzen Wahlkampfs bedeckt gehalten, schließlich hatte er sich bei George W. Bush für die Unterstützung Amerikas bei den EU-3-Verhandlungen mit Teheran eingesetzt und dessen Zusage auch erhalten. Nun, nach dem Wiedereinzug in seine vertrauten Amtsräume, konnte sich der treueste europäische Verbündete Washingtons weitaus offener zum Atomstreit äußern: »Na, warten wir mal ab und schauen, was tatsächlich passiert, aber wir werden sicherlich die Sache an den Sicherheitsrat übertragen, wenn der Iran sein Versprechen bricht«, kündigte Blair an. Das weitere Prozedere müsse man »mit unseren Kollegen und Alliierten« besprechen, aber internationale Regeln seien ja schließlich dazu da, dass man sich daran hält.

Aus dem europäischen Zerwürfnis über den Irakkrieg hatte der britische Premierminister die Lehre gezogen, dass die Vereinigten Staaten in der Vergangenheit zu sehr ihre militärische Macht ausgespielt hatten, ohne sich dabei des Rückhalts aller ihrer wesentlichen Verbündeten versichert zu haben. Entsprechend weit blieben die politischen Erfolge hinter den Erwartungen Washingtons zurück. Die Europäische Union wiederum konnte mit ihrer machtpolitischen Abstinenz Krisen wie die um das iranische Nuklearprogramm nicht eigenverantwortlich managen. Blairs Quintessenz: Eine iranische Atombombe würde der Westen – wenn überhaupt – nur dann verhindern können, wenn Amerika gegenüber dem Iran nachgiebiger und Europa entschlossener und härter auftrete.

Das also war die Herausforderung für das neue transatlantische Diplomatiekunststück, das einen, den wohl einzigen Ausweg aus dem iranischen Dilemma bieten konnte. »Wir müssen sicherstellen, dass dieser diplomatische Prozess funktioniert«, betonte der britische Premier gegenüber den Journalisten. »Und wir werden sehr hart dafür kämpfen, dies zu tun.«[171]

Den ersten »Test« bestanden die EU-3-Staaten, die im Auftrag ihrer geschwächten Europäischen Union als Verhandlungsführer auftraten, ohne allerdings einen entscheidenden Durchbruch erzielen zu können. Die Übernahme der amerikanischen Forderung nach einem vollständigen Verzicht des Iran auf die Schließung des Brennstoffkreislaufs erwies sich für die Europäer als großes Hindernis. Hatten sie noch im November 2004 Teheran die Zusage abgerungen, alle Aktivitäten bei der Urananreicherung ruhen zu lassen, und dem Iran im Gegenzug dafür wirtschaftliche und politische Vergünstigungen in Aussicht gestellt, so konnten sie ein halbes Jahr später nur noch mühsam ein Scheitern ihres außenpolitischen Prestigeprojekts vermeiden.

Die heimliche Beerdigung des Atomwaffensperrvertrags, die Washington mit seinem Nein zum iranischen Brennstoffkreislauf faktisch eingeleitet und der die EU zugestimmt hatte, ging an die Substanz der Verhandlungen mit den Mullahs. »Wenn der Iran seine legitimen Rechte innerhalb des Rahmens des Atomwaffensperrvertrags nicht länger ausüben kann, wird es den Vertrag nicht mehr länger respektieren«, drohte Chefunterhändler Rowhani Mitte Mai 2005.[172]

Mit einem Warnschreiben an Rowhani hatten die drei Außenminister Großbritanniens, Frankreichs und Deutschlands auf »die Erklärungen einer Anzahl von führenden iranischen Regierungsmitgliedern« reagiert, »wonach einige Aktivitäten, die bislang von der freiwilligen Suspendierung betroffen seien, wieder aufgenommen werden würden. Die Konsequenzen könnten für den Iran nur negativ sein.« Offenkundig hatte der iranische Chefunterhändler bereits einen Brief an die Internationale Atomenergiebehörde mit genau dieser Ankündigung in der Tasche, als ihn das Schreiben der entsetzten Europäer erreichte. Eindringlich plädierten die EU-3-Minister für eine Fortsetzung »der Diskussion in gutem Glauben«, die dem Iran doch schon einige Vorteile gebracht habe. Man könne nicht nur die strittige Nuklearfrage lösen, vielmehr müsse Teheran den Blick auf das große Ganze richten, dass nämlich der Dialog »die Grundlage der künftigen Beziehungen zwischen dem Iran und Europa verbessern« könne.[173]

Washington hielt sich an den ersten Teil der neuen Übereinkunft mit den Europäern. Zwei Tage nachdem sich in der Genfer Residenz des iranischen UN-Botschafters die Außenminister Jack Straw, Michel Barnier und Joschka Fischer sowie EU-Außenpolitik-Chef Javier Solana mit dem iranischen

Chefunterhändler Rowhani darauf verständigt hatten, dass der Iran weiterhin nichts in Sachen Urananreicherung unternehmen würde,[174] zog die US-Regierung Ende Mai 2005 ihr jahrelanges Veto gegen den Aufnahmeantrag des Iran bei der Welthandelsorganisation zurück. Die WTO konnte am selben Tag verkünden: »Die Generalversammlung richtet Arbeitsgruppen ein, um die Aufnahmeanträge des Iran und von Sao Tomé und Principe zu prüfen.«[175]

Zwanzigmal hatten sich die Vereinigten Staaten zuvor gegen das iranische Gesuch gestemmt. Als Zeichen der Anerkennung für die Fortsetzung des Urananreicherungsmoratoriums konnte der Wunsch Teherans jetzt Wirklichkeit werden. Die Entscheidung der WTO sei »überfällig« gewesen, kommentierte der iranische UN-Botschafter in Genf und zitierte ein persisches Sprichwort, das seine Genugtuung verriet: »Ein Fisch ist immer frisch, selbst wenn er erst spät am Tag gefangen wird.«[176]

Gegenseitige Schuldzuweisungen

»Wir sind tief besorgt über die diplomatische Note des Iran an das Sekretariat der IAEO vom 1. August [2005], in der mitgeteilt wird, dass sich der Iran entschlossen hat, die Urankonversionsaktivitäten in Isfahan wieder aufzunehmen.«[177] Mit diesen Worten begann das Schreiben der EU-3-Außenminister an Hassan Rowhani, den nationalen Sicherheitsberater des Iran. Das »blame game« hatte begonnen, die Phase der gegenseitigen Schuldzuweisungen zwischen den enttäuschten Europäern und der selbstbewussten iranischen Führung, die sich nach der überraschenden Wahl von Mahmud Ahmadinejad zum neuen Staatspräsidenten nunmehr vollständig in der Hand der Konservativen befand.[178]

Die europäischen Angebote, die zeitgleich mit der Wiederinbetriebnahme von Isfahan nachgereicht wurden, wies Teheran als unzureichend zurück – kein Wunder: Die Europäer verlangten, Teheran müsse auf die Urananreicherung verzichten. »Ich denke, dass diese iranische Affäre sehr ernst ist und dass sie der Beginn einer großen Krise sein kann«, beschrieb Philippe Douste-Blazy, seit Juni 2005 neuer französischer Außenminister, die Lage.[179]

Eine europäische Sicherheitsgarantie und Zusagen wie die, für eine reibungslose An- und Ablieferung von hochangereichertem Plutonium zu sorgen, damit der Iran keinen eigenen Brennstoffkreislauf entwickelt, konnte nur auf das ostentative Desinteresse Teherans stoßen. Das wäre wie der Tausch einer »Perle gegen ein Bonbon«, wie der neuernannte iranische Chefunterhändler Ali Laridschani, der dem pragmatischen Hassan Rowhani auch im Amt des nationalen Sicherheitsberaters nachfolgen sollte, schon lange vor der Augustkrise 2005 formuliert hatte. Im Besitz einer gleichwertigen »Perle«, das wussten alle Beteiligten, waren einzig und allein die Vereinigten Staaten.[180] Auf iranischer Seite herrschte ohnehin die Auffassung vor, »dass es die Europäer bestenfalls gut meinen, aber zu schwach sind und zuwenig zu bieten haben«.[181] Dass infolge der Zuspitzung des Konflikts die Rohölpreise prompt auf zwischenzeitlich 68 Dollar pro Barrel stiegen, konnte der iranischen Führung nur recht sein.

Deutsche Befindlichkeiten

»Der Iran spielt mit dem Westen und beobachtet sehr genau: Wie einig ist der Westen, wie weit ist er bereit zu gehen?« Vor dem exklusiven Zuhörerkreis im Verlagsgebäude der Axel Springer AG in der Berliner Kochstraße richtete Angela Merkel das Augenmerk auf die wichtigste außen- und sicherheitspolitische Herausforderung der Bundesrepublik und ihrer westlichen Verbündeten.[182] Sollte sich die jüngste transatlantische Geschichte erneut wiederholen, würden alle Beteiligten wieder stur an ihren strategischen Rollen festhalten?

Merkel wich der Frage, die ihr vom Vorstandschef der ProSieben AG Haim Saban gestellt wurde, nicht aus. Wie sich denn Deutschland verhalten würde, falls es zu einer »militärischen Option« kommen sollte, hatte der amerikanische Geschäftsmann von ihr wissen wollen, und die Unionsvorsitzende erwiderte, die Fehler der rot-grünen Bundesregierung im Irakkrieg sollten sich nicht wiederholen. Einer künftigen deutschen Beteiligung bei möglichen internationalen Militäreinsätzen im Iran würde sie, so schlussfolgerten Beobachter der Runde, also »nicht ablehnend gegenüberstehen«.[183]

Über die Lage der USA machte sich Angela Merkel keine Illusionen: Amerika habe durch den Irakkrieg seine volle Handlungsfähigkeit in anderen Krisenregionen eingebüßt, die militärischen Kapazitäten der Weltmacht seien stark eingeschränkt. Insgesamt stelle sich die Frage, über welches Drohpotential der Westen gegenüber dem Iran überhaupt verfüge, wenn sich Teheran nicht an die Absprachen mit den EU-3-Ministern halten sollte.

»Der Kanzler macht jetzt mit einem möglichen Irankrieg Wahlkampf«, sagten die Interviewer vom *Stern.* »Wie antworten Sie darauf? Kommt für Sie ein Militäreinsatz in Frage?«[184] Angela Merkel dürfte geahnt haben, dass Gerhard Schröder angesichts des großen Rückstands, den die SPD in allen Umfragen gegenüber der Union hatte, das Thema Iran aus der Wahlkampftrickkiste holen würde. Sie hatte die turbulenten August- und Septemberwochen des Jahres 2002 noch in unguter Erinnerung, als die Unionsspitze auf die »Irak nein danke«-Kampagne des Kanzlers hin sich nicht anders zu helfen wusste, als ihre Zuflucht in der wenig überzeugenden Beteuerung zu suchen, dass man die Lage eigentlich genauso einschätze wie der politische Gegner. Doch der Iran war eben nicht der Irak, und zudem hatte Angela Merkel von Wolfgang Schäuble, der an ihrer Stelle vor den Bundestagswahlen zum üblichen Antrittsbesuch eines deutschen Oppositionsführers beim US-Präsidenten gereist war, übermittelt bekommen, dass in Washington mittlerweile ein weitaus realpolitischerer Wind wehte als noch vor drei Jahren.

»Erstens sage ich zu den Wahlkampfbemühungen von Herrn Schröder an dieser Stelle: Geschichte wiederholt sich nicht«, beschied Angela Merkel das Journalistentrio, »und wenn, dann nur als Farce.« Sie wusste, dass sich die US-Regierung offiziell mit kritischen Bemerkungen zur Neuauflage eines »alten Kartenspiels«[185] in der Gewissheit zurückgehalten hatte, dass nach dem 18. September 2005 das Kapitel Gerhard Schröder ohnehin geschlossen werden würde.

»Zweitens muss der Irankonflikt mit diplomatischen Mitteln gelöst werden«, erklärte Angela Merkel. Die Frage eines Militäreinsatzes stelle sich überhaupt nicht.[186]

Vor keiner anderen Herausforderung fürchtete sich die Unionsspitze so sehr wie vor einer eindeutigen Stellungnahme in dieser für die deutsche Außen- und Sicherheitspolitik so entscheidenden Frage. Sobald sie aber in der Regierungsverantwortung stehen würden, müssten Angela Merkel und ihre Berater Abschied nehmen von den ambivalenten Einlassungen zur iranischen Atomfrage, denn schließlich liefen in dieser Frage alle wesentlichen außenpolitischen Verantwortungsstränge des wiedervereinigten Deutschlands zusammen: Die Restaurierung des seit dem Irakkrieg lädierten Verhältnisses zur alleinigen Weltmacht, die schwierige Aufrechterhaltung einer gemeinsamen europäischen Außenpolitik beim Thema Iran, die historische Verantwortung Deutschlands für die Sicherheit Israels und nicht zuletzt der Stellenwert, den die Bundesrepublik dem globalen Krieg gegen den Terrorismus beizumessen gewillt war.

Soviel aber war der Unionschefin immerhin schon Ende 2003 klar: »Wenn dieser Test so schiefgeht wie im Konflikt mit dem Irak, dann wird das schwerwiegende Auswirkungen auf die gemeinsame Außen- und Sicherheitspolitik der EU sowie auf die transatlantischen Beziehungen haben.«[187]

Doch was war die Alternative? Sollte sie eine Außenpolitik gegen den erklärten Willen der eigenen Bevölkerung betreiben? Die Resultate eines solchen Kurses konnte die Union an den Beispielen Tony Blair, José Maria Aznar und Silvio Berlusconi ablesen. Alle drei Regierungschefs hatten sich für eine Beteiligung am Irakkrieg entschlossen, die jeweils von einer Mehrheit der britischen, spanischen und italienischen Wähler abgelehnt wurde. Aznars offenkundige Manipulationsversuche, das Attentat von 11. März 2004 der baskischen Terrororganisation ETA in die Schuhe zu schieben, Blairs hilflose Rechtfertigungen, warum er britische Soldaten trotz gegenteiliger Geheimdiensterkenntnisse an der Seite der US-Regierung in den Irak hatte einmarschieren lassen, Berlusconis exaltierte Bush-Zuneigung bei zeitgleich angekündigter Truppenreduzierung – jeder von ihnen war von dem dramatischen Ansehensverlust der Vereinigten Staaten eingeholt worden.

Auch in Deutschland, dessen Bevölkerung noch bis 2002 zu den amerikafreundlichsten in Europa gezählt werden konnte, hatte sich die Meinung über die Bush-Regierung zu einer derart negativen Stimmungslage verdichtet, dass an eine Wiederherstellung des alten, mehr oder minder vertrauensvollen Verhältnisses zu Washington zumindest kurzfristig nicht zu denken war. George W. Bush erschien den Deutschen als das personifizierte Übel, und alle Hoffnungen richteten sich darauf, dass am deutsch-amerikanischen Beziehungshimmel sofort wieder heller Sonnenschein aufziehen würde, wenn dieser ungeliebte Amtsinhaber eines Tages das Weiße Haus verließe und ein anderer Präsident oder eine andere Präsidentin die Geschicke der USA bestimmte.

Kapitel 2

Das Ende der Illusionen

Warum George W. Bush der bessere Präsident ist«, titelte das Zentralorgan der erloschenen deutsch-amerikanischen Freundschaft wenige Tage vor dem Wahltermin am 2. November 2004. Der ehemalige *FAZ*-Herausgeber Hugo Müller-Vogg durfte den *Bild*-Lesern die Vorzüge des 43. US-Präsidenten anpreisen.

»Bush hat seine Lektionen aus der Geschichte gelernt«, glaubte Müller-Vogg nach den ersten vier Jahren Bush-Präsidentschaft. Denn: »Gegen gewaltbereite Fanatiker helfen keine guten Worte, da hilft nur militärische Stärke.« Bei Bush gebe es auch künftig »kein Wackeln« – anders als bei dem unsicheren multilateralistischen Wackelkandidaten der Demokraten John Kerry.

Nicht nur bei dieser für die deutsche Presselandschaft ungewohnten Art des »Endorsement«, der Wahlempfehlung einer Zeitungsredaktion, gebärdete sich die *Bild*-Zeitung als treues Mitglied der hierzulande eher spärlich vertretenen publizistischen Koalition der Willigen. Offenkundig hielt es die Redaktion für überfällig, den Deutschen ins Gedächtnis zu rufen, dass sie im Fall von Bushs Wiederwahl wüssten, was sie erwarte. »Jede neue amerikanische Regierung macht Fehler; Bush hat seine schon gemacht«, argumentierte Müller-Vogg in der milden Hoffnung, dass die neu erfahrenen Grenzen seiner Macht sowie der globale Ansehensverlust der US-Regierung eine versöhnlichere Amtsführung des Präsidenten erwarten ließen.[1]

Aufmerksam wie selten zuvor hatten einer Allensbach-Umfrage zufolge die Deutschen den amerikanischen Wahlkampf verfolgt. Diesmal lagen ihre Sympathien ganz eindeutig beim

Bush-Herausforderer. Quer durch die Parteien- und Generationsgrenzen hofften die Deutschen auf einen Machtwechsel, nur insgesamt 4 Prozent wollten einen Wiedereinzug von George W. Bush ins Weiße Haus sehen. John F. Kerry wäre den Deutschen auf jeden Fall lieber gewesen als der amtierende US-Präsident.[2]

Kein amerikanischer Präsident wurde jemals von den Bundesbürgern mit einer derart geringen Wertschätzung bedacht wie der 43. Amtsinhaber. Von einem ohnehin sehr niedrigen Niveau ausgehend, setzte bereits in den ersten Monaten seiner Präsidentschaft ein beständiger Sinkflug in den bundesdeutschen Sympathiewerten ein, der nur für wenige Wochen nach den Terroranschlägen von New York und Washington kurz unterbrochen wurde, um anschließend bis zum Irakkrieg die Schallgrenze von 10 Prozent nach unten zu durchbrechen.[3]

Es war, so resümierte der amerikanische Politologe und Deutschlandexperte Stephen Szabo in einer gründlichen Analyse der deutsch-amerikanischen Eiszeit, als ob der US-Präsident es darauf angelegt hätte, unter Bruch jeder Zurückhaltung und jeder Form von diplomatischer Klugheit sein Negativimage in der deutschen Bevölkerung zu mehren. »Die Diplomatie der Bush-Regierung während dieser Zeit ist eine Fallstudie, wie man [in der transatlantischen Allianz] *nicht* führen sollte.«[4] Doch es ging nicht allein um Personen, sosehr der Gegensatz zwischen den beiden unversöhnlichen Charakteren Bush und Schröder auch das öffentliche Bild bestimmte. In dem massiven Sympathieverlust Amerikas in dem Land, dessen staatliche Existenz bis zum Fall der Berliner Mauer sicherheitspolitisch von der Juniorpartnerschaft zu den USA abhing, spiegelte sich auch eine politische Grundsatzentscheidung wider: »Was als kurzfristiger, taktischer Schwenk des deutschen Kanzlers hin zu Frankreich und weg von Washington begann, entfaltete eine größere strategische Bedeutung«, schreibt Szabo.[5]

Im selben Maße, in dem Schröder während der Irakkrise und dem späteren Krieg zunächst eher instinktiv Abschied von den außenpolitischen Traditionen der Bonner Republik nahm und einem Präsidenten Deutschlands Gefolgschaft aufkündigte, den er persönlich alles andere als schätzte, forcierte Bush das deutsch-amerikanische Zerwürfnis noch dadurch, dass er sich in seinem Zorn auf Schröder nicht zügeln ließ – auch nicht von seiner damaligen Sicherheitsberaterin Condoleezza Rice.

»Das ist ganz einfach«, fauchte der US-Präsident Ende 2003, als er im Kabinettssaal des Weißen Hauses danach gefragt wurde, warum Frankreich, Deutschland, Russland und Kanada – die wesentlichen Kriegsgegner – von der Auftragsvergabe beim Wiederaufbau des Irak ausgeschlossen seien. »Unsere Leute riskierten ihr Leben. Befreundete Koalitionstruppen riskierten ihr Leben, und deshalb wird das bei der Auftragsvergabe berücksichtigt, und das wird auch vom amerikanischen Steuerzahler so erwartet.«

»Sir, Kanzler Schröder sagt, dass hier internationales Recht angewendet werden muss. Was ist Ihre Auffassung von der Rechtslage?«

»Internationales Recht?« Bush konnte sich kaum zügeln. »Da ruf ich doch besser meinen Anwalt an; er [Schröder] hat das mir gegenüber nicht angesprochen.«[6]

Auch der Erlass der irakischen Auslandsschulden könne an seiner Haltung nicht viel ändern, tobte der Präsident weiter. Wenn Deutschland dabei mitwirken wolle, »die Welt sicherer zu machen«, indem der Irak zu einem »freien und friedvollen Land« wird, dann sei dies sicherlich eine Möglichkeit. »Aber ich weiß nicht, was Sie da über, über internationales Recht reden. Da muss ich meinen Anwalt fragen.«

Aus Bushs Gefühlsausbruch vor dem gesamten Kabinett und den White-House-Korrespondenten sprach nicht allein die Verärgerung über den nach Ansicht des Präsidenten höchst überflüssigen Hinweis Schröders auf das internationale Recht, das Bush ohnehin nur als eine Behinderung seines speziellen Amtsverständnisses ansah, wenn es darum ging, die Sicherheit der Vereinigten Staaten zu gewährleisten. Jenseits inhaltlicher Streitpunkte zeigte der US-Präsident damit in aller Öffentlichkeit seine Verachtung für den deutschen Regierungschef, den er geradezu persönlich für die Verweigerungshaltung verantwortlich machte, mit der seiner Irakpolitik begegnet wurde.

Schröder wiederum profitierte innenpolitisch von seinen Spitzen gegen den amerikanischen Präsidenten, die in der Bevölkerung als Zeichen der Emanzipation Deutschlands von der jahrzehntelangen Schutzmacht verstanden wurden. Dass die Vereinigten Staaten von den Deutschen an Platz vier der Rangliste derjenigen Länder genannt wurden, von denen »in den nächsten Jahren die größte Gefahr, die größte Bedrohung für den Frieden in der Welt« ausgingen, direkt hinter den von Bush gebrandmarkten Mitgliedsstaaten der »Achse des Bösen« Iran, Nordkorea und Irak, gab dem Kanzler das beruhigende Gefühl, bei seiner außenpolitischen Achsenverschiebung zugunsten Frankreichs und Russlands die Wähler auf seiner Seite zu haben.[7] Welche Lehren für die deutsche Außenpolitik aus dem Irakkrieg zu ziehen waren, stand für die Bundesregierung fest: Aus rot-grüner Sicht, so die Analyse von Stephen Szabo, war das größte Problem der internationalen Staatengemeinschaft »die Macht der Vereinigten Staaten«.[8]

Die Freundin aus Deutschland

Im Weißen Haus gingen in den Tagen nach dem 2. November 2004 Glückwunschschreiben aus aller Welt ein, darunter auch ein Brief von Angela Merkel: »Sehr geehrter Herr Präsident, anlässlich Ihrer Wiederwahl zum Präsidenten der Vereinigten

Staaten von Amerika gratuliere ich Ihnen persönlich und im Namen der Christlich Demokratischen Union Deutschlands.«

Die CDU-Chefin schlug in ihrem dreizeiligen Schreiben die traditionelle Tonart in den deutsch-amerikanischen Beziehungen an, erinnerte an die »in Jahrzehnten gewachsene Freundschaft, die auf einer festen Basis gemeinsamer Werte und Überzeugungen beruht«, und bedankte sich – als originäre Zeugin des entscheidenden amerikanischen Beitrags zum Fall der Mauer sowie zur Wiedervereinigung – für Washingtons Anteil zum Aufbau, Erhalt und Ausbau von »Frieden und Demokratie im eigenen Land«.[9] Anders als Gerhard Schröder, der in seinem Gratulationsschreiben betonte, dass er den Verlauf des Wahlkampfs »mit großem Interesse« verfolgt habe und nun der weiteren Zusammenarbeit »mit großen Erwartungen« entgegensehe,[10] spielte Merkel auf das politische Selbstverständnis des US-Präsidenten an, auf dessen persönliche Überzeugung, als Hüter der Sicherheit Amerikas der Welt Demokratie und Freiheit zu bringen.

»Unsere Nationen teilen auch heute das Interesse an einer friedlichen, freien und demokratischen Welt«, formulierte Merkel und zeigte damit, dass sie Bushs moralisch-politischen Führungsanspruch nicht nur ernst nahm, sondern auch anerkannte. »Als Freunde in der transatlantischen Gemeinschaft« verpflichtete sich die CDU-Vorsitzende dazu, »alles daranzusetzen, auch künftig gemeinsam für diese Ziele zu arbeiten.«[11] Die Betonung lag auf »gemeinsam«, denn wenn es ein außenpolitisches Credo gab, das Angela Merkel seit dem Irakkrieg nicht müde wurde anzustimmen, dann lautete es, dass das Verhältnis zwischen den USA und Europa wieder besser werden müsse.

Was die Unionschefin präzise darunter verstand, blieb während ihrer Oppositionsjahre diffus. Als erfolgreiche Schülerin Helmut Kohls adaptierte sie zwar nach außen hin dessen sicherheitspolitische Weltsicht, die auf einem tradierten, westdeutsch geprägten Amerikaverständnis beruhte und den Beziehungen zu Washington oberste Priorität einräumte. Doch konfrontiert mit einer US-Regierung, die nach dem 11. September 2001 eine gewaltsam durchgesetzte Transformierung des Mittleren Ostens betrieb, geriet die außenpolitische Novizin sehr rasch in schwere See.

Auf ein gutes Entree bei der Bush-Regierung legte Angela Merkel großen Wert. »Schroeder Doesn't Speak for All Germans« kündigte die CDU-Vorsitzende Ende Februar 2003, wenige Tage vor ihrem Besuch im Weißen Haus, in der *Washington Post* an. Ausgerüstet mit einem nahezu einstimmigen Beschluss der Unionsfraktion im Deutschen Bundestag, der die Erklärung der acht europäischen Staats- und Regierungschefs zugunsten der Irakpolitik des US-Präsidenten unterstützte,[12] versicherte sie in ihrem Kommentar für die renommierte Zeitung, dass es auch ein anderes, ein neues Deutschland gebe. In einer publizistischen Breitseite gegen den SPD-Kanzler feuerte Merkel auf die Bundesregierung: »Die wichtigste Lektion der deutschen Politik – dass Deutschland niemals allein handeln sollte – ist von einer deutschen Bundesregierung aus wahltaktischen Gründen mit offenkundiger Leichtigkeit beiseitegewischt worden.«[13]

Damit befand sich Angela Merkel in Washington in guter Gesellschaft, schließlich betrachtete auch die Bush-Regierung die Entdeckung des Irakthemas durch den damals arg angeschlagenen Wahlkämpfer Schröder als unverzeihlichen Bruch im bilateralen Verhältnis. Doch auch in der Frage der angeblichen Massenvernichtungswaffen Saddam Husseins ließ die Unionschefin keine Zweifel an ihrer Bündnistreue aufkommen. Genauso wie die drei willigen Koalitionspartner Blair, Berlusconi und Aznar hielt Merkel »die Gefahr, die vom Irak ausgeht, nicht für fiktiv, sondern für real«.[14]

Die Schlüsse, die sie daraus zog, lagen auf der Hand: Die Europäer, einschließlich des widerspenstigen Duos Schröder/

Fischer, müssten mit den USA »zusammenarbeiten« und »mehr Verantwortung für die Aufrechterhaltung des internationalen Drucks auf Saddam Hussein« übernehmen. Militärische Gewalt anzuwenden war für die evangelische Pastorentochter »als *letztes* Mittel«[15] legitim und durfte daher nicht ausgeschlossen werden, wenn es um die Bekämpfung von »Diktatoren« ging. Die deutsche und europäische Geschichte im 20. Jahrhundert habe nun wirklich genügend viele Beispiele dafür zu bieten.

Ideologisch passte zwischen Angela Merkel und die US-Regierung kein Blatt – und für diese Art von politischer Verbundenheit, die die Unionschefin in dieser Deutlichkeit allerdings erst nach den gewonnenen Landtagswahlen in Niedersachsen und Hessen wiederentdeckt hatte,[16] erhielt die ambitionierte Oppositionspolitikerin, wie erhofft, vier Wochen vor Beginn des Irakkriegs einen erstklassigen Empfang in Washington.

Im Stundentakt wurden die CDU-Vorsitzende und ihr anpassungsfähiger Lieblingsaußenpolitiker Friedbert Pflüger, in dem die *Zeit* Merkels »Prinzessinnenerzieher« sah,[17] von allen entscheidenden Vertretern der Bush-Regierung empfangen. Mitten in der angespannten Vorkriegsphase fand Ende Februar 2003 Vizepräsident Dick Cheney um 11 Uhr vormittags im Naval Observatory, seiner offiziellen Residenz, Zeit für die unbekannte Freundin aus Deutschland. Dort erhielt sie nach eigenen Worten eine »sehr klare Risikoanalyse« und gewann den Eindruck, dass die US-Regierung »nicht zögern wird, Dinge zu tun, die Washington für erforderlich hält«, um der Gefahr zu begegnen, die von dem irakischen Diktator ausgehe.[18]

Eine Stunde später, es ist High Noon, betrat Angela Merkel aus dem »Neuen Europa« das Amtszimmer von Pentagonchef Donald Rumsfeld in dem fünfeckigen Labyrinth, wo neben dem Verteidigungsminister auch gleich dessen interventionsfreudiger Stellvertreter Paul Wolfowitz auf sie wartete. Gegen 13 Uhr war die Deutsche samt ihrer Entourage wieder auf der anderen Seite des Potomac, bei Sicherheitsberaterin Condoleezza Rice im Weißen Haus, um zwei Stunden später durch den Eingang des State Department in der C-Street zu ihrem Termin mit Vizeaußenminister Richard Armitage zu gelangen.[19] Und allerorts schlug ihr Bitterkeit entgegen: über das Verhalten der rot-grünen Bundesregierung, über den Vertrauensbruch, über die deutsch-französische Sabotage im UN-Sicherheitsrat, die eine weitere, abschließende Resolution verhinderte. Das Verhältnis zu Deutschland werde nie mehr so vertrauensvoll werden können, wie es vor dem Bruch in der Irakfrage gewesen sei.

Die amerikanischen Gastgeber ließen die Christdemokratin, die sich gegenüber Journalisten in Washington mit saftigen Bemerkungen über Schröder, den – wie es in Washington heißt – »Provinzpolitiker«, spürbar zurückhielt, tief in ihr scheinbar verwundetes Herz blicken. Beeindruckt von soviel offen zur Schau getragenem Zorn auf den angeblich intriganten Kanzler erkannte Merkel nicht, dass die diplomatischen Finessen sehr rasch eingestellt werden würden, weil die Entscheidung zur Invasion schon längst getroffen und alle Kriegsplanungen abgeschlossen waren.

Obgleich ihre eigene Partei von ihrem vorbehaltlosen Bush-Kurs wenig überzeugt war und es starke Zweifel an ihrem außenpolitischen Urteilsvermögen gab, sprach Merkel in Washington unverdrossen in die Mikrophone: »Amerika will eine vernünftige Partnerschaft, aber das setzt voraus, dass es von allen Seiten das gleiche Interesse gibt.« Und dem politischen Gegner im fernen Berlin schickte die Unionsvorsitzende hinterher: Man solle doch endlich aufhören, »die USA in die Kriegsecke zu stellen«. Sie habe den Eindruck gewonnen, eine friedliche Lösung werde von ihren US-Gesprächspartnern sehr wohl noch erwogen.[20]

Gratismut ohne praktische Konsequenzen

Das Gedächtnis der politisch interessierten Öffentlichkeit ist so kurz nicht, wie die Unionsspitze gern glauben möchte. Nur aus der sicheren Distanz der damaligen Oppositionsführerin wagte Angela Merkel den rein symbolischen, realpolitisch völlig wirkungslosen Schulterschluss mit der Bush-Regierung. Als frisch inthronisierte Fraktionschefin, die nur über eine schwache Machtbasis in den eigenen Reihen verfügte, hatte sie sich bis zu den Landtagswahlen in Hessen und Niedersachsen Anfang Februar 2003 noch nicht aus den außenpolitischen Schützengräben gewagt. Jetzt aber wollte sie ihr Renommee in Washington verbessern, ungeachtet der Tatsache, dass Teile der Fraktion und ihrer Partei von den Invasionsplänen des US-Präsidenten nichts hielten.

Erfahrene, nüchterne Fachleute wie der frühere Entwicklungshilfeminister Carl-Dieter Spranger folgten ihrem eigenen Sachverstand: Es gebe keinerlei Fakten, die einen Krieg rechtfertigten, stellte Spranger auf der alljährlichen Klausurtagung der CSU in Wildbad Kreuth Anfang Januar 2003 fest. Die Mehrheit der CSU-Landesgruppe im Deutschen Bundestag stehe »eindeutig gegen die Politik« des US-Präsidenten.[21]

Die Opposition konnte heilfroh sein, dass sie keine Regierungsverantwortung trug. Um so genüsslicher konnte sie Gerhard Schröders antiamerikanischen Verweigerungskurs anprangern. Über ein durchdachtes, in sich stimmiges Konzept jedoch, das auf einer Analyse der deutschen Sicherheitsinteressen beruht hätte, verfügte die überschaubare Riege der Außenpolitiker in der Union nicht. In der Beurteilung der Kernfrage, wie die amerikanische Kehrtwende von einer stabilisierenden zu einer transformierenden Weltmacht zu beurteilen sei, gingen die Meinungen weit auseinander.

Exzellente Theoretiker wie der frühere außenpolitische

Sprecher der Unionsfraktion im Bundestag Karl Lamers zogen frühzeitig die zutreffende Schlussfolgerung: Eine »Hegemonie der USA über Europa« konnte zwar allein schon deshalb nicht funktionieren, weil die offenkundigen Grenzen dieser Macht nach dem Irakkrieg immer deutlicher zutage traten. Aber der kritische Punkt war, dass es dem Anspruch der USA, im Interesse der internationalen Gemeinschaft zu handeln, an politischer Glaubwürdigkeit fehlte, »weil sie von der übrigen Welt nicht akzeptiert wird«, wie Lamers beobachtete, auch nicht von Europa.[22] Der »Brief der Acht« europäischen Staats- und Regierungschefs zugunsten der Irakpolitik des US-Präsidenten, den Angela Merkel nach eigenen Worten unterzeichnet hätte, wenn sie Kanzlerin gewesen wäre, war nichts anderes als das Eingeständnis der eigenen Handlungsunfähigkeit. »Aus Sicht der USA stellt sich das Verhältnis zu Europa so dar«, sagte Lamers, »dass sie beschließen und dann erwarten, dass die Europäer folgen.«[23]

Überzeugte Atlantiker wie Ex-Verteidigungsminister Volker Rühe kritisierten zwar das einseitige Vorgehen der Schröder-Regierung, stellten aber gleichzeitig fest, dass die Vereinigten Staaten unter Bush »ein Stück unberechenbarer geworden waren durch die Neigung, einseitig vorzugehen [und] Bündnispartner zu unterschätzen«.[24] Andere wie der saarländische Ministerpräsident Peter Müller stellten sich ganz offen gegen Merkels Modell des Wandels durch Anpassung an die US-Regierung und warfen Washington ungeniert den »Bruch des Völkerrechts« vor: Ohne UN-Mandat hätte der Irakkrieg nicht geführt werden dürfen.[25]

Die Union in der Zwickmühle

In der CDU-Zentrale im Berliner Konrad-Adenauer-Haus gingen in den ersten Tagen nach der US-Invasion Tausende von E-Mails ein, die sich im Verhältnis eins zu acht gegen den Merkel-Kurs aussprachen. »Ich bin selbst Mitglied der CSU, befürworte aber diese Haltung zum Krieg der CDU/CSU nicht!« hieß es in einem der Protestschreiben. »Ehrlich gesagt, bin ich froh, dass zu diesen Zeiten eine rot-grüne Regierung an der Macht ist!« Ein anderes Unionsmitglied erregte sich: »Man stelle sich vor, die CDU hätte die Wahl gewonnen, grauenhaft, ich möchte gar nicht daran denken.«[26] Auch aus den Reihen der konservativen Europaparlamentarier hielt die Kritik an der »extremen Positionierung« der Vorsitzenden an. Merkel habe sich in der Partei isoliert. Eine US-freundliche Politik zu betreiben stünde der Unionschefin sicherlich zu, doch hätte sie auch die Bedenken gegen den Krieg artikulieren müssen.

Durch ihren vorbehaltlosen Schulterschluss mit George W. Bush hatte Angela Merkel sich gegen die überwältigende Mehrheit ihrer Partei und der deutschen Bevölkerung gestellt. Sie glaubte, damit Führungsstärke bewiesen zu haben. Doch mit dieser Haltung, die auch in den Folgejahren von kaum einem Selbstzweifel angekränkelt wurde, erreichte sie vor allem eines: dass eine nüchterne, vorurteilslose Bestandsaufnahme der amerikanischen Außenpolitik und ihrer Konsequenzen für die Bundesrepublik verhindert wurde. Der einmal eingeschlagene Kurs durfte unter keinen Umständen in Frage gestellt werden. Das Ergebnis war die außen- und sicherheitspolitische Selbstblockade der Union.

Selbst Horst Köhler, der als ehemaliger Direktor des Internationalen Währungsfonds fast die gesamte erste Amtszeit von George W. Bush in Washington miterlebt hatte, drang mit seinen überlegten Vorbehalten bei Merkel nicht durch. Ausgerechnet der Mann, den sie zum Bundespräsidenten machen sollte, sparte bei seiner Vorstellung vor der nordrhein-westfälischen CDU-Landtagsfraktion nicht mit Kritik am US-Präsidenten: Bush sei ohne Nachkriegskonzept in den Irak einmarschiert. Die Weltmacht habe sich »arrogant« verhalten und dadurch »schwerwiegende Fehler« begangen. Man könne den Eindruck haben, als ob den Amerikanern ihre »Macht zu Kopfe gestiegen« sei.[27] Köhlers wohlmeinende Sätze, als Freund der USA dürfe Deutschland Washington jetzt nicht hängenlassen und sollte sich jeder Häme enthalten, änderten an seiner zutreffenden Analyse des Irakkriegs nichts.

Je länger Merkel und ihr außenpolitischer Apologet Friedbert Pflüger an der Schimäre festhielten, dass die Kriegsentscheidung des US-Präsidenten gerechtfertigt, richtig und zu unterstützen sei, desto mehr entfernten sie sich von ihrer Parteibasis, der Stimmung in der deutschen Öffentlichkeit – und der Wirklichkeit. Das Vertrauen in ihr außenpolitisches Urteilsvermögen sank in dem Maße, in dem die öffentlich vorgebrachten Invasionsgründe Amerikas nach und nach wie ein Kartenhaus in sich zusammenfielen.

Es sei inzwischen klar, dass die Belege, auf die sich die Begründung des Irakkriegs stützte, äußerst fragwürdig gewesen seien, suchte Pflüger im April 2004 seine mittlerweile ebenfalls fragwürdig gewordenen Plädoyers zugunsten des Einmarschs zu relativieren. Er und seine Vorsitzende konnten daran allerdings nicht schuld sein. »Entweder der BND hat schlecht gearbeitet oder die Bundesregierung hat die Informationen des BND auf eine Art und Weise weitergegeben, die höchst fahrlässig ist«, behauptete der bedrängte außenpolitische Sprecher der Unionsfraktion.[28] Pflüger bezog sich damit auf das Eingeständnis des damaligen US-Außenministers Colin Powell, dass die Hinweise auf mobile Biowaffenlabors der Iraker, die er vom deutschen Auslandsgeheimdienst erhalten und bei seiner angeblich hieb- und stichfesten »Beweisführung« vor dem UN-Sicherheitsrat im Februar 2003 vorgetragen hatte, falsch gewesen seien.

Pflügers politisches Rückzugsgefecht auf dem Rücken des Bundesnachrichtendiensts, der die Amerikaner im Winter 2002 auf die Fragwürdigkeit der Quelle in Sachen Biowaffenlabors deutlich hingewiesen hatte, offenbarte einen erheblichen Mangel an Seriosität. Der Gegensatz zu den ungestümen Attacken, die er in den Wochen vor dem Krieg auf die rot-grüne Bundesregierung geritten war, hätte kaum größer sein können. »Ich bin bestürzt [über das Nein Schröders], weil ich weiß, dass die Bundesregierung über Informationen verfügt, dass es Massenvernichtungswaffen im Irak gibt«, hatte sich der alerte Unionsmann damals empört.[29] Jetzt wollte er davon nichts mehr wissen.

Wolfgang Schäuble, der intellektuelle Kopf der christdemokratischen Außenpolitik, vermochte es hingegen, seine uneingeschränkte Solidarität mit dem Waffengang Amerikas im nachhinein zumindest in Frage zu stellen. In einer Phase, in der sich seine Parteichefin ein sicherheitspolitisches Schweigegelübde auferlegt hatte, erlaubte er sich die Freiheit eines eigenen Urteils.

»Sie haben kurz vor dem Kriegsbeginn gesagt«, wurde Schäuble im ARD-*Morgenmagazin* Anfang Oktober 2004 vorgehalten, »der Irak besitze jede Menge chemischer Waffen. Sind Sie damals den Geheimdiensten auf den Leim gegangen?«

Die Informationen der Dienste, die er erhalten habe, seien »nicht zutreffend« gewesen, sagte Schäuble. Jetzt scheine der Erkenntnisstand »ein anderer zu sein«.

Ob es nicht rückschauend ein Fehler gewesen sei, dass sich die CDU »damals rückhaltlos auf die Seite der amerikanischen Regierung gestellt« habe, bohrte der Fernsehjournalist in dem vergeblichen Versuch nach, einen Politiker wie Wolfgang Schäuble in einem bundesweit ausgestrahlten Programm zur außenpolitischen Beichte zu veranlassen.

Doch Schäuble ließ sich nicht aufs Glatteis führen. Nur auf der »Grundlage eines Mandats des Weltsicherheitsrats« hätten die USA »Maßnahmen« ergreifen dürfen, das sei die Meinung seiner Partei gewesen. Distanz zu Bushs Alleingang schien das Gebot der Stunde zu sein, auch wenn es dem Atlantiker Schäuble sichtbar schwerfiel. Der Krieg war nun seiner Meinung nach deshalb »falsch«, weil er »aufgrund einer unilateralen Entscheidung« der US-Regierung geführt wurde. Auch das Besatzungsdesaster im Irak hätte verhindert werden können, aber die Chance für eine Stabilisierung des Landes sei jetzt »eben sehr viel geringer, als sie bei einer multinationalen Entscheidung gewesen wäre«.[30]

Heimatlos gewordene Unionsanhänger

Wolfgang Schäuble war einer der wenigen Unionspolitiker, die sich offen zu dem sicherheitspolitischen Dilemma bekannten, in das der Irakkrieg die deutschen Konservativen getrieben hatte. Ihre traditionelle Verbundenheit mit den Vereinigten Staaten, die für Konrad Adenauer, Ludwig Erhard und auch noch für Helmut Kohl selbstverständlich war, wurde von Präsident Bush auf eine harte Probe gestellt. Wie konnte die Regierung der ehemals bewunderten Schutzmacht der Westdeutschen willentlich und planmäßig einen völkerrechtlich zumindest fragwürdig legitimierten Krieg gegen ein arabisches Land beginnen, das nichts mit der islamistischen Bedrohung zu tun hatte? Hatte nicht die Übereinstimmung der amerikanischen und deutschen Sicherheitsinteressen während des Kalten Krieges, als man gemeinsam der sowjetischen Bedrohung trotzte, zu einer Art politischer Seelenverwandtschaft geführt, zu einer Bindung, die bis ins nächste Jahrtausend Bestand haben sollte?

Für die Union, die sich als Gralshüterin des transatlantischen Verhältnisses verstand, war durch den Irakkrieg eine der tragenden Säulen ihrer Staatsräson rissig geworden: die unverbrüchliche Partnerschaft mit den Vereinigten Staaten. Stellvertretend für die heimatlos gewordenen Unionsanhänger beklagte der Historiker Hans-Peter Schwarz den Verlust Amerikas als Grundkonstante der deutschen Außenpolitik. Ihm blieb die breite Abneigung der deutschen Bevölkerung gegenüber den von Bush geführten USA letztlich unverständlich: »Nie seit dem Suezdebakel von 1956 ist zwischen den westlichen Demokratien unter hochemotionalisierter Beteiligung der Öffentlichkeit ein so giftiger Streit ausgetragen worden«, wunderte sich der prominente Adenauer-Biograph.[31]

Der tradierte christdemokratische Reflex, sich in Krisenzeiten und bei Kriegsfällen stets auf die Seite Washingtons zu schlagen, hatte die Konservativen, die meinten, wider besseres Wissen auch jetzt die Irakpolitik des amerikanischen Präsidenten verteidigen zu müssen, in mitunter haarsträubende Erklärungsnöte gebracht. Damit einher ging das Versäumnis, auf die langfristigen Folgen hinzuweisen, die ein Scheitern Amerikas im Irak für die bundesdeutsche Sicherheit haben musste. Schröders Irakpolitik konnte die Union nicht gutheißen. Gleichzeitig musste sie jedoch neidisch feststellen, dass die Entscheidung des SPD-Kanzlers von den meisten Deutschen als Schröders größte bleibende außenpolitische Leistung angesehen wurde – auch im Lager der CDU-Wähler.

Die Folgsamen unter Angela Merkels Anhängern wie Friedbert Pflüger vergrößerten mit ihren naturgemäß widersprüchlichen Beiträgen den außenpolitischen Imageschaden der Union noch. Immer wieder holte der Kardinalfehler der Unionschefin, dass auch sie den sogenannten Brief der Acht unterzeichnet hätte, die deutschen Konservativen ein. Mit mildem Spott quittierten Experten wie Volker Rühe oder Ruprecht Polenz die Beschwerde Pflügers »über die Kritik der internationalen Presse« an Pentagonvize Paul Wolfowitz, der gegenüber der Zeitschrift *Vanity Fair* behauptet hatte, er habe die angeblichen irakischen Massenvernichtungswaffen nur aus PR-taktischen Motiven in den Vordergrund gerückt, weil sich der Krieg so besser habe verkaufen lassen. So sei nun einmal die internationale Meinung, stichelte Rühe im Arbeitskreis Äußeres. Dass sich die Union nun – im Mai 2003 – hinter Wolfowitz stellen müsse, wie Merkels Gefolgsmann forderte, hinterließ bei den Realpolitikern in der Unionsrunde nur Kopfschütteln.[32]

Schröder vollzieht den Kurswechsel

Die Nachmittagssonne fiel durch die großflächige Fensterfront ins Büro des SPD-Bundestagsabgeordneten, vier schwarze Ledersessel standen neben dem beherrschenden Schreibtisch, auf dem gläsernen Couchtisch luden Kaffeetassen, eine silberne Thermoskanne, Milchkännchen, Würfelzucker und Kekse zur Stärkung ein. Von diesem Eckzimmer aus konnte man gut auf die Ausflugsdampfer der Berliner Touristenflotte hinunterschauen, die sich nahezu im Minutentakt vor dem imposanten, dreiundzwanzig Meter hohen Neubau des Deutschen Bundestags kreuzten. Einige hundert Meter flussabwärts, vorbei am Ostflügel des Reichstagsgebäudes, glänzte im gleißenden Junilicht des Jahres 2004 das Bundeskanzleramt.

Der Abgeordnete schlug die Beine übereinander und fixierte unter dichten Augenbrauen die dreiköpfige Journalistenrunde. Aus seiner Skepsis gegenüber dem außenpolitischen Kurs seines Bundeskanzlers machte er keinen Hehl. Seit Gründung der Republik sei das Verhältnis zu den Vereinigten Staaten nun einmal von zentraler Bedeutung für die Sicherheit Deutschlands, einerlei, wer gerade im Weißen Haus sitze. Aus seinen regelmäßigen Begegnungen mit den amerikanischen Parlamentskollegen auf dem Capitol Hill könne er nur die eine Schlussfolgerung ziehen: Im politischen Washington, sowohl im Kongress als auch bei der Administration, stehe es um das Ansehen Deutschlands schlecht. Die Auswirkungen der Wahlkampfparolen Schröders in Sachen Irak aus dem Hochsommer 2002 seien unverändert spürbar, das Vertrauen in den Bundeskanzler habe arg gelitten.

Was denn von den offiziellen Freundschaftsbekundungen in Richtung Bush zu halten sei, mit denen Rot-Grün von dem ramponierten Beziehungsgeflecht zu den USA abzulenken versuche? Der langjährige SPD-Politiker winkte ab: »Ich weiß nicht, was der mit denen vorhat.« Es sei ihm ein Rätsel, ob sich der Bundeskanzler über die langfristigen Folgen seiner Amerikapolitik noch im klaren sei.

Das alles sei Fischers Idee gewesen, hieß es später in Kreisen führender sozialdemokratischer Außenpolitiker. Joschka Fischer habe Ende Juli 2002 den Kanzler aufgesucht und Schröder überhaupt erst auf die Idee gebracht, mit dem Thema »Bush: nein, danke« im Wahlkampf auf Stimmenfang zu gehen. Ob er denn die Rede des US-Präsidenten gelesen habe, die dieser vor Angehörigen der 10. Gebirgsjägerdivision in Fort Drum, New York, gehalten habe? soll Fischer gefragt haben.[33] Schröder habe ein wenig ausweichend geantwortet. Daraufhin habe ihm sein Außenminister ausführlich dargelegt, dass inzwischen deutlich erkennbar sei, dass die USA mit militärischen Mitteln gegen den Irak vorgehen würden. Ob sich da nicht eine Gelegenheit ergebe, aus dem tiefen Tal der Umfragewerte herauszukommen? Denn die Deutschen hielten nichts davon, Bush im allgemeinen und dessen Irakpolitik im besonderen zu folgen. »Probier es doch mal aus bei einer deiner nächsten Wahlkampfreden.«

Eher skeptisch, so kolportierten Schröders hochrangige Parteifreunde, habe der Kanzler auf den ideologischen Kurswechsel in der deutschen Außenpolitik reagiert. Das eigne sich doch nicht für den Wahlkampf.

Doch dann befolgte Gerhard Schröder den Rat seines Außenministers schon bei seinem ersten Auftritt zu Beginn der heißen Wahlkampfphase. Auf dem Opernplatz im heimischen Hannover, vor 5000 Zuschauern, probierte der braungebrannte und unter der heißen Augustsonne sichtlich schwitzende Kanzler den neuen Wahlkampfschlager aus. Nach dreiundzwanzig eher ermüdenden Minuten, die den innen- und sozialpolitischen Standardthemen gewidmet waren und die das Publikum zu keinen erkennbaren Beifallsstürmen hingerissen hatten, hob Schröder seine Stimme: »Wir haben uns nicht gescheut, im Kampf gegen den Terrorismus internationale Solidarität zu üben. Wir haben das getan, weil wir von der Notwendigkeit überzeugt waren und sind. Aber eines sagen wir genauso selbstbewusst: Für Abenteuer stehen wir nicht zur Verfügung, und die Zeit der Scheckbuchdiplomatie ist endgültig vorüber, meine Damen und Herren!«[34]

Endlich brandete der ersehnte Applaus auf. Fischer hat also doch recht gehabt, dürfte dem Kanzler in dieser Sekunde durch den Kopf gegangen sein. Und um die Wirkung der neuen Trumpfkarte noch einmal zu testen, fügte er hinzu: So richtig es sei, Druck auf den irakischen Diktator Saddam Hussein auszuüben, um die Rückkehr der internationalen Waffeninspekteure ins Land sicherzustellen, »vor Spielerei mit Krieg und militärischer Intervention kann ich nur warnen. Das ist mit uns nicht zu machen.« Wieder belohnte die mittlerweile elektrisierte SPD-Basis auf dem Opernplatz den Bundeskanzler mit lang anhaltendem Beifall.

Zugleich mit dieser Absage an die Kriegspläne der USA wandte sich Schröder, ebenso wie der amerikanische Präsident, von jeder Form des Multilateralismus ab. In Zeiten der demoskopischen Bedrohung vor den Wahlen galt das von Fischer und Schröder zuvor und auch später intonierte Hohelied der internationalen Zusammenarbeit nichts mehr. Auch bei einem entsprechenden Beschluss der Vereinten Nationen würde eine deutsche Beteiligung an einem Irakkrieg abgelehnt, beschloss das SPD-Präsidium Anfang August 2002. Das markierte den zweiten weitreichenden Kurswechsel in der deutschen Außenpolitik unter Gerhard Schröder.

»Ein UNO-Beschluss würde nicht automatisch zum Einsatz deutscher Soldaten im Irak führen«, legte der damalige SPD-Generalsekretär Franz Müntefering an der Seite seines Kanzlers nach und setzte, frisch gelernt, forsch hinzu: »Wir stehen für Kriegsabenteuer im Irak nicht zur Verfügung.« [35]

Wenige Tage später konnte Gerhard Schröder den Erfolg seines instinktsicher eingeschlagenen Antikriegskurses nachlesen: Das ZDF-Politbarometer zeigte deutliche Ausschläge zu seinen Gunsten. Sechs Wochen vor der Wahlentscheidung am 22. September 2002 konnte sich die SPD von ihren deprimierend schlechten Umfragewerten erholen, des Kanzlers Ansehen stieg ebenfalls kräftig an, und in der nunmehr zentralen Frage des Wahlkampfs wusste Schröder seine Landsleute an seiner Seite: 81 Prozent der Befragten waren der Meinung, dass sich Deutschland an einem eventuellen Krieg gegen den Irak militärisch nicht beteiligen sollte – nur kümmerliche 15 Prozent stimmten für eine Teilnahme Deutschlands an einem amerikanischen Waffengang gegen Saddam Hussein.[36]

Wir machen nicht mit

Das Dilemma, in dem sich der Herausforderer sah, löste Edmund Stoiber, indem er sich und damit die Union aus der Debatte über die deutschen Sicherheitsinteressen zurückzog, die sich aus der Abkehr der Regierungspolitik von den traditionellen Leitlinien deutscher Außenpolitik ergab. »Ich kann nur kritisieren, dass man versucht, ein solches Thema in den Wahlkampf zu ziehen«, sagte der damalige Kanzlerkandidat der Union ziemlich lahm. Es gebe keine wesentlichen Meinungsunterschiede zwischen Bundesregierung und Opposition in der Haltung zum Irak. Vielmehr stellte der bayerische Ministerpräsident, zur großen Verwunderung der Außen- und Sicherheitspolitiker in der Bundestagsfraktion der Union, plötzlich »große Übereinstimmung« fest.

Zwar fühlte er sich zunächst noch von der Regierung überrascht und überrannt, doch je stärker die Zustimmung der Öffentlichkeit zu Schröders »Wir machen nicht mit«-Kurs wurde, um so bereitwilliger räumte Stoiber die bisherigen außenpolitischen Positionen der Union. Seine Vorwürfe während der letzten Bundestagsdebatte vor den Wahlen 2002, Schröder mache »mit antiamerikanischen Stimmungen Wahlkampf«, »isoliere Deutschland in der Weltgemeinschaft und vor allem in Europa« und schüre auf deutschen Marktplätzen die »Kriegsangst«, gingen nicht nur in Ermangelung eines überzeugenden Gegenentwurfs ins Leere.[37]

In Schröders Retourkutsche, Stoiber wolle »vielleicht Kanzler werden«, habe allerdings »nicht die Fähigkeit dazu«, spiegelte sich die zunehmende Gewissheit wider, seinen Landsleuten das beruhigende Gefühl zu vermitteln, auf der richtigen Seite der Geschichte zu stehen. – Und wenn die Wahl der »richtigen Seite« dazu führen sollte, sich auf Dauer von dem wichtigsten Alliierten der Bundesrepublik zu entfernen und zu entfremden? Sei's drum.

»Schmerzt es Sie in diesem Zusammenhang«, musste sich Schröder in diesem August 2002 in einem Zeitungsinterview fragen lassen, »dass Sie im irakischen Fernsehen in diesen Tagen gefeiert werden?«

Er wisse nicht, was »die sich unter feiern vorstellen«, kanzelte Schröder den Journalisten ab. »Ich habe eine Position einzunehmen für Deutschland, das tue ich.«[38]

Das Schisma in der deutschen Außenpolitik entfaltete sich in der Endphase des Wahlkampfs 2002: Wie sollte sich Deutschland gegenüber der von Union und SPD gleichermaßen als falsch beurteilten Entscheidung Amerikas verhalten, mit militärischer Gewalt gegen Saddam Hussein vorzugehen? Die Auseinandersetzung über die Belastungsgrenzen der deutsch-amerikanischen Freundschaft, die bis heute anhält, zwang Christ- wie Sozialdemokraten dazu, den strategischen Wert des Verhältnisses zu den USA neu zu beurteilen.

»Der Inhalt [von Freundschaft zu Amerika] kann doch nicht sein, dass man zu einer Position, die man für nicht richtig hält, und ich halte das, was dort formuliert wird, für inhaltlich nicht richtig, einfach ja und amen sagt«, stellte Schröder während der zweiten Fernsehdebatte mit seinem bayerischen Herausforderer fest. Über »existentielle Fragen« wie Krieg und Frieden werde »in Berlin entschieden«, eine Bemerkung, die unfreiwillig an das unselige SPD-Schlagwort vom »deutschen Weg« erinnerte.[39]

In der Sache unterschieden sich Schröder und Stoiber kaum, im Stil lagen Welten zwischen den beiden Kontrahenten: »Das Entscheidungsmonopol für Maßnahmen irgendwelcher Art gegen den Irak liegt alleine bei der UNO«, stimmte der CSU-Chef in dem TV-Duell dem Kanzler zu. »Alleingänge der Amerikaner« fanden nicht die Unterstützung des Unionskandidaten. Nur: »Der Ton macht die Musik«, sagte Stoiber in bezug auf die tatsächlich beispiellos grobe, undiplomatische Vorgehensweise des damaligen Kanzlers. »Ihre Vorgänger, ob das Willy Brandt oder ob das Helmut Schmidt oder ob das Helmut Kohl gewesen wären, die hätten längst zum Telefonhörer gegriffen und hätten mit Bush gesprochen, um unsere [sic] Position mit ihm darzulegen, aber nicht auf dem offenen Marktplatz auszutragen.«[40]

Bis zum Wahltag am 22. September eskalierte der öffentlich zelebrierte Konflikt mit dem US-Präsidenten: Erbost über eine kritische Äußerung des amerikanischen Botschafters Daniel Coats, ließ Fischer den selbstbewussten Ex-US-Senator ins Auswärtige Amt zitieren. Tags darauf titelte die *Financial Times Deutschland:* »Schröder forciert Streit mit Bush.«[41]

An dieser Einstellung, die inzwischen die Mehrheit der Deutschen teilte, sollte sich im Verlauf der nächsten Jahre nichts Entscheidendes ändern. Quer über die Parteigrenzen hinweg lehnten 72 Prozent der Bundesbürger im Januar 2003 »einen Einsatz deutscher Truppen im Fall eines US-Militärschlags gegen den Irak kategorisch« ab, und nach Parteipräferenzen aufgegliedert, waren 67 Prozent der SPD- und 64 Prozent der Unionsanhänger dieser Meinung.[42] Acht von zehn wahlberechtigten Deutschen erwarteten, dass sich die Bundeswehr, wie vom Kanzler angekündigt, »in keiner Weise aktiv an einem solchen Militäreinsatz« beteiligen werde.

Die Umfragewerte bildeten zugleich aber auch einen sicherheitspolitischen Widerspruch der deutschen Außenpolitik ab: Mehrheitlich glaubten die Deutschen zwei Monate vor dem Irakkrieg nicht, dass es einen Zusammenhang gebe zwischen dem Schröderschen Nein zum Irakkrieg und dem amerikanischen Ja zur Friedensgarantie für die Bundesrepublik. Auch wenn sich Deutschland völlig aus dem Irakkrieg heraushalte, würden »die USA weiterhin dabei helfen, den Frieden in Deutschland zu garantieren«, waren die Befragten überzeugt.[43]

Kein Wunder, dass die Deutschen so dachten. In ihrem Glauben, dass trotz der heftigen öffentlich ausgetragenen Differenzen zwischen Berlin und Washington das bilaterale Verhältnis eigentlich völlig in Ordnung sei, wurden die Deutschen unablässig von den beiden Spitzenvertretern dieser Denkschule bestärkt.

Er habe, so unterrichtete Außenminister Fischer drei Tage nach Beginn der Irakinvasion die Öffentlichkeit, schon unmittelbar nach den Terroranschlägen vom 11. September aus dem

Mund des neokonservativen Vizeverteidigungsministers Paul Wolfowitz erfahren, dass Amerikas Antwort auf den islamistischen Terrorismus im Grunde in einer »Serie von Abrüstungskriegen« bestehen würde. Das müsse verhindert werden, das sei die Aufgabe der Politik, es gehe jetzt um die »großen Menschheitsfragen«, etwa um die Frage: »In welcher Weltordnung wollen wir leben?«[44] Beschädigungen an den transatlantischen Beziehungen, die »für uns von überragender Bedeutung bleiben«, vermochte Fischer in offenkundiger Negierung der Eiszeit zwischen dem US-Präsidenten und dem Bundeskanzler nicht zu erkennen.

Bei den wenigen Begegnungen mit seinem inzwischen recht reserviert auftretenden amerikanischen Amtskollegen Powell beteuerte der deutsche Chefdiplomat stets stereotyp, die Gespräche seien »sehr gut, sehr offen«, man habe unter anderem über den Irak gesprochen »und über die Notwendigkeit, hier – unbeschadet unserer unterschiedlichen Haltungen in der Frage des Irakkriegs – doch alles zu tun, um den Frieden zu gewinnen in dieser Region«. Die Beziehungen stünden »auf einer starken Grundlage«, die auch »Meinungsunterschiede« aushielte.[45]

Auch an der Seite Colin Powells setzte der Außenminister seine Elogen an die unverbrüchliche deutsch-amerikanische Freundschaft fort. »Unser Verhältnis ist exzellent, wir sind enge Verbündete, und wir hatten heute exzellente Gespräche«, versicherte Fischer auf einer kurzen gemeinsamen Pressekonferenz mit seinem US-Kollegen vor dem Haupteingang des State Department. Anschließend gab er auf die Frage eines Journalisten nach einer möglichen militärischen Beteiligung Deutschlands an der Stabilisierung des Nachkriegsirak schmallippig zurück: »Wir sind nicht Teil der Koalition, wir sind bereit, humanitäre Hilfe anzubieten.«[46]

Nach dem Eklat vom Sommer 2002 gerieten die wenigen persönlichen Begegnungen zwischen Bush und Schröder, die inzwischen ein festes Band gegenseitiger Abneigung beziehungsweise sogar Verachtung einte, zu protokollarisch-politischen Hochseilakten. Bush hatte aus seiner offenen Verachtung für Schröder keinen Hehl gemacht und dem Bundeskanzler, gegen jede diplomatische Etikette, sogar die obligatorischen Glückwünsche zur Wiederwahl verweigert. Kein Telegramm ging in Berlin ein, kein kurzer Anruf aus dem Weißen Haus. Zwischen den beiden »Verbündeten« herrschte Funkstille.

Schröder habe ihn angelogen, damals im Mai 2002, beim Besuch im Kanzleramt. Da habe ihm Schröder versprochen, im Wahlkampf nicht die US-Haltung gegenüber Saddam Hussein zu thematisieren. Und dann das! »He looked me in the eye and lied to me«, ließ ein äußerst verärgerter US-Präsident verbreiten: Schröder habe ihm frech ins Gesicht gelogen.

Nein, es habe »keine antiamerikanischen Parolen gegeben«, beteuerte Schröders leicht entsetzter Außenminister. Wenn aus Deutschlands ablehnender Haltung zu Bushs Irakkurs »Irritationen« entstünden, »dann sind das Irritationen innerhalb einer Familie«.[47]

Als die sechsundzwanzig Staats- und Regierungschefs der erweiterten Nato-Staaten an einem kühlen Novembersonntag 2002 in Prag anreisten, um – so hoffte zumindest die US-Regierung – den amerikanischen Kurs gegenüber Saddam Hussein politisch und militärisch zu unterstützen, brach in deutschen Delegationskreisen hektische Betriebsamkeit aus. Erst wenige Wochen zuvor hatte Donald Rumsfeld während eines Vorbereitungstreffens der Nato-Verteidigungsminister in Warschau demonstrativ den Saal verlassen, um nicht mit seinem deutschen Amtskollegen Peter Struck zusammenzutreffen.[48]

Die meisten deutschen Medien richteten ihre Aufmerksamkeit auf die äußerlichen Umstände der deutsch-amerikanischen Entfremdung: Werden sich Bush und Schröder die Hand geben, kommt es zu einem persönlichen Gespräch, was wird aus der Körpersprache der beiden Kontrahenten abzulesen sein?[49] Während des Stehempfangs und dem anschließenden obligatorischen Gruppenphoto auf der Prager Burg hatten sich Bush und Schröder unter den interessierten Kameralinsen der internationalen Medien weder begrüßt noch in anderer Form voneinander Kenntnis genommen. In ihrer Not verfiel der Pressestab des Bundeskanzlers auf die Idee, am späten Abend die Deutsche Presse-Agentur zu verständigen, dass es nach dem Abschalten der Scheinwerfer und der Fernsehkameras sehr wohl zu einer Begegnung zwischen dem US-Präsidenten und dem Kanzler gekommen sei. Die dpa-Meldung lautete entsprechend: »Händedruck zwischen Bush und Schröder«. Der Nachrichtengehalt der deutsch-amerikanischen Beziehungen hatte seinen vorläufigen Tiefstand erreicht.

Der deutschen Öffentlichkeit wurde indes unverdrossen der Eindruck vermittelt, als handele es sich bei der dauerhaften Entfremdung der beiden Spitzenpolitiker um eine der üblichen »Familienstreitigkeiten«, wie sie in langjährigen Beziehungen immer wieder einmal vorkämen. Nur noch internationale Großereignisse wie die alljährlichen G-8-Gipfeltreffen und die Nato-Gipfel sowie die UN-Vollversammlung im September eines jeden Jahres, bei denen eine Begegnung unvermeidlich war, boten den Beratern des Bundeskanzlers die Gelegenheit zu gemeinsamen Phototerminen mit dem verstimmten US-Präsidenten.

Ein knappes Jahr später hatte der nach außen hin pragmatische Bush wieder die Formel »Gerhard and I« in seinen offiziellen Sprachgebrauch aufgenommen. Deutschland und die USA verbänden gemeinsame Werte, man sei dem »Frieden und dem Wohlstand unserer Nationen« verpflichtet, die Beziehungen zu Deutschland seien ihm »sehr wichtig«, versicherte der US-Präsident Ende September 2003 einem ostentativ gutgelaunten Kanzler. »Ich habe ihm gleich von Beginn an gesagt: Schau mal, wir haben Differenzen gehabt, und sie sind vorbei, und wir werden zusammenarbeiten.«[50]

Schröder bedankte sich für die artigen, aber unverbindlichen Worte von Bush mit einem Bekenntnis, das ihm in den folgenden Jahren noch erhebliche Schwierigkeiten bereiten sollte: Deutschland habe ein »sehr starkes, in der Tat persönliches Interesse an einem stabilen und sehr demokratischen Irak«. Dies sei nicht allein für den Irak sehr wichtig, sondern »für die gesamte Region, für Deutschland und somit auch für Europa«.[51]

Die Vereinigten Staaten dürften im Irak nicht scheitern – diese Botschaft, die der Kanzler seinem ungeliebten Verbündeten ein wenig voreilig übermittelt hatte, vermochte er anschließend allerdings jedoch kaum mit den allernotwendigsten Zusagen zu unterfüttern. Eiligst vor seinem Treffen mit Bush hatte Schröder im Bundestag seine Absicht angekündigt, wonach die Bundeswehr irakische Polizisten und Militärs ausbilden werde.[52] Doch Umfang und Bedeutung dieser demonstrativen Ersatzhandlung konnte eben nicht, wie sich ein Jahr später herausstellen sollte, die Militärhilfe ersetzen, auf die Washington unvermindert angewiesen war und die der ohnehin schon minimalen amerikanischen Erwartungshaltung an Berlin entsprochen hätte. Fahrschulausbildung für Lkw-Fahrer der irakischen Streitkräfte – diese Form von rot-grüner Militärhilfe fand in den amerikanischen Medien aus nachvollziehbaren Gründen keine größere Beachtung.

Rot-grüne Beruhigungspillen

Die unschöne deutsche Tugend, recht behalten zu wollen, dominierte den politischen Zungenschlag der rot-grünen Bundesregierung gegenüber den USA. Kaum eine Gelegenheit verpassten der Bundeskanzler und sein Außenminister, um im Brustton einer vorgespielten Sachlichkeit darauf hinzuweisen, dass sie mit ihrer »Friedenspolitik« richtig- und die USA mit ihrem »Präventivkrieg« falschlagen. »Wir hatten und haben in einigen Bereichen unsere Unterschiede«, merkte Joschka Fischer in nahezu jedem Interview an, das sich dem leidigen transatlantischen Thema widmete, um dann – politisch korrekt – hinzuzufügen: »Aber wir haben die gleichen Interessen.«[53]

Die lang verinnerlichte rot-grüne Dialektik der deutschen Amerikapolitik, die sich in der Standardformulierung des Grünen-Politikers widerspiegelt, richtete sich – alle Außenpolitik ist Innenpolitik – in erster Linie an die eigenen Bürger. Ihnen wurde signalisiert, dass es der Bundesrepublik keine größeren Probleme bereite, wenn man mit der jahrzehntelangen Schutzmacht in Fragen von Krieg und Frieden auf Dauer über Kreuz liege.

»Wir werden auch in Zukunft sagen, wenn wir meinen, unser enger Partner USA geht in die falsche Richtung.« Dazu sei Freundschaft auch da.[54] Unter Freunden müsse eben, so die personalisierende Maxime des Außenministers, auch die Bereitschaft herrschen, sich gegenseitig einige Wahrheiten sagen zu können.

Die andere Botschaft, die somit der deutschen Öffentlichkeit vermittelt wurde, lautete beständig: Bush habe einen großen strategischen Fehler begangen, die Vereinigten Staaten seien ausschließlich und alleine für die destabilisierenden Folgen des Irak-»Abenteuers« verantwortlich, und da solle Washington mal selber zusehen, wie es aus dem Schlamassel wieder rauskomme. Die Deutschen bezogen ihre Verantwortung allenfalls auf das Nichtblockieren von Beschlüssen der Nato und der Vereinten Nationen, allerdings nur zu Bedingungen, die wiederum der »deutschen Friedenspolitik« nicht widersprachen.

Das sei kein Antiamerikanismus. Sobald dieser Vorwurf, zumeist aus den lichten Reihen der Außenpolitiker der Union, erhoben wurde, setzte bei Fischer reflexartig die schon bekannte Dialektik ein: »Die USA sind für Frieden und Stabilität unverzichtbar. Wir verdanken ihnen die Befreiung vom Nationalsozialismus. Das wollen wir nicht vergessen.«[55] Hier durfte bei ihm auch nicht der Hinweis auf die amerikanischen Verdienste bei der deutschen Wiedervereinigung und die lebenserhaltende Präsenz Amerikas im Westteil Berlins fehlen: »Zweimal bedurfte es im 20. Jahrhundert der militärischen und politischen Intervention der USA, um einer hegemonialen Bedrohung Europas durch das Deutsche Reich erfolgreich entgegenzutreten und ihre eigene Sicherheit zu gewährleisten. Und während der fünf Jahrzehnte des Kalten Krieges verteidigten die USA Westeuropa und Westberlin gegen die hegemoniale Bedrohung der Sowjetunion.«[56]

Auch der Bundeskanzler wurde nicht müde, darauf hinzuweisen, dass er in der wichtigsten außenpolitischen Frage seiner Amtszeit auf der richtigen Seite stand – und Bush eben auf der falschen. »Wissen Sie«, beschied er im Verlauf des ZDF-Sommerinterviews 2003 im heimischen Hannover seinen Gesprächspartner, »was den Irak angeht, wollen wir nicht recht behalten haben, als wir uns kritisch zum Krieg geäußert haben.« Das sei Geschichte. Jetzt müsse man nach vorne blicken und dem Irak »eine Perspektive der Stabilität und der friedlichen und demokratischen Entwicklung« geben. Da wolle Deutschland natürlich mithelfen – »diesseits von militärischem Engagement, an das wir nicht denken und für das wir keine Pläne haben«.[57]

Immer wieder suggerierten Schröder und Fischer den Deutschen, dass sie sich keine Sorgen machen sollten – die deutsch-amerikanische Agonie würde keine wesentlichen Auswirkungen auf die internationalen Beziehungen der Bundesrepublik haben.

In der selbstgewählten Isolation

Der sozialdemokratische Kanzler sollte Gefangener seiner Anti-Bush-Politik bleiben. Anderthalb Jahrzehnte nach dem Fall der Berliner Mauer konnte Schröder seine grundlegende Wende in der deutschen Außenpolitik den Menschen zwar als Teil des normalen Emanzipationsprozesses Deutschlands verkaufen. Aber nachdem er sich den Weg nach Washington durch seinen diplomatisch ebenso unklugen wie folgenreichen Feldzug gegen »Amerikas Abenteuer« auf Dauer versperrt hatte, blieb nur der zum Scheitern verurteilte Versuch, den Verlust der amerikanischen Unterstützung durch den Aufbau neuer Bündnisse und Allianzen zu kompensieren.

Sein ursprüngliches Ziel: ein ständiger Sitz im Weltsicherheitsrat – langfristig mit Vetorecht. Seine gesamte außenpolitische Energie wandte der Bundeskanzler auf, um Deutschland einen Platz am Tisch des höchsten UN-Gremiums zu verschaffen. Doch der Versuch, erstmals in der bundesdeutschen Geschichte ein wesentliches außenpolitisches Anliegen ohne Rückendeckung Amerikas zu verfolgen, war von inneren Widersprüchen geprägt. Wieso strebte Deutschland diesen privilegierten Status mit der Absicht an, die Handlungsfähigkeit der Weltorganisation zu stärken? Hatte Schröder nicht in den beiden letzten Monaten vor dem Irakkrieg auf niedersächsischen Marktplätzen unmissverständlich seine Abneigung formuliert, sich dem Willen des UN-Sicherheitsrats zu unterwerfen, sollte dieser eine Kriegsresolution verabschieden?

»Ich habe speziell unseren französischen Freunden gesagt und anderen auch, und ich sag das hier ein Stück weit weitergehend als das, was ich in dieser Frage sonst formuliert habe«, hatte Schröder seinen Anhängern in der Endphase des niedersächsischen Landtagswahlkampfs in Goslar zugerufen, »rechnet nicht damit, dass Deutschland einer den Krieg legitimierenden Resolution zustimmen wird. Rechnet nicht damit!«[58]

Das war eine Festlegung, mit der sich die Deutschen selbst isoliert hatten, »ein Fehler, den einer macht, der schlicht nicht mehr weiterweiß«, wie sich die wohlmeinende *Zeit* sorgte.[59] Binnen weniger Tage vor den Landtagswahlen in Hessen und Niedersachsen warf Schröder eines vergleichsweise kleinen innenpolitischen Vorteils wegen das außenpolitische Tafelsilber der Bundesrepublik über Bord: die vertrauensvolle Partnerschaft mit den Vereinigten Staaten, die gleichzeitige enge Abstimmung mit Frankreich, die europäische Konsensbildung, die multinationale Ausrichtung Deutschlands. Amerika, so wetterte der erfahrene SPD-Außenpolitiker Hans-Ulrich Klose in der Bundestagsfraktion, fühle sich provoziert, der Schaden sei »irreparabel«, außenpolitisch stehe Deutschland »vor einem Scherbenhaufen«.

»Uli, mit dir bin ich fertig«, schimpfte ein Bundeskanzler, der sich sehr viel später eingestehen musste, dass die Analyse des Atlantikers Klose richtig und seine eigene falsch war.

Nicht er, sondern Washington habe doch die Strategie gewechselt, rechtfertigte sich Schröder,[60] doch genau in dieser Feststellung offenbarte sich das Ausmaß seiner Realitätsverweigerung. Natürlich hatten die Vereinigten Staaten nach dem 11. September 2001 ihre Sicherheitsstrategie gewechselt, das war Schröder nicht verborgen geblieben. Doch er schlug die entgegengesetzte Richtung ein: Deutschland müsse den Wandel Washingtons negieren und statt dessen mit allen Kräften an einer multinationalen Weltordnung arbeiten, unter Einschluss zweier Länder, denen der Sozialdemokrat nacheinander eine »strategische Partnerschaft« anbot – zunächst Russland und dann China.

Die russische Karte

Mit dem russischen Präsidenten werde er nicht in die Sauna gehen, hatte Schröder nach seiner Wahl zum Bundeskanzler 1998 angekündigt, und doch unterhielt er – und zwar weitaus intensiver als sein Vorgänger Helmut Kohl zu Boris Jelzin – eine beispiellos enge persönliche Bindung zu Wladimir Putin.

Zwischen Deutschen und Russen gebe es eben eine »Nähe der Mentalitäten«, erklärte der SPD-Kanzler keine anderthalb Jahre später.[61] Russland war für ihn »eine Herzensangelegenheit«, seine Beziehungen zum autokratisch regierenden Putin zelebrierte Schröder in einem Umfang, der staunen ließ: Gemeinsame orthodoxe Weihnachtsfeier in der Christi-Erlöser-Kathedrale in Moskau, Schlittenfahrt durch die romantisch verschneiten Wälder um Putins Datscha, Kosakenständchen zu Schröders 60. Geburtstag in Hannover, Sommergipfel in Sotschi am Schwarzen Meer, in der repräsentativen Residenz des russischen Präsidenten.[62] Rasch gewöhnte sich das deutsche Fernsehpublikum an die öffentlichkeitswirksam inszenierten Treffen des Bundeskanzlers mit dem schmächtig wirkenden Staatschef – die Bilder eines vertrauensvollen Dialogs zwischen Gerhard und Wladimir flimmerten in zweimonatlichen Intervallen über die TV-Schirme und ließen die Tatsache in Vergessenheit geraten, dass zwischen Gerhard und George das Prinzip des gezielten gegenseitigen Ignorierens galt.

Außen- und energiepolitisch knüpfte der deutsche Regierungschef derart enge Beziehungen zu Moskau, dass die öffentliche Meinung in Deutschland ihm bald folgte: Die Zusammenarbeit mit Russland unter der Führung des ehemaligen KGB-Offiziers Putin fanden die Deutschen im Frühjahr 2005 »besonders gut und eng«. Damit konnte das Reich des Kreml-Chefs höhere Sympathiewerte in Deutschland verbuchen als die Vereinigten Staaten mit George W. Bush an der Spitze.[63] Auch im persönlichen Vergleich hatten die Deutschen zu Putin mehr Vertrauen als zu Bush.[64]

Schröders beständiges Werben dafür, dass die geopolitischen Interessen Berlins und Moskaus ein hohes Maß an Übereinstimmung aufwiesen, zeigte Wirkung; die Deutschen hatten den Eindruck, als ob ihr eigentlicher weltpolitischer Partner die russische Föderation sei. »Deutschland und Russland verfolgen beide das Ziel einer kooperativen Weltordnung und eines effektiven Multilateralismus«, versicherte der Kanzler unter Hinweis auf die von ihm als unilateral begriffene US-Politik, der es Fußfesseln anzulegen galt. »Nur multilaterales Handeln auf der Grundlage gemeinsamer Werte und Prinzipien« verspräche einen »dauerhaften Erfolg bei der Bewältigung regionaler und globaler Herausforderungen.«[65] Von der Stabilisierung des Irak, nach Putins Worten das »derzeit heikelste und schwierigste Problem«, bei dem Russland und Deutschland eine gemeinsame Haltung einnähmen, über den Nahost-Friedensprozess und die Lage auf dem Balkan bis hin zur Terrorismusbekämpfung, zur Nichtweiterverbreitung von Massenvernichtungswaffen und anderen Regionalfragen: Der Kanzler suchte und fand in dem russischen Präsidenten ein politisches Alter ego, zu dem er ein solches Maß an Vertrauen gefasst hatte, wie es früher eher die Beziehungen der deutschen Regierungschefs zum amerikanischen Präsidenten gekennzeichnet hatte.

Helmut Kohl war von der damaligen SPD-Opposition noch des allzu engen persönlichen Umgangs mit Jelzin bezichtigt und beschuldigt worden, in Fragen der Menschenrechtspolitik und des Tschetschenienkonflikts nicht nachdrücklich genug aufgetreten zu sein. Damals galt es, im Verhältnis zu Boris Jelzin wenigstens bis zum Abzug der russischen Truppen aus Ostdeutschland Mitte 1994 sicherheitspolitische Rücksichten auf den Kremlchef zu nehmen. Nun aber entwickelten sich Schröders weitgehend konfliktarme Kontakte zu Putin »zur Familienangelegenheit«.[66]

Unter »gemeinsamen Werten und Prinzipien« verstand die restliche Europäische Union »Demokratie, Rechtsstaatlichkeit, marktwirtschaftliche Ordnung mit fairem Wettbewerb und Achtung der Menschenrechte«,[67] Schröder hingegen begriff diese Kriterien eher als eine Art langfristig motivierenden Ansporn für die junge russische Förderation. Trotz dieser Toleranz wurde sein engster politischer Freund Putin diesen Kriterien immer weniger gerecht. Schröder hatte anderes im Auge. Mit dem massiven Ausbau der deutsch-russischen Kontakte, den verstärkten Handelsbeziehungen, dem Import von 30 Prozent der deutschen Erdöl- und 40 Prozent der deutschen Erdgaseinfuhren aus Russland, verfolgte er ein langfristiges Ziel: Moskau sollte seinem Wunsch nach dem ersehnten Sitz im Weltsicherheitsrat den politischen Rückhalt geben, den der Kanzler aus Washington nicht mehr erwarten konnte.

Voller Dankbarkeit gegenüber Putin freute Schröder sich sehr »über die klare russische Unterstützung für unseren Reformansatz«, im Rahmen der Erweiterung des Sicherheitsrats »größere Verantwortung zu übernehmen«.[68] Kritiklos verfolgte der Bundeskanzler die Auslegung der »gemeinsamen Werte und Prinzipien« durch Putin, der der frisch erworbenen Parteiendemokratie in Russland durch ein rigides Parteiengesetz die Grundlage entzog, die Energie- und Fernsehlandschaft wieder vollständiger staatlicher Kontrolle unterwarf, die Gründung von Nichtregierungsorganisationen behinderte und dem Militär bei der menschenunwürdigen Behandlung der Rekruten nicht Einhalt gebot.

Der »strategische Partner« Russland hatte es verstanden, aus Schröders strategischem Dilemma, ohne das Wohlwollen der USA deutsche Außenpolitik zu betreiben, für sich den größtmöglichen Nutzen zu ziehen. Besorgt fragte die *Zeit* beim deutschen Regierungschef nach: »Muss diese Nähe zu Russland wirklich sein?« Was Schröder denn so sicher mache, dass Putin mehr und nicht weniger Demokratie wolle?

Der russische Präsident, entgegnete Schröder müde, mache den »ernsthaften Versuch, die Strukturen so zu verändern, dass man wirklich von einem demokratischen Russland sprechen« könne.[69] Auch gebe es eine Presse, die »durchaus kritisch« sei – und als sich die Reporter von seinen Ausflüchten wenig überzeugt zeigten, setzte der Kanzler ungehalten hinzu: Bei »einer innenpolitischen Auseinandersetzung, die in den russischen Medien sehr kontrovers geführt wird«, sollte man sich »mit Pauschalurteilen« zurückhalten. Im übrigen könne er keine »durchsetzbare demokratische Alternative« zu seinem politischen Freund Putin erkennen.

Nüchtern warfen die Russlandexperten der Berliner Stiftung für Wissenschaft und Politik die Frage auf, ob es Putin nicht längst geschafft habe, »seinen deutschen Gesprächspartner auf seine Seite zu ziehen«. Putin kenne die innenpolitische Lage und die Absichten Deutschlands wohl weitaus besser als Schröder die russischen. So falle es auch schwer, sich vorzustellen, dass es dem Kanzler gelingen würde, »unter vier Augen wirklich auf Putin einzuwirken«. Vielmehr habe es Putin fertiggebracht, Schröder von seinen Argumenten zu überzeugen. Anders, so die Experten der Stiftung, sei es kaum zu erklären, warum der Bundeskanzler »bereits mehrfach – etwa bei den Themen Tschetschenien oder Yukos – auf die russische Regierungslinie eingeschwenkt ist«.[70]

Sein Schweigen zu dem unter entwürdigenden Bedingungen durchgeführten Verfahren gegen den ehemaligen Yukos-Chef Michail Chodorkowskij war einer der Preise, die Schröder für die »russische Unterstützung« zu entrichten hatte. Selbst nach dem Urteilsspruch gegen den angeblich zu aufmüpfigen Oligarchen, von Prozessbeobachtern des Europarats als »unerbitterlicher Racheakt« des Kremls eingeschätzt,[71] verordnete Schröder seinem Regierungssprecher striktes Redeverbot. In »innerrussische Angelegenheiten« wollte sich der Kanzler nicht einmischen, sehr zum Ärger seines grünen Koalitionspartners, dessen ursprüngliche Menschenrechtsagenda im Verlauf der sieben Schröder-Jahre bis zur Unkenntlichkeit zusammengeschrumpft war.

»Heute ist in Russland die Demokratie mit abgeurteilt worden«, rief die grüne Fraktionschefin Katrin Göring-Eckardt ihrem Regierungschef nach.[72] Schröders Freund hatte, so bilanzierte der Russlandkorrespondent der *Zeit* Johannes Voswinkel enttäuscht, »die demokratischen Errungenschaften der russischen Transformierungsgesellschaft beständig zurückgeschraubt« – mit Billigung des Kanzlers, der sich angesichts dieser Fehlentwicklungen »bis auf Rosarot farbenblind« gab.[73]

Mit dem »strategischen Partner Russland«, dessen Staatspräsident »neozaristische Allüren«[74] an den Tag legt, erfreute Schröder zwar die Herzen der deutschen Export- und Energieindustrie, aber der Glaubwürdigkeit deutscher Außenpolitik diente das beredte Schweigen des Kanzlers nicht. Die neuen ost- und südosteuropäischen Mitgliedsländer der Europäischen Union, vor allem Polen und die baltischen Staaten, mussten sich durch die vorbehaltlose Putin-Fixierung der Bundesrepublik und durch den völligen Verzicht Schröders, auf die Einhaltung der »gemeinsamen Werte und Prinzipien« zu pochen, die Deutschland angeblich mit Russland verbänden, geradezu abgestoßen fühlen. Die ohnehin stark auf Amerika ausgerichteten EU- und Nato-Neulinge konnten sich weitaus eher mit den skeptischen bis deutlich kritischen Einlassungen des amerikanischen Präsidenten als mit Schröders Lobbyarbeit für Russland identifizieren.

»Mir fehlt die Balance zwischen dem russisch-deutschen und dem transatlantischen Verhältnis«, bemängelte Angela Merkel. Der offenkundige Mangel an Ausgewogenheit in der deutschen Außenpolitik zwischen Washington und Moskau, an »Äquidistanz«, störte die Unionschefin nachhaltig.[75] Sosehr sie auch an einem guten Verhältnis zu Russland interessiert sei und an einer Fortsetzung »der strategischen Partnerschaft«, sosehr vermisste die in der DDR aufgewachsene Spitzenpolitikerin offen und freundschaftlich vorgetragene Kritik. Putin als einen »lupenreinen Demokraten« zu adeln, wie dies Schröder in einer abendlichen ARD-Talkshow getan hatte,[76] wäre Angela Merkel nach eigenen Worten nicht über die Lippen gekommen.

»Schauen Sie nur auf die Tschetschenienpolitik oder den Umgang mit der Pressefreiheit.« Aufgewachsen in der DDR, deren Bewohner Putin während der achtziger Jahre als KGB-Offizier in Dresden observiert hat, verfügt Merkel über ein persönliches und realistischeres Russlandbild als Schröder. Die politische Agenda des amerikanischen Präsidenten mit ihrem Anspruch, Freiheit und Demokratie weltweit zu verbreiten, liegt ihr wesentlich näher als die Bekenntnisse zur deutsch-russischen Freundschaft, die sie als inhaltsleere Parolen noch aus DDR-Zeiten kennt.

Zu Merkels Erfahrungen als junge Frau und Wissenschaftlerin in der DDR zählen politische Unterdrückung, die allzeit präsenten Staatsspitzel und die beständige Bevormundung durch den Staat. Das ist die Grundlage ihrer politischen, auch ihrer außenpolitischen Überzeugungen: »Wer wie ich in der SED-Diktatur groß geworden ist, der weiß, wie kostbar Freiheit, die Garantie der Menschenrechte und wirkliche Demokratie sind«, schrieb die CDU-Vorsitzende in einem Gastkommentar zum 50. Jahrestag des 17. Juni 1953.[77]

Wer wie Angela Merkel das sowjetische System am eigenen Leibe erlebt habe, so die Hoffnung des russischen Menschenrechtlers Sergej Kowaljow, sehe mit anderen Augen auf die autoritäre Entwicklung im heutigen Russland. »Intuitiv« verstehe die ehemalige DDR-Bürgerin vieles in Russland, was man Gerhard Schröder nicht einmal erklären könne. Kowaljow, der frühere Weggefährte des sowjetischen Friedensnobelpreisträgers Andrej Sacharow, setzte darauf, dass mit dem Regierungswechsel in Berlin »die unsägliche Bauchpinselei ein Ende« hat, die man während der Schröder-Ära habe erleben müssen.[78]

Als »neue Europäerin« teilte Angela Merkel die tiefsitzende Skepsis gegenüber Moskau, wie sie die demokratischen Politiker kennzeichnet, deren Lebensläufe wie die des ehemaligen tschechischen Präsidenten Václav Havel, des litauischen Präsidenten Valdas Adamkus oder der lettischen Präsidentin Vaira Vike-Freiberga durch die sowjetische Besatzung Osteuropas geprägt wurden. Deren Verhältnis zu den Vereinigten Staaten ist bestimmt von Dankbarkeit für den amerikanischen Sieg im Kalten Krieg, der ihren Ländern die staatliche Selbstbestimmung und ihnen selbst erst die Chance ermöglicht hat, in politisch maßgebende Positionen zu kommen.

»Ich habe«, beschrieb Angela Merkel ihre Affinität zur Weltmacht USA, »auch früh den vielgescholtenen Reagan für sehr zielführend gehalten im Kampf gegen den Kommunismus.«[79] Nur »einmal im Leben habe ich mich gefürchtet, ob Reagan, der ja mit Gorbatschow in Reykjavik sehr hart verhandelt hatte, nicht zu weit gegangen war und die Sowjetunion zu sehr gereizt hatte«.[80] Damals, bei dem amerikanisch-sowjetischen Gipfeltreffen im Oktober 1986, hatte Reagan mit Michail Gorbatschow zunächst keine Vereinbarung über die SDI-Rüstungspläne Washingtons, die Verringerung der ballistischen Atomwaffen und den Abzug der atomaren Mittelstreckenraketen aus Europa erzielen können. Diese Sorge vor dem allzu absoluten Einsatz amerikanischer Macht, die im Falle Reagans »ja unbegründet war«, hat sich Merkel fest eingeprägt.

Stratfor, ein Beratungsunternehmen aus Austin, Texas, zu dessen Kunden neben Medienunternehmen, Investment- und Beratungsfirmen und US-Konzernen auch Regierungseinrichtungen wie das Repräsentantenhaus, der US-Generalstab, das Heimatschutzministerium, der CIA und andere US-Geheimdienste sowie internationale Institutionen wie die Vereinten Nationen zählen, hat sich Gedanken über die christdemokratische Frontfrau gemacht. Nach Einschätzung der Stratfor-Strategen ist die Chefin der deutschen Konservativen »als Mitteleuropäerin, geboren und aufgewachsen unter sowjetischer Besatzung, geopolitisch eine Verwandte der lettischen Präsidentin Vaira Vike-Freiberga – wenn auch weniger extrem«.[81]

Eine Verwandte der lettischen Präsidentin

Am späten Freitagabend setzte die Air Force One auf der Landebahn des Internationalen Flughafens von Riga auf, dreizehn Kilometer vom Stadtzentrum entfernt. Die Präsidentenmaschine rollte in der Dunkelheit aus und kam an der markierten Halteposition zum Stehen. Die Gangway wurde an die Vordertür des mächtigen Jumbojets geschoben. Aus der lettischen Begrüßungsdelegation löste sich die Präsidentin des Baltenstaats, wartete auf das Zeichen der Cockpitcrew und stieg die steilen Stufen empor.

Vaira Vike-Freiberga, die siebenundsechzigjährige Gastgeberin, wollte George W. Bush und seine Frau Laura noch an Bord der Air Force One persönlich auf lettischem Boden willkommen heißen – eine protokollarische Auszeichnung für eine Politikerin, die sich ganz offen gegen Putins Absicht gestellt hatte, die Feierlichkeiten zum 60. Jahrestag des Kriegsendes als politische Absolution der sowjetischen Herrschaft über Osteuropa zu instrumentalisieren. Strahlend trat die ehemalige Psychologieprofessorin, die bis zu ihrem Amtsantritt 1999 an der Universität von Montreal tätig war, dem amerikanischen Präsidenten entgegen, gemeinsam schritten sie die Gangway hinab und winkten den wartenden Photographen zu.

»Als Präsidentin eines Landes«, so hatte Vaira Vike-Freiberga die Leser der *Washington Post* wissen lassen, »das unter der Sowjet- und Naziherrschaft maßlos gelitten hat, sah ich mich einem Dilemma gegenüber.«[82] Die Einladung Putins zur großen Parade auf dem Roten Platz in Moskau schlug die lettische Präsidentin im Gegensatz zu ihrem estnischen und litauischen Amtskollegen nicht aus. Sie wollte mit diesem Schritt deutlich machen, »dass der alliierte Sieg über Nazi-Deutschland als ein Sieg der demokratischen Werte über Totalitarismus und Tyrannei angesehen werden sollte«. Aber im Gegensatz zu Frankreich, Dänemark, Belgien, Luxemburg, den Niederlanden oder Österreich habe der Zusammenbruch des Naziimperiums »nicht zur Befreiung meines Landes geführt«. Solange sich Russland weigere, vergleichbar umfassende Anstrengungen zur Aufarbeitung der dunklen Seiten der Sowjetgeschichte zu unternehmen wie die Bundesrepublik bei der Thematisierung der Naziverbrechen, »wird es von den Geistern der Vergangenheit verfolgt und werden seine Beziehungen zu den unmittelbaren Nachbarn zumindest beunruhigend sein«.[83]

Die ebenso energische wie überzeugend auftretende Präsidentin Lettlands sprach die gleiche politische Sprache wie ihr amerikanischer Gast. Im Frühjahr 2003 hatte sie ebensowenig wie ihre baltischen Kollegen gezögert, Bushs Koalition der Willigen ein bescheidenes Truppenkontingent zur Verfügung zu stellen. »Wir sind der Auffassung«, so ihre Begründung, »dass wir – unabhängig von der Größe, geographischen Lage und innenpolitischen Situation eines Staates – einem [Nato-] Verbündeten unsere Unterstützung nicht versagen dürfen, wenn er der Meinung ist, einer ernsthaften Bedrohung ausgesetzt zu sein.« Denn falls Lettland selber einmal Hilfe benötigen sollte, »dann möchten wir die gleiche Unterstützung erfahren«.[84]

»Bei der Verteidigung Ihrer Freiheit«, so versicherte ein zufrieden wirkender George W. Bush seiner Gastgeberin, »werden Sie niemals allein dastehen.« Die Bündnistreue der Balten gegenüber den Vereinigten Staaten, die die unter sowjetischer Besatzung stehenden drei baltischen Staaten Estland, Lettland und Litauen bis zur Wiederherstellung ihrer Unabhängigkeit im Jahr 1991 nicht anerkannt hatten, bot dem US-Präsidenten die Gelegenheit, seine Außenpolitik in die entsprechende geschichtliche Perspektive zu rücken. Von Deutschland und Japan nach dem Zweiten Weltkrieg über Lateinamerika, Asien, Mittel- und Osteuropa bis hin zum Nahen und Mittleren Osten »ist der Vormarsch der Freiheit das große Thema unseres Zeitalters«, sagte er.[85] Die Welt habe lernen müssen, dass sogar »nach einer langen Wartezeit in der Dunkelheit der Tyrannei die Freiheit wie ein Sonnenaufgang plötzlich auftauchen kann«.

Die verklärte Befreiungsrhetorik fiel in Riga auf fruchtbaren Boden. Mit Blick auf das unverändert diktatorisch regierte Weißrussland, dessen Machthaber Alexander Lukaschenko sich international nur der Förderung Moskaus erfreut, erwiderte der litauische Präsident Valdas Adamkus, der bis zu seiner Rückkehr in die Heimat Vizechef der amerikanischen Umweltbehörde EPA und langjähriges Mitglied der Republikanischen Partei war: »Ich kann dem Präsidenten der Vereinigten Staaten versichern, dass wir die Rechte der Menschen achten und verteidigen werden, selbst jener Nachbarn, für die Demokratie noch ein Traum ist.« Damit könne man »dem Widerstand und der Opposition eine Dosis Frischluft« zukommen lassen, die ähnlich leben wollten wie die Bevölkerung in den baltischen Staaten.[86]

Der enge politische Schulterschluss der drei neuen EU- und Nato-Mitgliedsländer mit den Vereinigten Staaten wird – mit Ausnahme der russischen Minderheiten – von einer breiten Mehrheit der Bevölkerung geteilt. Im Rigaer Schloss, in dem die lettische Staatspräsidentin ihren offiziellen Amtssitz hat, nahm Bush denn auch die höchste Auszeichnung des Landes, den Drei-Sterne-Orden ersten Ranges, entgegen, eine Ehre, für die er mit den Worten dankte: »Es ist so eine Freude, ein Land zu besuchen, das die Freiheit schätzt und liebt, und in der Anwesenheit einer Präsidentin zu sein, die so klar über das Bedürfnis der Menschen spricht, frei zu sein.«[87]

Ihre uneingeschränkte Ausrichtung auf Amerika verlieh Lettland, Litauen und Estland innerhalb der Europäischen Union zusätzliches außenpolitisches Gewicht und Selbstbewusstsein. Bevor Gerhard Schröder Anfang Juli 2005 Putins Einladung zur 750-Jahr-Feier von Königsberg Folge leistete, protestierten Litauen und Polen in nahezu undiplomatischer Schärfe gegen die Tatsache, dass sie, die beiden unmittelbaren Nachbarn der russischen Enklave, auf Wunsch Moskaus buchstäblich außen vor bleiben mussten.

Dies werde in Vilnius »sehr genau wahrgenommen«, ärgerte sich der litauische Außenminister. Meist gestalte sich ja die Zusammenarbeit mit Deutschland »auf der Grundlage von gegenseitigem und wohlwollendem Verständnis«. Mitunter entstehe jedoch der Eindruck, »dass die einzelnen Schritte der politischen Führung Deutschlands zuwenig die historischen und politischen Sensibilitäten unserer Region berücksichtigen«.

Die Überschriften in den großen Tageszeitungen Litauens gaben den empörten Kommentar ihres Außenministers mit der Schlagzeile »Flirt zwischen Moskau und Berlin über Königsberg« wieder. Baltische Urängste wurden wach, die

»demonstrative Nichtbeachtung« Litauens und Polens bei der Königsberger 750-Jahr-Feier zeuge von der Instrumentalisierung Schröders durch den russischen Staatspräsidenten, der entschlossen sei, Berlin an die Seite Moskaus zu ziehen und – so die Überzeugung eines führenden litauischen Politikberaters – »eine neue, historisch belastete Achse Moskau–Berlin« zu begründen.[88]

Bushs unbeirrte Mission

»Mr. President, glauben Sie, dass Amerika wegen Ihrer Reaktionen auf den 11. September ein Imageproblem in der Welt hat?« David Gregory, der Korrespondent des Fernsehsenders NBC beim Weißen Haus, hatte geduldig auf die Gelegenheit gewartet, dem wiedergewählten US-Präsidenten während seiner ersten Pressekonferenz nach dem 2. November 2004 die Kernfrage zur amerikanischen Außenpolitik stellen zu können.

Im engen Presseraum des Weißen Hauses blickte Bush den TV-Journalisten, mit dem er sich vor laufenden Kameras schon scharfzüngige Wortwechsel geliefert hatte, stoisch an. Es war an der Zeit, glaubte Bush, der amerikanischen Öffentlichkeit und vor allem der Welt eine klare Botschaft zukommen zu lassen: dass er unbeirrt bei seiner Strategie bleiben werde, dass es keine Abstriche und taktischen Rückzüge geben werde.

Doch der NBC-Reporter war mit seiner Frage noch nicht zu Ende: »Sie sprachen [im Wahlkampf] darüber, Bündnisse zu bilden. Wie wollen Sie diese Allianzen errichten und wie gehen Sie mit diesem Imageproblem um, vor allem in der islamischen Welt?«

»Hören Sie«, entgegnete Bush in dem gepressten Tonfall, den er stets bei Journalistenfragen anschlägt, die er als politisch einseitig und ihm gegenüber feindlich gesinnt empfindet. »Ich habe einige harte Entscheidungen getroffen, um uns zu schützen, um Frieden und Freiheit zu verbreiten.« Dass Amerikas Popularitätswerte in weiten Teilen der Welt innerhalb von nur drei Jahren historische Tiefstände erreicht hatten, war dem Amtsinhaber sehr wohl bewusst. »Und ich weiß, dass in bestimmten Hauptstädten und bestimmten Ländern diese Entscheidungen nicht beliebt waren.«[89]

Für die White-House-Korrespondenten, die den Präsidenten während der langen, ermüdenden Wahlkampfwochen fast rund um die Uhr begleitet hatten, lagen die offenkundigen Verdächtigen auf der Hand: Berlin, Paris, Moskau, die arabischen und die muslimischen Länder. Selbst bei den wenigen Koalitionspartnern wie Italien, Ukraine, Polen und Großbritannien, die mehr Truppen in den Irak entsandt hatten als andere Mitglieder der »coalition of the willing« Einwohner hatten, hielten sich seine Sympathiewerte im einstelligen Bereich. Doch darum ging es ihm nicht.

»Ich habe eine Doktrin vorgelegt, David«, belehrte Bush die Runde, »die besagt, dass, wenn man Terroristen beherbergt, man genauso schuldig ist wie die Terroristen selbst.« Die Taliban hätten seine neue Doktrin ignoriert und seien deswegen entmachtet worden. Natürlich könne er verstehen, dass es Menschen gebe, die mit dieser Entscheidung nicht übereinstimmten. Um jedoch als alleinige Weltmacht glaubwürdig zu bleiben, müsse »der amerikanische Präsident besser auch meinen, was er sagt«, um den Frieden weltweit bewahren zu können. Der Fall Irak sei ähnlich gelagert. »Ich habe die Entscheidung getroffen, um vor allem und in erster Linie unser Land zu schützen. Das werde ich als Präsident auch weiterhin tun.«

Zeit seiner Präsidentschaft, so schien es Bush, begriffen allenfalls seine treuesten Verbündeten wie Tony Blair, dass er auf die Terrorangriffe der Al Kaida mit einem grundlegenden, dauerhaften Strategiewechsel reagiert hatte, der mit dem seit Franklin D. Roosevelt geltenden Konzept der Führung Amerikas innerhalb der von Washington geschaffenen internationalen Institutionen wie Nato, Vereinte Nationen und Marshallplan Schluss gemacht hatte. Einfluss auf seine Entscheidungen konnte und wollte er niemanden mehr einräumen, das transatlantische Bündnissystem der gegenseitigen Konsultationen und Beratungen war aus seiner Sicht am 11. September 2001 zu Grabe getragen worden.

»Ich werde mich um andere bemühen und versuchen, ihnen zu erklären, warum ich die Entscheidungen treffe, die ich treffe.« Nach Einbindung der Alliierten hörte sich das nicht an, mit derartigen Illusionen so mancher Verbündeter machte der US-Präsident Schluss. Allerdings konnte sich seine politische Philosophie – nicht zuletzt wegen der weitverbreiteten Negativgefühle, die ihm global entgegengebracht wurden – nicht im gewünschten Umfang durchsetzen. Die Welt unterschätzte ihn erneut, und dies wiederum schätzte George W. Bush nicht.

»Es gibt da eine gewisse Haltung in der Welt bei einigen, die sagen, dass es Zeitverschwendung sei, zu versuchen, für freie Gesellschaften in allen Teilen der Welt einzutreten.« Die Überheblichkeit der politischen Intellektuellen, die ihn zum gefährlichen Zauberlehrling abgestempelt hatten, der die Geister nicht mehr zu bändigen vermochte, die er leichtsinnigerweise gerufen hatte, störte den Präsidenten ganz erheblich. Als er in London erstmals seine »Vision von der Ausbreitung der Freiheit im größeren Mittleren Osten« formuliert hatte, war ihm spöttisch entgegengehalten worden, sein Vorhaben sei eine Dummheit. »Ich habe diese Kritik gehört, und ich widerspreche ganz entschieden denjenigen, die meinen, es sei nicht klug, freie Gesellschaften in der Welt zu propagieren.« [90]

Die strategische Antwort des US-Präsidenten auf den 11. September fand deswegen nicht die erhoffte Akzeptanz und den Respekt bei Verbündeten wie Gegnern Amerikas, weil mit George W. Bush ein Mann die Botschaft von »Freiheit und Demokratie« verkündete, dessen persönliches Ansehen in der Welt mit jedem Jahr tiefer gesunken war, in dem er mit fragwürdigen Methoden Krieg gegen den internationalen Terrorismus geführt hatte.

Bushs verspieltes Vertrauen

»Unter den befragten Bevölkerungen rund um den Globus ist das niedrige Ansehen von Präsident Bush weitaus stärker für die unvorteilhaften Umfragewerte der Vereinigten Staaten verantwortlich als irgendeine andere Einstellung oder Meinung, nach der in dieser Erhebung gefragt wurde.« Unter dem Vorsitz der ehemaligen Außenministerin Madeleine Albright und des früheren US-Senators und UN-Botschafters John C. Danforth hatte das renommierte unabhängige US-Umfrageinstitut »Pew Research Center for the People and the Press« Menschen in sechzehn Ländern gefragt: »Was ist das Problem mit den USA? Ist es überwiegend Bush oder Amerika im allgemeinen?«[91]

Das Ende Juni 2005 veröffentlichte Ergebnis bescherte Bush schlechte Noten: In allen großen europäischen Staaten, wie Frankreich, Großbritannien, Deutschland und Spanien bekannten die Befragten mehrheitlich, dass der US-Präsident ihre Einstellung zu den Vereinigten Staaten negativ präge. In Spanien war es um das Image Bushs am schlechtesten bestellt: 76 Prozent der Befragten machten den Republikaner für ihr negatives Amerikabild verantwortlich, und nur 14 Prozent zogen dafür die USA im allgemeinen zur Rechenschaft. Auch in Deutschland prägte der Bush-Malus das Bild: 65 Prozent der Deutschen hatten wegen der Person des US- Präsidenten eine schlechte Meinung über Amerika, 29 Prozent meinten, dies liege an den Vereinigten Staaten insgesamt.[92] »Die deutsche Bevölkerung«, frotzelte wenig später die *Washington Post,* »hasst Bush mehr als sie Schröder verschmäht.«[93]

Würden die Bundesbürger die Bush-Ära als einen bösen Traum erleichtert ad acta legen und wieder mit wohlwollenden Gefühlen auf die Weltmacht zugehen, sobald die Amtszeit des ungeliebten Präsidenten im Januar 2009 abgelaufen und sein Konterfei von den Bildschirmen und den Titelseiten der Zeitungen verschwunden sein würde? So verständlich die Fixierung auf Bush auch ist, die Auswirkungen seiner Präsidentschaft werden noch viele Jahre nach dem Ende seiner Amtszeit zu spüren sein. Zwar haben die regenerativen Kräfte der amerikanischen Innenpolitik, auf die im wechselvollen Verlauf der US-Geschichte stets Verlass war, längst eingesetzt. Aber sie können nicht den generellen Kurs einer Regierungspolitik aufheben, die Amerika durch den Einmarsch in den Irak zu einer dauerhaft präsenten Macht im Mittleren Osten gemacht und den Sieg über den extremistischen Islamismus zum globalen Ziel ausgerufen hat.

Eine unmittelbare Wirkung hat die nationale Ernüchterung über die Folgen der Außenpolitik des Präsidenten dennoch: Sie wirkt mäßigend, weil sie seine Spielräume deutlich einengt. Auch die amerikanischen Medien sind nach ihrem allzu langen patriotischen Rausch verkatert aufgewacht und zu alten Tugenden zurückgekehrt. Die steigende Zahl der getöteten amerikanischen Soldaten im Irak, die Verbringung von angeblichen oder tatsächlichen Terroristen in »befreundete Drittstaaten«, wo sie unbehelligt von US-Gesetzen »effizienter« verhört werden können, die Misshandlungen von Gefangenen in Abu Ghraib und Guantanamo Bay, die Überstrapazierung des eigenen Militärs, die weiterhin unkalkulierbaren finanziellen Lasten der »Operation Iraqi Freedom«: Darüber wird in den Medien Amerikas wieder ausführlich berichtet.

Als erstes kam Seamus herein, der schokoladenfarbene Labrador des ehemaligen US-Präsidenten. Der zutrauliche Hund schnüffelte ein wenig an den ausländischen Besuchern herum, die sich im Wohnzimmer des Hauses im noblen New Yorker Vorort Chappaqua umsahen und versuchten, die Aufschrift eines Sitzkissens zu entziffern. Es gelang ihnen: »Mein Ziel im Leben ist es, die Person zu sein, von der mein Hund glaubt, dass ich es bin.«

Dann trat Bill Clinton ein, schlank, gut ausgeruht, in rotem Poloshirt und beiger Hose, bewaffnet mit einer Tasse entkoffeiniertem Kaffee, wie stets ein bisschen verspätet und genauso enthusiastisch wie früher. Sein neues Projekt, die Clinton Global Initiative, eine Art Gipfeltreffen von Nichtregierungsorganisationen am Rande der UN-Vollversammlung, trieb der Achtundfünfzigjährige so energisch voran wie alle seine politischen Projekte, die er seit seinem Ausscheiden aus dem Weißen Haus im Januar 2001 verfolgt hat.

Erstmals lebe über die Hälfte der Weltbevölkerung unter Regierungen, die sie selbst gewählt hätten, sagte er, »eine absolut erstaunliche Zahl angesichts der Tatsache, dass China ein Viertel der Weltbevölkerung ausmacht«. Der Kampf gegen Armut und Aids und für den Schuldenerlass – Bill Clinton, der Lieblingsamerikaner der Deutschen, lässt keine der globalen Herausforderungen aus.

Aus eigenem Antrieb kam der Ex-Präsident auf die Politik seines Nachfolgers nicht zu sprechen. Also half nur eine mehr oder minder sinnvolle Verknüpfung zwischen einem Lob für sein eigenes Politikverständnis und einer spitzen Bemerkung über das von George W. Bush: »Wenn Ihre Global Initiative ein Erfolg werden sollte, würde es für Amerikas Image in der Welt Wunder wirken. Glauben Sie, Herr Präsident, dass es an der Zeit ist, ›Gitmo‹ zu schließen?«

Clinton brauchte nicht lange zu überlegen, um seine Schlussfolgerung aus den Vorgängen im Gefangenenlager Guantanamo Bay zu formulieren: »Entweder muss es geschlossen werden, oder es muss dort aufgeräumt werden.«[94] Es dürfe nicht länger geschehen, dass von dort »Geschichten über Menschen herauskommen, die misshandelt werden«.

Erfahren im Umgang mit der Machtfülle, die die amerikanische Verfassung einem Präsidenten überantwortet, weiß Clinton um die gefährliche Versuchung, im Krieg gegen den Terrorismus zu Methoden zu greifen, die dem Wesen des eigenen Landes widersprechen. Amerika müsse sich fragen, ob die harte Behandlung von Terrorverdächtigen, ob ihre Inhaftierung ohne Gerichtsverfahren gerechtfertigt sei oder ob dieser Kurs »das fundamentale Wesen« der amerikanischen Gesellschaft verletze. »Falls die Antwort ja ist, hat man den Terroristen bereits einen großen Sieg beschert.«

Nicht erst seit George W. Bushs äußerst großzügiger Auslegung von geltenden Gesetzen praktizierten die USA die zeitlich unbefristete Gefangennahme von Terrorverdächtigen. »Ich bin daran nicht schuldlos«, räumte Bill Clinton in seinem Wohnzimmer ein. »Als ich Präsident war, hatten wir ein Gesetz, das von Zeit zu Zeit angewendet wurde. Es erlaubte dem Justizministerium, Terrorverdächtige über die normale Zeitdauer hinaus ohne ein Gerichtsverfahren festzuhalten, falls bei einer Anklage und bei der Beweisführung in einem Verfahren die Identität von Geheimdienstquellen und deren Leben preisgegeben werden müssten.«[95] Während es sich zu seiner Zeit bei der Anwendung dieses Gesetzes um die Ausnahme gehandelt habe, sei es heute die Regel geworden.

Abgesehen von den moralischen Problemen eines solchen Vorgehens, referierte der Präsident im Ruhestand, lägen für ihn zwei zusätzliche Schwierigkeiten auf der Hand: Die Sicherheit der amerikanischen Soldaten wäre im Falle ihrer Gefangennahme durch feindliche Verbände noch mehr gefährdet als ohnehin schon. Denn falls den GIs der Ruf vorauseile, sie würden ihre Gefangenen misshandeln und foltern, könnten die Feinde Rache üben. Und zweitens: Die Qualität der sogenannten Informationen, die amerikanische Verhörspezialisten auf diese Weise von Gefangenen erhielten, sei mehr als fraglich. »Wenn man jemanden nur schlimm genug behandelt, sagt er dir alles, was du hören willst, damit du endlich aufhörst.«[96]

Für die meisten Deutschen, die lieber früher als später einen anderen US-Präsidenten als George W. Bush im Amt sähen, steht die traditionelle amerikanische Weltmachtpolitik, die ein Bill Clinton betrieben hat, für das gute, vertraute, vertrauenswürdige Amerika. Dabei wird allerdings übersehen, dass der Einsatz militärischer Gewalt auch bei den Demokraten ein normaler Bestandteil der Außen- und Sicherheitspolitik war.

Man habe die UN-Resolutionen gegen Saddam Hussein durchsetzen müssen und keinesfalls Massenvernichtungswaffen im Irak dulden dürfen, hatte Clinton schon früher argumentiert. »Meine Position war, die Inspektoren sollten ihren Job machen, und wir sollten nicht angreifen, bis sie klar sagen, die Iraker hindern uns an unserer Arbeit, sie haben Massenvernichtungswaffen, und sie wollen nicht, dass wir sie finden. Dann wäre ich auch bereit gewesen, Waffengewalt einzusetzen.«[97]

Jetzt veranlasste die Flut von Medienberichten, die im Mai 2005 durch die Aufdeckung geheimer Dokumente über die amerikanischen Überlegungen im Vorfeld des Irakkriegs ausgelöst worden war und mit immer neuen Informationen über Bushs Absicht aufwartete, unbedingt und in jedem Fall Krieg gegen den Irak zu führen,[98] den Ex-Präsidenten dazu, die Einschätzung Schröders und Chiracs zu billigen: »Als Bush den Irak angriff, war die Haltung Deutschlands und Frankreichs gegen den Krieg die richtige Position.«[99] Von vornherein jedoch zu erklären, wie dies Berlin und Paris in den Monaten vor dem Irakkrieg getan hatten, »wir sollten nicht angreifen, selbst wenn Saddam Waffen hat«, sei falsch gewesen.

Jeder amerikanische Präsident, ob Demokrat oder Republikaner, hält sich die militärische Option offen. Allein die realistische Androhung von militärischer Gewalt versetzt die Weltmacht in die Lage, Dauerkonflikte wie etwa den mit der Sowjetunion während des Kalten Krieges einzudämmen, ihre Sicherheitsinteressen und die ihrer Verbündeten zu wahren, unstabile autokratische Regime in Schach zu halten und deren Verhalten gegenüber befreundeten Nachbarstaaten nachhaltig zu beeinflussen. Auf dieses Instrument verzichtet kein Amtsinhaber im Weißen Haus. Erst die unter George W. Bush vollzogene Abkehr von der bis dahin geübten Abstimmung mit den Verbündeten hat zu der Entfremdung Deutschlands von Amerika geführt. »Präsident Bush«, kritisierte sein Vorgänger, »repräsentiert die neue Rechte in der US-Politik. Sie tendiert zu einem unilateralen Ansatz in der Außenpolitik. Nicht weil sie gegen die Europäer feindlich eingestellt ist, sondern weil sie glaubt, es sei das Beste, mit militärischen Mitteln das Böse auszuschalten. Das ist deren Weltbild.«[100]

Ein Präsident nach dem Geschmack der Deutschen

»Wenn es Bush gewesen wäre, wäre ich nicht gekommen. Aber dieser Clinton, der hat was.« Gemeinsam mit 500 anderen Fans des ehemaligen US-Präsidenten stand die Berlinerin an diesem Julisonntag schon seit den frühen Morgenstunden vor den gläsernen Türen des Kaufhauses Dussmann in der Berliner Friedrichstraße und wartete auf Einlass. Um 18.40 Uhr waren die strengen Personenkontrollen des Secret Service schließlich passiert, und hinter einem Bücherstapel, der ihm fast bis zur Brust reichte, war Bill Clinton zu sehen, der im Zehnsekundentakt mit der linken Hand die Exemplare seiner Autobiographie *My Life* signierte, während er mit der rechten schon ein neues Exemplar vor sich legte und ab und zu einem seiner deutschen Anhänger die Hand gab. In rosafarbenem Hemd, blauer Krawatte und dunklem Anzug und mit sorgfältig geföntem weißem Haar strahlte »der Präsident der Deutschen«, wie später die *Berliner Zeitung* titelte, das Amerika aus, »das man leichter gutfinden« kann, »ein Amerika ohne Bush«.[101]

Begeistert gaben sich die Fans, einige von ihnen mit der US-Fahne auf der Jacke, andere in Stars-and-Stripes-Pullovern oder mit amerikanischen Buttons auf dem Revers, der großen deutschen Illusion hin, nach der Amerika immer noch so war wie in ihren altvertrauten Vorstellungen und die Bush-Präsidentschaft nur ein böser Traum sei.

Eine Stunde später verließ Clinton die Dussmann-Filiale im Herzen Berlins, gab Autogramme und ließ sich mit einer neunzehnjährigen Reporterin der *Bild*-Zeitung photographieren, um sich anschließend ins nahe gelegene Fernsehstudio von Sabine Christiansen chauffieren zu lassen, zu einem Fernsehauftritt, bei dem über vier Millionen Zuschauer Zeugen einer inquisitorisch auftretenden Gastgeberin wurden, die sich durch ihre beständigen Fragen nach Clintons Verhältnis zu Monica Lewinsky den Zorn des Ex-Präsidenten, der deutschen Presse und eines Großteils des zuschauenden Publikums zuzog. »So verkrampft, wie sie dasaß und pseudoinvestigativ nach Schlüpfrigkeiten fragte, die zudem platt bebildert wurden, blieb dem Präsidenten kaum etwas anderes übrig, als sich körperlich von ihr ab- und in seiner Ansprache dem Publikum zuzuwenden«, schimpfte später die *FAZ* stellvertretend für zahllose Medienkritiker.[102]

Clinton sprach, allen missglückten Bemühungen der Moderatorin zum Trotz, die seine Amtszeit als eine Serie von selbstverschuldeten Pannen umzudeuten versuchte, direkt zu den Fernsehzuschauern. Geschickt vermied er es, deren Wunsch nach einer eindeutigen Verdammung der Politik seines Nachfolgers zu befriedigen, und zeigte auf, wie Amerika weitaus effektiver und differenzierter auf den 11. September 2001 hätte reagieren können.

»Zunächst einmal stimmt es nicht ganz«, korrigierte der Ex-Präsident seine Gastgeberin, »dass wir nie unsere militärische Macht eingesetzt haben; das haben wir.« Washington setzte den Nato-Einsatz gegen Bosnien Mitte der neunziger Jahre durch und stoppte, ohne ein Mandat des UN-Sicherheitsrats zu haben, das Russland mit einem Veto blockiert hätte, die Annexion des Kosovo. »Aber ich habe mich bemüht, keinen Krieg vom Zaun zu brechen.«

Auch er wäre »nach Afghanistan einmarschiert, mit oder ohne Weltunterstützung«, falls sich schon nach dem blutigen Al-Kaida-Anschlag auf das Kriegsschiff »USS Cole« im Oktober 2000 herausgestellt hätte, dass sich die Auftraggeber des Attentats in Afghanistan aufhielten. Die Fokussierung auf Osama bin Laden jedoch, auf die Al Kaida, auf den originären Feind im Krieg gegen den internationalen Terrorismus, sei dem gegenwärtigen US-Präsidenten durch den Krieg gegen den Irak verlorengegangen.[103]

»Ich war nicht davon überzeugt, dass wir unsere Aufmerksamkeit von den Angriffen auf bin Laden und Al Kaida abwenden sollten, um auf Saddam Hussein loszugehen«, umschrieb Clinton den Kardinalfehler der amerikanischen Reaktion auf die Terroranschläge von New York und Washington. Nur wenn der UN-Chefwaffeninspekteur Hans Blix der Weltgemeinschaft mitgeteilt hätte, dass der irakische Diktator »nicht mitmacht« und »da nichts mehr läuft«, hätten die USA »vielleicht Gewalt anwenden« müssen.

Clinton entließ die Bundesbürger mit einer realpolitischen Botschaft, die ihnen nicht schmecken konnte: »Ich war nicht der Meinung, dass man den Irak hätte angreifen sollen, aber jetzt ist es passiert, und da wäre es besser für jeden Deutschen, jeden Amerikaner, alle im Nahen Osten, wenn ein erfolgreiches, stabiles Staatswesen dort entstehen könnte.«[104]

Die richtige Strategie, aber die falsche Taktik

Die Entscheidungen, die Präsident Bush nach dem 11. September 2001 getroffen hat, werden die Außen- und Sicherheitspolitik der Vereinigten Staaten in den nächsten Jahrzehnten prägen. Mit dieser Tatsache werden sich die Parteien und die Öffentlichkeit in Deutschland auseinandersetzen müssen.

Die Nachfolger im Weißen Haus werden an den inzwischen festzementierten strategischen Vorgaben Bushs nichts Wesentliches mehr ändern können. Mit der Invasion in den Irak und der Präsenz von US-Truppen dort sind Fakten geschaffen worden, hinter die niemand mehr zurückkann. Ob sie wollen oder nicht, die Vereinigten Staaten sind dadurch auf Dauer zur dominierenden Macht im Nahen und Mittleren Osten geworden. Bei aller Kritik an der mehr als fragwürdigen Herbeiführung des Krieges, an der mangelhaften Besatzungspolitik und am Fehlen eines überzeugenden Konzepts zur Befriedung des Landes plädierten weder der letzte Bush-Herausforderer John Kerry noch Senator Joe Biden für einen sofortigen Rückzug Amerikas.

Über die Parteigrenzen hinweg hat sich nach dem 11. September 2001 die Doktrin des US-Präsidenten durchgesetzt, wonach es sich die Vereinigten Staaten nicht noch einmal erlauben dürften, sich politisch und militärisch demoralisiert aus der Region zurückzuziehen, wie dies 1983 nach dem Bombenanschlag auf die Unterkunft der US-Marines in Beirut und 1993 nach dem Tod von achtzehn GIs in Somalia geschehen war. Die Weltmacht kann es sich nicht erlauben, den Irak, der erst durch die Invasion zur »Brutstätte von 16000 bis 20000

Dschihadisten« geworden ist,[105] einem Schicksal zu überlassen, das aus einer Mischung von islamistischem Terror und ethnischem Bürgerkrieg bestimmt sein dürfte. Weder die USA noch die Europäische Union noch die übrige internationale Staatengemeinschaft werden sich ein rechtloses, unkontrollierbares Staatsgebilde leisten, in dem eine neue Generation von militanten Extremisten ungehindert heranwachsen und sich auf die Unterwanderung, Destabilisierung und schließlich Machtübernahme in den benachbarten Ländern vorbereiten kann – und das inmitten einer Weltregion, in der die Verfügungsgewalt über die dort vorhandenen Erdölressourcen den Verlauf der Weltwirtschaft bestimmt.

Washington braucht Berlin, Berlin braucht Washington

Gelassen hielten die Tontechniker der Fernsehteams dem ungleichen Politikerpaar sechs lange, ausziehbare Mikrophonangeln unter die Nase. Kameramänner und Photographen, die übrigen Journalisten sowie der Begleitertross bildeten einen respektvollen Halbkreis um George W. Bush und Gerhard Schröder, die im Oval Office auf den gelbblau gestreiften Stühlen saßen und vorgaben, sich bestens zu verstehen. Ein wenig abgesetzt davon standen Dick Cheney, der Vizepräsident, und Außenministerin Condoleezza Rice. Sie verfolgten das deutsch-amerikanische Rencontre aufmerksam.

»Deutschland ist ein sehr wichtiges Land in Europa«, eröffnete Bush die Runde und fügte eine Formulierung hinzu, die ihm vor zwei Jahren nicht so leicht über die Lippen gekommen wäre: »Und Deutschland ist ein Freund der Vereinigten Staaten.« Der US-Präsident legte dem Kanzler, den er wieder »einen Freund« nannte, vertrauensvoll die rechte Hand auf den Unterarm. »Es wird nicht sein erstes Rodeo sein«, alberte Bush und lachte mit diesem typischen schluckaufartigen Meckern über die eigene Bemerkung zum bevorstehenden deutschen Wahlkampf. Dabei dürften ihm die letzten deutschen Wahlen noch in lebhafter Erinnerung sein, schließlich markierten sie das bilaterale Krisenjahr 2002.

»Hinten sind die Enten fett«, gab ein sichtlich gutgelaunter Schröder zurück und freute sich, dass die Anspielung auf seinen angeblichen Status als »lame duck« bei seinem Gastgeber so gut ankam. Wie »lahm« die Ente tatsächlich war, würde sich am Wahltag erweisen, und dem hatte er beschlossen, optimistisch entgegenzusehen.

Endlich fühlte sich der Kanzler, dessen Kurzvisite beim US-Präsidenten unter dem Eindruck der Vertrauensabstimmung im Bundestag stand, von Bush protokollarisch wieder gut behandelt. Die Übernachtung in Blair House, dem repräsentativen Gästehaus des amerikanischen Präsidenten vis-à-vis vom Weißen Haus, deutete die deutsche Delegation stolz als politische Aufwertung. Auch dass sich Bush und sein engster Beraterkreis insgesamt drei Stunden Zeit für den Kanzler auf Abruf nahmen, bewertete der Schröder-Tross als »Quality Time«.[106]

Schröder stellte in Washington die beiderseitige Wiederentdeckung der realpolitischen Interessenkongruenz zwischen Deutschland und den USA fest. »Keine Frage: Ein stabiler und demokratischer Irak liegt im europäischen, liegt im deutschen Interesse«, formulierte der Sozialdemokrat,[107] »und deshalb engagieren wir uns.« Gleichzeitig demonstrierte er wieder einmal sein großes außenpolitisches Ego, das seiner Ansicht nach aus dem deutlich gestiegenen internationalen Engagement Deutschlands resultiert. »Ich habe auf Deutschlands Leistungen hingewiesen in Afghanistan, ich habe darauf hingewiesen, was wir für einen stabilen Irak tun, an Ausbildung, die wir in den Emiraten machen, und ich habe deutlich gemacht, was wir auf dem Balkan an stabilisierender Arbeit leisten, und daraus leiten wir bestimmte Rechte ab, was die Frage der Vereinten Nationen angeht. Wir tun etwas, und weil wir was tun, denken wir, haben wir auch das Recht, an vorderster Stelle mitzuentscheiden.«

Ungerührt verfolgte der US-Präsident die Übersetzung der mit einem stark britischen Akzent sprechenden Dolmetscherin, die Schröders entscheidenden Hinweis auf »das Recht« Deutschlands, »an vorderster Stelle mitzuentscheiden« bei der Übertragung sprachlich abmilderte. So hörte Bush nur, dass der Kanzler den Wunsch ausgedrückt habe, »bei entscheidenden Dingen involviert zu sein«.

Dass die erste Journalistin, die der Präsident aufrief, nach seiner Haltung zum deutschen UN-Wunsch fragte, kam dem Gastgeber gelegen. Seine Außenministerin, die ihrem Chef im Hintergrund zuhörte, hatte ja schon vor einigen Wochen in vertraulicher Runde Kongressmitgliedern ihre »Gedanken« mitgeteilt, denen zufolge es nur »eine sehr kümmerliche Begründung dafür gibt, einem anderen Mitglied der Europäischen Union [als den beiden Vetomächten Frankreich und Großbritannien] einen ständigen Sitz [im Sicherheitsrat] zu geben«.[108] Allein Japan wird von Washington unterstützt, als geopolitisches Korrektiv zu China.

Bush entschied sich für eine »lauwarme« Antwort, wie später die *Chicago Tribune* kommentierte:[109] »Ich danke Gerhard dafür, dass er dieses Thema angesprochen hat, aber wir sind – wie gesagt – nicht gegen irgendein Land hier.« Während der Kanzler Bushs diplomatisches Schweigen unter Anwendung einer zweifelhaften Dialektik freudig begrüßte und meinte, es gebe »keine Opposition seitens des Präsidenten gegen Deutschland«, blieben die amerikanischen Beobachter realistisch: Bushs Aussage sei zwar kaum als Unterstützung für die deutschen Ambitionen zu sehen, aber auch nicht als komplette Absage.

Dem innenpolitisch bedrängten Bush aber hatte Schröder ein willkommenes Zitat zum Irak geliefert, das der US-Präsident gleich am nächsten Tag dankbar verwendete. »Ungeachtet unserer Meinungsunterschiede in der Vergangenheit begreift die Welt, dass der Erfolg im Irak für die Sicherheit unserer Nationen entscheidend ist«, verkündete George W. Bush am Sitz der 82. Airborne Division in Fort Bragg einer immer skeptischer werdenden Nation. »Wie der deutsche Kanzler Gerhard Schröder gestern im Weißen Haus gesagt hat: Es kann gar keine Frage sein, dass ein stabiler und demokratischer Irak nicht nur im Interesse Deutschlands liegt, sondern Europas.«[110]

So war der vehementeste Kritiker des Irakkriegs plötzlich zum Kronzeugen Bushs avanciert, von diesem gern zitiert, um die desillusionierte amerikanische Bevölkerung zum Durchhalten zu bewegen. Die Redenschreiber des Präsidenten wussten genau, dass Schröders nüchterne Einschätzung, die internationale Staatengemeinschaft könne sich nicht vom Irak abwenden, weil sonst die Gefahr einer Destabilisierung für die Region und die Europäer zu groß wäre, in den USA um so größere politische Glaubwürdigkeit besitzt, weil sie von einem Mann kam, der zu keinem Zeitpunkt einen Hehl aus seiner grundsätzlichen Ablehnung der Invasion gemacht hatte.

Aber auch die andere Seite hatte sich bewegt und endlich die lang erwartete taktische Anpassung vollzogen: Dass Amerika auf die unwilligen Verbündeten wie Deutschland wieder zuging, erwuchs aus der Einsicht in die offenkundige Unmöglichkeit, der Situation alleine Herr zu werden. Inzwischen war selbst dem Weißen Haus klargeworden, dass es die politische, diplomatische, finanzielle und logistische Unterstützung der befreundeten Staaten brauchte, wenn es jemals einen Ausweg aus dem Irakdesaster finden wollte. Die große Strategie jedoch blieb von diesen pragmatischen Reflexen der Weltmacht unberührt.

»Ich bin froh, wieder hier in der Brookings Institution zu sein. Die Experten hier haben bemerkenswerte Arbeiten über den Irak verfasst, angefangen von der Zeit vor dem Krieg bis heute.« Senator Joe Biden schaute über seine randlose Brille in das Auditorium des renommierten liberalen Think Tanks. »Sie sind vorausschauend gewesen. Ich wünschte nur, Ihre Arbeiten wären an der Pennsylvania Avenue [an der das Weiße Haus liegt] und auf der anderen Seite des Flusses [Potomac] im Pentagon mehr gelesen worden.«

Der einundsechzigjährige demokratische Senator aus Delaware hatte sich gründlich auf diesen Vortrag vorbereitet. Wenige Tage nach seiner Bekanntgabe, dass er für die Präsidentschaftsnominierung der Demokraten im Jahr 2008 kandidieren werde, wollte der langjährige Chefaußenpolitiker seiner Partei nachweisen, dass es sehr wohl möglich war, den Krieg zu kritisieren und dennoch patriotisch zu bleiben. Es ging Biden, der 1972 im Alter von neunundzwanzig Jahren in den Senat gewählt worden war und lange Zeit Vorsitzender des einflussreichen Ausschusses für internationale Beziehungen war, um Korrekturen der regierungsamtlichen Irakpolitik, nicht um deren Aufhebung.

»Ich komme gerade von meiner fünften Reise in den Irak zurück«, berichtete der weißhaarige Senator. Als er bei seiner Rückkehr von seiner Ehefrau gefragt worden sei, wie es denn jetzt dort aussehe, habe er ihr geschildert, was er erlebt hatte: »Du setzt auf dem Bagdader Flughafen nach einer Korkenzieherlandung auf, damit du nicht zu sehr ein Ziel bietest. Soldaten schubsen dich aus der C-130, ziehen dir eine kugelsichere Weste an und bringen dich an Bord eines Black-Hawk-Hubschraubers mit zwei Soldaten, die an den Außentüren sitzen und jeweils ein 30-Millimeter-Maschinengewehr bedienen.« Hunderte von amerikanischen Politikern haben in den vergangenen zwei Jahren diese Landung unter Kriegsbedingungen absolviert, auch Außenministerin Condoleezza Rice, Pentagon-Chef Donald Rumsfeld oder Justizminister Alberto Gonzales.

»Du fliegst rund dreißig Meter über dem Boden und mit 240 Stundenkilometern über Bagdad, damit du [aufständischen] Schützen kein Profil bietest, und landest in der ›Grünen Zone‹.« Dort gebe es unzählige Schichten von riesigen Betonwällen und eine Ringsumverteidigung. »Und dann schieben sie dich in einen gepanzerten Chevy Minivan. Sie rasen im Zickzackkurs mit rund siebzig Sachen durch eine fünfundzwanzig Straßenzüge große Gegend, die angeblich sicher ist, anders als die ›Rote Zone‹ – andernorts bekannt als der Rest von Bagdad. Du kannst nicht aus dem Fahrzeug raus, bis eigens trainierte Sicherheitstypen die Tür öffnen. Und man bleibt nicht stehen. Sie schubsen dich ins Gebäude zu deinem Gesprächstermin.« Den ganzen Tag gehe das so, und es hätte sich in nichts von dem Prozedere unterschieden, das er im Dezember 2004 erlebt hatte.[111]

Als einer der ersten US-Senatoren hatte sich Biden gemeinsam mit seinen republikanischen Amtskollegen Richard Lugar und Chuck Hagel im Mai 2003 auf den Weg nach Bagdad gemacht, um anschließend resigniert festzustellen, dass die militärischen Erfolge im Irak und die Stellung Amerikas in der Region gefährdet seien, weil es keine langfristige Strategie für den Wiederaufbau des Landes gebe.[112] Seitdem versuchten sich Biden und die übrigen Mitglieder des Senatsausschusses für internationale Beziehungen immer wieder selber ein Bild von der tatsächlichen Lage zu verschaffen, luden Experten wie Politiker vor ihr Komitee und fragten wiederholt nach der US-Regierungspolitik in dem Land, dessen Schicksal mit dem der Weltmacht und ihrer Position im Nahen und Mittleren Osten untrennbar verbunden ist.

»Ich will, dass der Präsident im Irak erfolgreich ist. Sein

Erfolg ist Amerikas Erfolg, […] sein Scheitern ist Amerikas Scheitern«, beschwor Biden an diesem Dienstag im Juni 2005 seine Zuhörer. Der klassische amerikanische Pragmatismus in außenpolitischen Fragen prägte seine Einlassungen. Amerika erwarte längst nicht mehr, dass im Irak eine »Jeffersonsche Demokratie« entstehe, sondern ein Land mit einer »repräsentativen Regierung, in der alle wesentlichen Bevölkerungsgruppen vertreten sind; ein Land, das nicht zur Brutstätte von Terroristen wird; und ein Land, das nicht seine Nachbarn bedroht. Punkt.«[113]

Selbst ausgewiesene Bush-Kritiker wie Joe Biden stellten die politischen Folgekosten der amerikanischen Invasion nicht in Frage: Aufgabe Amerikas und seiner Verbündeten wie Deutschland müsse es sein, »den Irak in einem besseren Zustand zu verlassen, als wir ihn vorgefunden haben«. Die Alternative, das Szenario eines »Desasters« der Weltmacht im Irak, musste Kriegsbefürworter wie Gegner schrecken: Sollte das Land sich selbst überlassen werden, würde es entlang der drei ethnischen Bevölkerungsgruppen Kurden, Sunniten, Schiiten auseinanderfallen, zu einem »Spielplatz für Iraks Nachbarn werden«, vor allem für den Iran, und zu einem »Ausbildungslager für Terroristen«.

Die Signale, die von einem Scheitern Amerikas ausgehen würden, wären gleichermaßen verhängnisvoll. »Falls das Realität werden sollte, würde es unsere Feinde ermutigen und den Terrorismus anfachen«, befürchtete Biden. Mehr noch: Sollten die Vereinigten Staaten mit ihren Anstrengungen scheitern, den islamistischen Terror im Irak, den sie durch die Besetzung dieses arabischen Kernlands erst erzeugt hatten, mit militärischer Gewalt einzudämmen, dann würde dies die moderaten Kräfte in den Nachbarstaaten entscheidend schwächen. »Unsere Glaubwürdigkeit, die wir benötigen, um gemeinsam mit anderen Ländern gegen neue Gefahren vorzugehen, wäre schwer beschädigt.«[114]

Doch damit ist die Liste der möglichen fatalen Auswirkungen eines grandiosen Scheiterns Amerikas noch nicht zu Ende: »Die Ölpreise würden noch mehr ansteigen. Kurz gefasst: Es [das Desaster] würde unsere nationale Sicherheit mindestens für das nächste Jahrzehnt schädigen.«

Antiamerikanische Gefühle

An einer massiven Beeinträchtigung der Fähigkeit Amerikas, bei globalen Krisen wie bei Regionalkriegen als (noch) alleinige Weltmacht regulierend einzugreifen, kann Deutschland kein Interesse haben. In der nüchternen Abwägung, mit welchen Partnern außerhalb der Europäischen Union die Bundesrepublik ihre Sicherheitsinteressen am wirksamsten durchsetzen kann, dürfte die Entscheidung nicht schwerfallen: Mit der künftigen Weltmacht China, mit der uns in zentralen Fragen wie Demokratie, Rechtsstaatlichkeit, Menschenrechte, Schutz von Minderheiten nichts verbindet und die konsequent an der Beendigung des amerikanischen Einflusses im pazifischen und zentralasiatischen Raum arbeitet, von dessen Stabilität auch Deutschland profitiert? Mit dem energiepolitischen Riesen und weltpolitischen Absteiger Russland, der für den historischen Übergang von der kommunistischen Diktatur zur Demokratie noch lange, wechselvolle Jahrzehnte benötigen wird? Oder mit den Vereinigten Staaten, deren demokratische Traditionen und deren wirtschafts- und gesellschaftspolitische Strukturen den unseren noch am ehesten entsprechen und deren oftmals unter Beweis gestellte sicherheitspolitische Verlässlichkeit der Bundesrepublik die notwendigen außenpolitischen Handlungsspielräume und wirtschaftliche Prosperität eröffnet hat?

Was den Deutschen und zahlreichen Europäern ein eindeutiges Ja zugunsten der USA derzeit so erschwert, ist, wie der ehemalige Planungschef im amerikanischen Außenministerium unter Colin Powell und heutige Präsident des Council on Foreign Relations Richard N. Haas zutreffend bilanzierte, »das Ausmaß des Antiamerikanismus, das gegenwärtig existiert«.[115]

Ein Großteil der antiamerikanischen Ressentiments speise sich aus der Ablehnung von bestimmten Aspekten der US-Außenpolitik, »besonders der Krieg gegen den Irak, die Palästinenser-Frage, die in vielen Weltgegenden verbreitete Auffassung, die USA würden Israel kritiklos unterstützen, und die amerikanische Zurückweisung zahlreicher internationaler Vereinbarungen«.[116] Haas, der bis Mai 2003 über zwei Jahrzehnte lang in verschiedenen Regierungsfunktionen die Außen- und Sicherheitspolitik seines Landes begleitet und mitformuliert hat, machte aber auch George W. Bush persönlich für Amerikas Ansehensverlust verantwortlich. Stil und Ton der amerikanischen Außenpolitik während der ersten vier Amtsjahre des Präsidenten hätten dazu geführt, dass sich auf den Präsidenten und seinen Politikstil eine nahezu globale Antipathie konzentriert. Das bedeute aber auch: »Vieles, was den heutigen Antiamerikanismus ausmacht, ist weder strukturell bedingt noch auf Dauer so angelegt.« Dadurch, dass der Weltmacht jedoch solche negativen Gefühle entgegengebracht werden, werde es Bush schwer haben, kompetente Verbündete und Partner zu finden und an sich zu binden.

Was der moderate republikanische Intellektuelle Haas noch zurückhaltend als eine mögliche Folge von Bushs Regierungsstil schildert, ist allerdings längst eingetreten: Die Weltgemeinschaft hat seit der ersten Inauguration von George W. Bush im Januar 2001 ihr Urteil über den US-Präsidenten gefällt, und zwar – nicht sonderlich überraschend – zu dessen Ungunsten. »Falls sich die Vorstellung verstärkt, dass Amerikaner keinen Respekt vor der Meinung der internationalen Gemeinschaft haben«, befürchtet Haas, der Chef des einflussreichsten außenpolitischen Think Tanks der USA, »dann könnte dies einzelne Personen wie ganze Regierungen dazu veranlassen, die Vereinigten Staaten als eine Bedrohung zu betrachten, der man begegnen muss.«[117]

Genau diese Einschätzung ist in Deutschland, in Europa und in zahlreichen außereuropäischen Ländern schon Wirklichkeit, wie die einschlägigen Meinungsumfragen bestätigen.

Die Lage im Nahen Osten entscheidet über Krieg und Frieden

Die Terroranschläge islamistischer Extremisten auf New York und Washington markieren den Beginn des globalen Krieges gegen den internationalen Terrorismus, den die Vereinigten Staaten seitdem führen. »Das ist die einschneidendste Veränderung für die Rahmenbedingungen der nationalen Sicherheit der Vereinigten Staaten seit der Gründung der Republik«, urteilt der renommierte Historiker John Lewis Gaddis von der Yale University. Amerika werde nicht mehr länger von einem feindlich gesinnten Staat bedroht, sondern von nichtstaatlichen Terrorgruppierungen. Die Bush-Regierung habe sofort die grundlegende Veränderung der geopolitischen Situation erfasst und »ganz außerordentliche Maßnahmen« eingeleitet, von der »erfolgreichen Invasion Afghanistans« über die weitreichende Neuausrichtung der amerikanischen Sicherheitsdoktrin bis zu der Strategie der »präventiven Angriffe« und dem Einmarsch in den Irak.

Der tatsächliche Grund für den Krieg gegen Saddam Hussein, so Gaddis weiter, sei von der Bush-Regierung allerdings nicht genannt worden: Es sei um Abschreckung gegangen, darum, potentiellen Gegnern »Angst einzujagen«. Jedem Staat, der nach Massenvernichtungswaffen strebe, der mit Terrorgruppen kooperiere oder grundlegende Menschenrechte systematisch verletze, habe Washington mit der Invasion in den Irak zeigen wollen: »Dasselbe kann auch dir passieren, wenn du das tust.«[118]

Die »tektonischen Platten« der Geopolitik, die sich nach Ansicht von Condoleezza Rice durch die Erschütterungen der Terrorangriffe auf das World Trade Center und das Pentagon geöffnet und verschoben haben,[119] haben sich vier Jahre nach dem 11. September 2001 wieder geschlossen. Dass sich damit für jeden künftigen US-Präsidenten die Grundlagen der Außen- und Sicherheitspolitik verschoben haben, ist noch nicht in unser Bewusstsein gedrungen. Erst nach den Terroranschlägen vom 11. März 2004 in Madrid und nach der Anschlagsserie vom 7. und 21. Juli 2005 in London begann in Deutschland das Ende der Illusionen: mit der Einsicht, dass die Bedrohung durch den islamistischen Extremismus jeden treffen kann – nicht am Irakkrieg teilgenommen zu haben bietet auf Dauer nicht die Gewähr, von Anschlägen verschont zu bleiben.

Welche Folgen der Kurswechsel der amerikanischen Außenpolitik, mit dem Washington die strukturellen Ursachen für den religiös-ideologisch begründeten Extremismus beseitigen will, noch zeitigen wird, ist gegenwärtig nicht abzusehen. Von der Beantwortung der Frage, ob Amerikas militärisches Eingreifen im Irak letztlich zur Demokratisierung des Nahen und Mittleren Ostens führt oder zu seiner Radikalisierung, hängt nicht allein das Schicksal der 296 Millionen Menschen in den arabischen Staaten ab,[120] sondern auch unseres.

Kapitel 3

Die Zukunft des Friedens

Der Termin sei schon vor längerer Zeit festgelegt worden, verbreitete das Weiße Haus, aber ein besserer Zeitpunkt hätte sich nicht denken lassen: Vier Tage nach den Londoner Terroranschlägen betrat George W. Bush die Bühne des Auditoriums der FBI-Akademie in Quantico, fünfzig Kilometer südlich von Washington.

»Letzten Donnerstag haben Terroristen Dutzende von Berufspendlern getötet und Hunderte verletzt. Amerikaner wissen, wie es ist, auf dem eigenen Boden angegriffen zu werden«, begann Bush. Vor einem Publikum wie den jungen FBI-Beamten, das ihm seine uneingeschränkte wohlwollende Aufmerksamkeit schenkte, konnte der Präsident mühelos die emotionale Klaviatur des Themas spielen. »Ich war beim Premierminister, bei Premierminister Tony Blair, auf dem G-8-Gipfeltreffen in Schottland, als die Terroristen seine Heimat angriffen.«[1]

Am Morgen des 7. Juli, um 8.40 Uhr, hatte Bush noch gemeinsam mit Tony Blair vor der imposanten Kulisse des Gleneagles Hotels in der Nähe von Auchterarder mit den wartenden Journalisten über seinen kleinen Fahrradunfall vom Vorabend gescherzt (»Heute ist ein großartiger Tag für eine Radtour«), hatte von einem »wunderbaren Tag« gesprochen, den Blair offenbar bestellt hätte – es versprach eine angenehme Zusammenkunft im Kreis der Spitzenpolitiker der wichtigsten Industriestaaten der Welt zu werden.[2]

Kurz darauf wurden Bush und die übrigen Staats- und Regierungschefs der G-8-Staaten Zeugen, wie Blair, der die vertrauliche Sitzung leitete, von der ersten Sprengstoffexplosion unterrichtet wurde. Nur zwei Plätze von seinem britischen

Freund entfernt, konnte Bush verfolgen, wie der zuvor bestens aufgelegte Premierminister, der sich darüber freute, dass London den Zuschlag zur Ausrichtung der Olympischen Spiele 2012 bekommen hatte, jäh erstarrte. Niemand in der Runde, auch nicht Wladimir Putin, der neben dem britischen Gastgeber saß, konnte so gut nachfühlen, was in diesem Augenblick in dem verstörten Regierungschef vor sich ging, wie eben Bush.

»Wir sprachen gerade darüber, wie wir die Welt zu einem besseren Ort machen«, berichtete der US-Präsident seinen Zuhörern in der FBI-Akademie, »und in London töteten Terroristen kaltblütig unschuldige Menschen.« Diese »barbarischen Akte« hätten »ein Fenster zu dem Bösen geöffnet, dem wir gegenüberstehen«.

Knapp vier Jahre zuvor hatte George W. Bush in der Emma-E.-Booker-Grundschule in Sarasota, Florida, erstmals in dieses »Fenster zum Bösen« blicken müssen, als er vor laufenden Fernsehkameras von seinem Stabschef Andy Card die Nachricht entgegengenommen hatte: »Eine zweite Maschine ist im zweiten Turm eingeschlagen, Amerika wird angegriffen.«[3] Seitdem stand seine sicherheitspolitische Weltsicht ganz im Zeichen dessen, was er als die entscheidende Gefahr für die USA und die westliche Welt betrachtete: »Terroristen morden im Namen einer totalitären Ideologie, die Freiheit hasst, Toleranz zurückweist und jede andere Auffassung verachtet.«

Das geostrategische Ziel der islamistischen Extremisten sei klar: »Durch den Sturz von Regierungen, durch den Export von Terror und durch den Druck auf freie Nationen, sich aus der Region zurückzuziehen, wollen sie den Nahen Osten nach ihrer eigenen grauenhaften Vorstellung von Tyrannei und Unterdrückung umgestalten.«[4]

Mit wenigen Sätzen gelang es Bush, die komplexe und vielschichtige Bedrohung durch die totalitäre Ideologie der Islamisten auf einen stark vereinfachten Nenner zu bringen: Im

Irak würden die Terroristen mit den gleichen Methoden operieren, die sie in London, Madrid, Istanbul, Jakarta, Riad, Casablanca, Bali und schließlich auch in New York und Washington angewandt hätten. Die Bombenanschläge in der britischen Hauptstadt seien in der Absicht verübt worden, den USA neue Furcht einzujagen, um sie zum Abzug aus dem Irak zu veranlassen, sagte der Präsident. »Auf dem Schlachtfeld können uns die Terroristen nicht besiegen, das wissen sie.« Die Terroristen hätten nur dann eine Chance zu gewinnen, wiederholte Bush sein altes Credo, »wenn wir die Nerven verlieren. Solange ich im Amt bin, wird dies nicht geschehen«.

Der 11. September, Irak, London – eine Verbindungslinie zwischen diesen Ereignissen zu ziehen war für Bush innenpolitisch überlebensnotwendig. Nur für sein Vorgehen im »Krieg gegen den Terrorismus« waren seine Landsleute im Sommer 2005 noch bereit, dem Präsidenten mehrheitlich gute Noten auszustellen. Die Umfragewerte für seine Entscheidung, in den Irak einzumarschieren, gingen hingegen in dem Maße zurück, in dem immer deutlicher wurde, dass keiner der anfangs von Bush ins Feld geführten Kriegsgründe stimmte. 42 Prozent der Amerikaner, meldete das Demoskopie-Unternehmen Zogby International Ende Juni 2005, seien der Auffassung, dass gegen Präsident Bush ein Amtsenthebungsverfahren eingeleitet werden müsse, wenn sich beweisen lasse, dass er die Nation über seine Motive, den Irak anzugreifen, bewusst getäuscht habe.[5]

Aus diesen Gründen ist Bushs beständiger Appell an seine Landsleute, die Verluste unter den im Irak stationierten Soldaten als notwendige Opfer seiner Sicherheitsstrategie zu akzeptieren, so wichtig für seine Handlungsfähigkeit. Langfristig werde diese Strategie zu einer Demokratisierung des Nahen und Mittleren Ostens und damit dazu führen, dass dem islamistischen Extremismus der ideologische Nährboden entzogen wird, argumentiert Bush. Solange dieser von ihm stark vereinfacht dargestellte Zusammenhang von der Mehrheit der US-Bürger als sinnvoll anerkannt wird, kann der Präsident seinen Kurs fortsetzen.

»Unsere Nation hat keinen wichtigeren Auftrag, als die Terroristen von neuen und noch tödlicheren Anschlägen abzuhalten«, behauptete George W. Bush vor den FBI-Beamten, und diese »Mission« werde anhand einer »schlüssigen Strategie« erfüllt. Diese »schlüssige Strategie« setzte sich aus einer kaum entwirrbaren Mischung aus innen-, außen- und sicherheitspolitischen Elementen zusammen: »Wir sind dabei, unsere Heimat zu schützen. Wir arbeiten daran, unsere Geheimdienste zu verbessern, damit wir Terrorplanungen entdecken können, bevor sie sich entfalten. Und wir bleiben in der Offensive. Wir kämpfen gegen den Feind im Irak und in Afghanistan und überall auf der Welt, damit wir ihm nicht hier zu Hause begegnen müssen.«[6]

Mission impossible: Die Freiheitskriege von George W. Bush

Seit seinem Wiedereinzug ins Weiße Haus wird Präsident Bush nicht müde, die Wahlen in Afghanistan, in den palästinensischen Gebieten, im Irak und im Libanon als Beispiele für den Beginn einer demokratischen Entwicklung im Nahen und Mittleren Osten zu loben, die ohne seine Kursänderung in der amerikanischen Außenpolitik nach dem 11. September 2001 nicht möglich gewesen wären. Triumphierend verkündet er einen »arabischen Frühling«, der sich unter der Sonne seiner Befreiungstheologie habe entwickeln können.

Um diese Botschaft noch lauter zu verkünden, bestellte Bush im März 2005 Karen Hughes, seine beste Expertin für Öffentlichkeitsarbeit, zur Staatssekretärin für »public diplomacy« im US-Außenministerium, um das arg angeschlagene Ansehen Amerikas in der muslimischen Welt zu verbessern. Nach einem vertraulichen Frühstück im privaten Esszimmer des Weißen Hauses, an dem außer dem Präsidenten nur Hughes und Außenministerin Rice teilnahmen, entschied Bush, dass die überzeugte Texanerin »mit allem Nachdruck Amerikas fundamentale Werte kommunizieren« solle, die unter anderem im »Respekt für Kulturen und Traditionen anderer Staaten« zum Ausdruck kämen.[7]

Zahllosen jungen Menschen in der arabischen und muslimischen Welt, die sich wegen Amerikas Machtpolitik in ihrer Region, wegen der Vorkommnisse in Guantanamo Bay und Abu Ghraib verstärkt mit den Zielen der islamistischen Extremisten identifizieren, fallen angesichts einer derartigen Jobbeschreibung nur zynische Bemerkungen ein. Es steht zu befürchten, dass mit Bushs neuer PR-Offensive der überfällige Dialog zwischen dem christlich geprägten Amerika und den islamisch ausgerichteten Ländern zu einer einseitigen Beschallung gerät.

»Der Job wird schwierig werden«, ahnte denn auch Karen Hughes bei ihrer Nominierung. Vorurteile könnten nicht so rasch abgebaut werden, bemerkte die Nahostnovizin, um dann in das ideologische Horn ihres Chefs zu stoßen: »Das ist ein Kampf um Ideen. In der Welt nach dem 11. September müssen wir ganz eindeutig eine bessere Arbeit machen, um mit der muslimischen Welt in Kontakt zu kommen.«[8]

Mit Veränderungen im politischen Marketing sind allerdings das Ansehen Amerikas und damit die Fähigkeit der USA zur erfolgreichen Transformierung des Nahen und Mittleren Ostens nicht zu verbessern. Fünfzig Jahre Weltmachtpolitik in diesem Strich der Welt lasteten auf den Bemühungen des US-Präsidenten, einigermaßen glaubwürdig für die Demokratisierung der Region einzutreten. Doch nach der Invasion im Irak, dem bewussten Bruch internationaler Normen bei der

Behandlung von Gefangenen und der gezielten Demütigung von muslimischen Häftlingen hatte das zuvor schon nicht gerade positive Image der USA irreparablen Schaden genommen.

Bis zu den Terroranschlägen auf New York und Washington hatte sich die US-Politik in der Region nach Ansicht von Richard N. Haas, dem ehemaligen politischen Direktor des State Department unter Präsident George W. Bush, durch die Aufrechterhaltung jeweils desjenigen Status quo ausgezeichnet, der »am besten den Interessen Washingtons im Mittleren Osten« diente. Ihre Ziele konnten die Vereinigten Staaten »bemerkenswert gut durchsetzen«, indem sie arabische Partner wie Ägypten, Saudi-Arabien, Jordanien, Bahrain, Kuwait und Marokko finanziell und militärisch unterstützten. Zu diesen Zielen gehörten »vor allem der Schutz des ungehinderten Transports von Erdöl aus dem Persischen Golf, die Sicherheit Israels, die Konfrontation von Schurkenstaaten, der Kampf gegen den Terrorismus und, während des Kalten Krieges, die Eindämmung des sowjetischen Einflusses in der Region«.[9]

Nach dem 11. September sei es nur folgerichtig gewesen, die Strategie des Status quo grundsätzlich in Frage zu stellen, attestierte Haas seinen ehemaligen Regierungskollegen. Die autoritären Regime, die von Washington aus Gründen der nationalen Sicherheit gefördert und politisch am Leben erhalten worden waren – ohne Rücksicht auf deren miserable Standards in allen für westliche Demokratien relevanten Fragen, wie Menschenrechte, Rechtsstaatlichkeit, Gleichberechtigung, Meinungs- und Versammlungsfreiheit –, wandelten sich zum neuen Sicherheitsrisiko. »Innerhalb kurzer Zeit nach den Anschlägen begannen sich die Entscheidungsträger zu fragen, ob die autoritären politischen Systeme im Mittleren Osten Quellen der Stabilität waren oder wichtige Ursachen für die politische Entfremdung und den Extremismus, die Organisationen wie die Al Kaida beflügelten.«

Bushs Schlussfolgerung, die die Herzen der neokonservativen Machtpolitiker in seinem Umfeld höher schlagen ließ, lautete: Der beste Weg, »den Sumpf auszutrocknen«, der Terroristen produziere, sei es, die Demokratie im Nahen und Mittleren Osten zu fördern.[10] Eine grundlegende Kehrtwende der US-Politik in dieser Region, wie vom US-Präsidenten gefordert, bedeutete nichts anderes als das bittere Eingeständnis, von den verheerenden Folgen der eigenen, ausschließlich macht- und energiepolitisch orientierten Politik der vergangenen fünf Jahrzehnte eingeholt worden zu sein. Angefangen von dem Sündenfall Washingtons im Mittleren Osten, dem Sturz des demokratisch gewählten iranischen Regierungschefs Mosaddeq im Jahr 1953 – »ein Fehler von wahrhaft tragischen historischen Ausmaßen«[11] –, über die militärische Unterstützung der islamistischen Mudschahedin in Afghanistan und die stillschweigende Protegierung Saddam Husseins während des irakischen Angriffskriegs gegen den Iran bis zur Aufrechterhaltung der amerikanischen Truppenpräsenz in Saudi-Arabien nach dem Golfkrieg von 1991: Die Weltmacht USA hatte im Verlauf der zweiten Hälfte des 20. Jahrhunderts bei der Wahl ihrer arabischen »Partner« keinen großen Wert darauf gelegt, einen Maßstab an die autokratischen Regime anzulegen, wie ihn Washington nach dem 11. September 2001 zur offiziellen Richtschnur seiner Außenpolitik erklärte.

Hatte die innenpolitische, wirtschaftliche und soziale Lage ihrer arabischen Verbündeten die USA bis zu den Terroranschlägen von 2001 nur wenig bis überhaupt nicht interessiert, konzentrierte Washington seine Aufmerksamkeit nun genau darauf. »Wir haben im Verlauf unserer Geschichte Alliierte gehabt, die nicht unbedingt die gleiche Philosophie und die gleichen Überzeugungen hatten wie wir«, räumte der frühere US-Außenminister und Chefberater der Familie Bush, James Baker, rückblickend ein. Allerdings: Die Realpolitik habe dies verlangt.[12]

Jahrzehntelang hatten die Vereinigten Staaten ignoriert, wie die autokratisch herrschenden arabischen Regime, die sie sich zu Partnern gewählt hatten, ihre Macht einsetzten. Nun, nach dem »Tag des Feuers«, wie Präsident Bush den 11. September in biblischer Wortwahl nannte,[13] mussten sie entsetzt feststellen, dass sie damit eine Generation von hassbeseelten gewaltbereiten islamistischen Extremisten hervorgebracht hatten.

»Wir haben unsere Verwundbarkeit gesehen – und wir haben deren tiefste Ursache erkannt«, erklärte Bush der Nation zu Beginn seiner zweiten Amtszeit. Ohne die arabische und muslimische Welt ausdrücklich zu nennen, sagte er, Amerika werde sich niemals wieder sicher fühlen können, solange in »ganzen Regionen der Welt« Tyrannei und Ressentiments herrschten, die mörderische und hasserfüllte Ideologien beförderten. »Das Überleben der Freiheit in unserem Land hängt zunehmend vom Erfolg der Freiheit in anderen Ländern ab.«

Wie aber sollte eine Demokratisierungspolitik aussehen, die innerhalb weniger Jahre die bitteren Erfahrungen der unterdrückten Bevölkerung in den arabischen »Partnerländern« Amerikas vergessen machen würde? Das hätte schon zu normalen Zeiten jede US-Regierung vor eine große Herausforderung gestellt. Mit der Hypothek des Irakkriegs und der anschließenden Besatzungspolitik im Gepäck jedoch musste die von Bush proklamierte Aufgabe, »das Anwachsen demokratischer Bewegungen und Institutionen in jeder Nation und Kultur zu unterstützen«,[14] zur »mission impossible« werden.

»Der Nahe und Mittlere Osten wird für die nächste Generation und darüber hinaus im Mittelpunkt der amerikanischen Außenpolitik stehen«, prophezeite ein Expertengremium des Council on Foreign Relations unter Leitung der ehemaligen Außenministerin Madeleine Albright.[15] Die Verbreitung von demokratischen Strukturen in der Region diene sicherlich den amerikanischen Interessen und außenpolitischen Zielen. Nur: Ohne deutliche Kursänderungen Washingtons sei die Umsetzung dieser Strategie zum Scheitern verurteilt. Demokratie könne nicht von außen aufgezwungen werden.

»Plötzliche, traumatische Wechsel [des politischen Systems] sind weder notwendig noch wünschenswert«, schrieb das Council on Foreign Relations, der renommierteste außenpolitische Think Tank Amerikas, dem Weißen Haus ins Stammbuch, ahnend, dass dieses Plädoyer auf taube Ohren stoßen würde. »Amerikas Ziel im Nahen und Mittleren Osten sollte es sein, eine demokratische Evolution zu ermutigen, nicht eine Revolution.«

Mit der Abhaltung von Wahlen sei es nicht getan – das sei noch lange kein Beweis für den Aufbau stabiler, unabhängiger Demokratien. Die Außenpolitik des US-Präsidenten berücksichtige nicht genügend, wie unterschiedlich die politische und wirtschaftliche Lage in den jeweiligen arabischen Staaten sei und dass es in diesen Ländern keine demokratischen Traditionen gebe. Gegenüber Ägypten und Saudi-Arabien müsse eine andere Taktik angewendet werden, um demokratische Fortschritte zu erzielen, als gegenüber dem Jemen oder Marokko.

George W. Bush, forderten Madeleine Albright und die Mitautoren der Denkschrift in zurückhaltenden Worten, müsse Abschied nehmen von seiner Vorstellung, die gewünschten politischen Resultate mit militärischen Mitteln wie in Afghanistan und dem Irak oder mit der Androhung von militärischer Gewalt erzwingen zu können. »Die islamistischen Bewegungen und politischen Parteien werden – ob man will oder nicht – eine wesentliche Rolle in einem demokratischeren Nahen und Mittleren Osten spielen.«

Die USA müssten zwar auch weiterhin gegen Terrororganisationen vorgehen, aber Washington dürfe den autokratischen arabischen Führern nicht erlauben, unter dem Deckmantel des »Krieges gegen Terrorismus« gegen islamistische Gruppierungen vorzugehen, um sich dadurch einer unliebsamen Opposition zu entledigen. Jede islamistische Organisation müsse an der politischen Willensbildung teilnehmen können, solange sie sich an die »Regeln und Normen des demokratischen Prozesses« halte.

Freie Wahlen in einem besetzten Land?

Der Fahrer öffnete langsam und vorsichtig die Tür, stieg aus, hob die Hände über den Kopf und schob sich Schritt für Schritt zum Kontrollpunkt vor. Niemand sagte etwas. Mehrere Gewehrläufe zielten auf ihn, die übrigen waren auf die restlichen Insassen des Wagens gerichtet. Als er die Soldaten erreicht hatte, wurde sein Hemd hochgeschoben, der Oberkörper untersucht, seine Akkreditierungskarten geprüft, dann alle Körperteile einer gründlichen Kontrolle unterzogen. Die Gewehrläufe wurden angehoben – das Signal für die übrigen Autoinsassen, sich auf den Weg zu machen. Das gleiche langsame Vorschieben, bis zum Posten, Hemden hoch, Bodysearch, Akkreditierungen überprüft, in einen Stacheldrahtverhau befohlen. »Hier warten!«

Jetzt sollte der Fahrer den Wagen vorfahren, wieder ganz, ganz langsam. Die Soldaten umzingelten das Auto, öffneten Motorhaube und Kofferraum, schoben einen Spiegel unter das Fahrzeug, nahmen die Sitze auseinander. Armeehubschrauber flogen in niedriger Höhe über den Militärposten. Die Soldaten beendeten die Durchsuchung, der Pkw durfte wieder bestiegen werden. Es war der 30. Januar 2005, der Tag der ersten freien Wahlen im Irak, und wenigstens an diesem Tag sollte und durfte es keine Fernsehbilder von blutigen Anschlägen geben.

»Wir könnten diese Dinge total stoppen, wenn wir willens wären, das zu tun, was notwendig wäre«, behauptete ein amerikanischer Geheimdienstmitarbeiter. »Wir könnten die Autobombenanschläge stoppen, wenn wir den gesamten Verkehr stoppen würden.«[16] Das aber würde dem übergeordneten politischen Ziel widersprechen, den Irakern einen halbwegs normalen Bewegungsraum zu lassen. »Letztendlich sind diese Anschläge kein militärisches Problem, sondern ein politisches. Wir könnten sie [die Terroristen] davon abhalten, wenn wir den ganzen Laden [den Irak] schließen würden.« Am Wahltag wurde nach dieser Devise verfahren: Im Irak wurde einen Tag lang der Autoverkehr komplett unterbunden.

Vier weitere Sicherheitskordons mussten passiert werden, bevor die ausländische Reportergruppe mit eigenen Augen sehen konnte, was die Fernsehstationen an diesem Tag weltweit ausstrahlten: In einer langen Warteschlange standen einige Dutzend Iraker im Innenhof einer Grundschule vor dem Eingang des Wahllokals.

Ob sie heute an den ehemaligen Diktator denken müsse? Die junge Frau gab entnervt zurück: »Nein, es geht nicht um Saddam. Vergesst Saddam. Ich bin Ingenieurin und habe keinen Job. Mein Mann hat keinen Job. Wir brauchen ein *normales* Land.« Auf dem niedrigen Dach der Schule stand ein Polizist mit einem AK-47-Gewehr.

»Ich habe schon mit der Presse gesprochen«, protestierte ein alter Mann. Mit seinen dreiundachtzig Jahren habe er schon acht verschiedene Regierungen erlebt. »Jetzt haben wir eine gute Regierung. Jetzt können wir mit denen reden, und sie reden mit uns. Vor denen bist du einfach nur geschlagen worden, verprügelt, bestraft worden.« Die Monarchie, die 1921 von der damaligen Besatzungsmacht Großbritannien eingesetzt und 1958 gestürzt worden war, habe ihm am besten gefallen: »Da gab es Stabilität.«

»Ich habe für die Liste 169 gestimmt«, bekannte ein Iraker im blauen Nadelstreifenanzug. Die Liste 169 war die schiitische Gemeinschaftsliste »Allianz des Vereinigten Irak«, die unter dem Einfluss von Groß-Ayatollah Ali al-Sistani stand.

Landwirtschaftsminister sei er gewesen, von 1966 bis 1967. »Ich bin Schiit, aber in erster Linie Iraker. Religion ist etwas für mich selbst. Diese Wahl ist für den Irak.« Natürlich sei er froh, dass Saddam abgesetzt wurde, »er ist kein Mensch, er ist ein Tier«.

Als der Reporter wissen wollte, was er von den Amerikanern halte, ob die gut oder schlecht wären, erwiderte er sibyllinisch: »Weder gut noch schlecht. Sie sind die Amerikaner.« Nein, das sei mit der Frage nicht gemeint. Sicherlich, das wisse er, lächelte der frühere Landwirtschaftsminister. »Hören Sie zu, wir sind den Amerikanern dankbar, dass sie das Saddam-Regime zerstört haben, aber sie haben viele Dinge getan, die für dieses Land nicht notwendig gewesen sind. Sie haben hier viele, viele Fehler gemacht. Ich weiß, was die Amerikaner wollen. Sie wollen Militärstützpunkte. Sie wollen das neue Regime dominieren. Sie wollen das Erdöl.« Der Mann gab einen kurzen Abriss der irakischen Geschichte: Saddam sei ein Verbrecher gewesen, der viele Menschen getötet habe. Als die Briten die Türken aus dem Irak vertrieben hätten, kämpften die Schiiten gegen die neuen Besatzer. Aber die Sunniten hätten sich den Briten angedient und seien von ihnen als neue Herren eingesetzt worden. Heute sei es genau umgekehrt, die Schiiten stünden auf der Seite der Amerikaner, die Sunniten bekämpften sie. »Aber diese Wahlen sollten durchgeführt werden, egal, ob das Ergebnis den Amerikanern passt oder nicht.«

Als die US-Soldaten ins Land kamen, »war die Bevölkerung glücklich, aber sie haben bei der Besatzung viele, viele Fehler gemacht. Der Hauptfehler ist, dass sie nicht gehen werden. Sie werden ihr militärisches Hauptquartier aufschlagen, und wann sie gehen werden, weiß ich nicht. Die Stützpunkte, das Öl« – er rollte dramatisch mit den Augen –, »sie benützen den Irak als Propaganda für ihre eigenen Wahlen: ›Demokratie und die Republikaner‹.«[17]

Es war 13 Uhr mittags in Washington, 21 Uhr in Bagdad.

Fünf Minuten benötigte der US-Präsident, um einen für ihn entscheidenden Fernsehtag mit der Botschaft abzurunden, Demokratie und Freiheit hätten Einzug im Irak gehalten: »Heute hat das irakische Volk zur Welt gesprochen, und die Welt hört aus dem Zentrum des Mittleren Osten die Stimme der Freiheit.«

Seit den Morgenstunden verkündeten die TV-Korrespondenten der großen Sender die frohe Botschaft: Unbeeindruckt von den Drohungen der Extremisten waren acht Millionen Iraker an die streng bewachten Wahlurnen gegangen, hatten den Kameras der internationalen Medien ihren violett gefärbten Zeigefinger zum Zeichen ihrer mutigen Stimmabgabe entgegengestreckt und damit die neuen strategischen Grundsätze des Präsidenten – notfalls Krieg zu führen im Namen von Freiheit und Demokratie – in gewisser Weise legitimiert: »In großer Anzahl und unter großen Risiken haben die Iraker ihre Verpflichtung zur Demokratie bewiesen. Durch die Teilnahme an freien Wahlen hat das irakische Volk die antidemokratische Ideologie der Terroristen entschlossen zurückgewiesen.«[18]

Das Wahlergebnis fiel entlang der drei ethnischen Gruppierungen aus: Die Kurden votierten für die kurdischen Listen und konnten 25,7 Prozent der Stimmen erzielen; die Schiiten sprachen sich überwiegend für die schiitischen Wahlbündnisse aus, errangen aber mit 48 Prozent der Stimmen einen geringeren Prozentsatz als ihr sechzigprozentiger Anteil an der irakischen Bevölkerung hätte erwarten lassen; Amerikas Interimspremier Allawi konnte – offenkundig durch die massive Unterstützung Washingtons, die allerdings erst ein halbes Jahr nach dem Wahlgang publik wurde[19] – 13,8 Prozent auf sich vereinigen; und die Sunniten – sie gingen nicht zur Wahl.

»Die Fernsehkameras konnten die eigentlichen Hauptakteure des Tages nicht zeigen, die Sunniten, die nicht erschienen waren«, bilanzierte Mark Danner, der für die *New York Review of Books* den Wahltag in Bagdad verfolgt hatte. Wenn die Wahlen hätten zeigen sollen, dass die Iraker ihre tiefgreifenden Differenzen politisch austragen wollten, so sei dieses Ziel nicht erreicht worden.[20] Das war unter den vorgegebenen Rahmenbedingungen auch schlecht möglich, denn die unter Aufsicht des damaligen Zivilverwalters Paul Bremer ausgearbeitete Übergangsverfassung enthielt einen Passus, wonach eine Mehrheit von mindestens zwei Drittel der gewählten Parlamentsmitglieder die Regierung wählen muss. Damit musste den Sunniten klar sein, dass sie gegenüber den zahlenmäßig weitaus stärkeren Schiiten nicht auf eine angemessene Berücksichtigung ihrer Interessen hoffen durften. Die Grundlage für den gewalttätigen Widerstand der sunnitischen Araber gegen die Schiiten war gelegt worden – und damit die Basis für das Scheitern der bisherigen Irakpolitik der US-Regierung.

Trotzdem wollte und konnte sich das Weiße Haus nicht von den offenkundigen Fehlern distanzieren, die der Administration im Verlauf der Besatzungszeit unterlaufen waren. Mittlerweile gesellten sich zu dem Chor der kritischen Stimmen von amerikanischen Politikern, Akademikern und Militärs auch ehemalige glühende Befürworter des Irakkriegs.

Die inneramerikanische Kritik wächst

»Der Krieg zwingt uns oder sollte uns zwingen, uns selber harte Fragen zu stellen. Als Militärhistoriker, politischer Kommentator und Vater eines jungen Armeeoffiziers lauten meine so: ›Du hast den Irakkrieg unterstützt, als er 2003 begonnen wurde. Wenn du damals gewusst hättest, was du heute weißt, wärst du dann immer noch dafür gewesen?‹«

Eliot A. Cohen sind diese ersten Zeilen seines Meinungsartikels für die *Washington Post* sicher nicht leichtgefallen. Immerhin ist er der eloquenteste Gralshüter der reinen neokonservativen Lehre von der Befreiung der Menschheit durch die (notfalls auch gewalttätige) Absetzung von diktatorischen Regimen, vorzugsweise im Nahen und Mittleren Osten. Als Direktor des Programms für Strategische Studien an der Johns Hopkins University – während der ungeliebten Clinton-Präsidentschaft hatte der langjährige Pentagon-Vize und heutige Weltbankpräsident Paul Wolfowitz diesen Lehrstuhl inne – galt Cohen als Lieblingsautor des US-Präsidenten. Sein Buch *Supreme Command* über Abraham Lincoln, Georges Clemenceau, Winston Churchill und Ben Gurion, allesamt historische Vorbilder für das Primat der Politik über das Militär, hatte das Wohlgefallen des Weißen Hauses gefunden und war von Bush in den höchsten Tönen gelobt worden. Der US-Präsident sah sich in der Nachfolge der vier Staatsmänner, von denen er den britischen Kriegspremier am meisten bewunderte.

Eliot Cohen sammelte sich und versuchte, eine halbwegs ehrliche Antwort auf seine Frage zu formulieren, ob er heute noch mal für den Irakkrieg plädieren würde. Er hatte gerade die Rede des Präsidenten vor den Soldaten der 82. Luftlandedivision und der Special Forces in Fort Bragg im Fernsehen verfolgt, und während er dem unverdrossen optimistischen Vortrag Bushs über die Lage im Irak gelauscht habe, hätte er an seinen Sohn, Raphael Cohen, denken müssen. »Unser ältester Sohn ist jetzt genauso uniformiert wie die teilnahmslosen Soldaten, die bei diesem Event als Bühnendekoration dienten.«[21] Auch Raphael trage nun die Armeeuniform, das Springerabzeichen sowie das mit gelbem Garn gestickte Ranger-Emblem. »Bald wird er in den Krieg ziehen, den ich verfochten und den der Präsident verteidigt hat.«

Der Junge war dem väterlichen Vorbild gefolgt und hatte sich im Herbst 2000 mit dem Eintritt als Student am Harvard College dem Reserveoffiziersprogramm ROTC angeschlossen. »Als ich ein Stipendium angeboten bekam, entschloss ich mich dazu und verpflichtete mich für einige Jahre bei der Armee«, hatte der junge Leutnant zusammen mit seinem Vater in einer Werbebroschüre für das Reservistenprogramm an der Renommier-Universität stolz verkündet.[22]

Ein Jahr nach der feierlichen Graduierung der ROTC-Kadetten im Tercentenary Theatre auf dem Harvard Yard im Juni 2004 rückte nun für den Vater in Form des Gestellungsbefehls für seinen ältesten Sohn gen Irak die Stunde der Wahrheit heran. Grundsätzlich sei der Kerngedanke, Krieg gegen Saddam zu führen, auch heute noch richtig, fuhr Eliot Cohen in seinen Ausführungen für die *Washington Post* fort. Der Irak sei ein »Politikproblem« gewesen, dem man zwar verbal hätte ausweichen können, »nicht aber in der Realität«.

Nach dieser eher entschuldigenden Vorbemerkung setzte Cohen, der unmittelbar nach dem 11. September 2001 mit dem Satz für Furore gesorgt hatte, beim Krieg gegen den Terrorismus handele es sich um den »4. Weltkrieg«, zu einer desillusionierten Kritik am Führungs- und Politikstil seines Präsidenten an: »Aber was ich damals nicht wusste und heute weiß, ist einfach, wie inkompetent wir diese Aufgabe ausgeführt haben. Und das hält mich davon ab, diese Frage mit einem vorbehaltlosen Ja zu beantworten.«

Er habe sich nicht vorstellen können, dass »die ›Phase IV‹ – die Zeit nach den Kampfhandlungen, in der mehr Amerikaner gefallen sind als im ›richtigen‹ Krieg – für die zivile und militärische Führung von zweitrangiger Bedeutung gewesen sei im Vergleich zu den Planungen für General Tommy Franks Blitzkrieg«. Sein Vorstellungsvermögen habe auch nicht dafür ausgereicht, sich die Unfähigkeit von Zivilverwalter Paul Bremer und General Ricardo Sanchez, dem Befehlshaber der US-Truppen im Irak (»so tapfer, ehrenhaft und entschlossen sie auch gewesen sein mögen«), auszumalen. Diese beiden seien offensichtlich »ungeeignet für ihre Aufgaben« gewesen und seien »trotzdem« nicht umgehend abgezogen worden, sondern hätten vielmehr noch »die gesamte Dauer« ihrer Amtszeit absolvieren können.

Die Auflösung der irakischen Armee, die unkontrollierte Vergabe von milliardenschweren Aufträgen an einige große US-Konzerne, statt die amerikanischen Steuergelder gezielt dafür einzusetzen, »um zornige, verwirrte junge irakische Männer von der Straße und in Arbeit zu bringen« – dass Präsident Bush und seine engsten außen- und sicherheitspolitischen Berater solche folgenschweren Fehler gemacht hätten, ohne dass auch nur einer der Beteiligten dafür zur Rechenschaft gezogen worden wäre, verunsicherte Cohen. »Das habe ich nicht gewusst, aber ich hätte es ahnen können.«[23]

Offenkundig geriet das politisch-ideologische Gerüst des vormaligen Kriegsapologeten angesichts der Sorge um das Leben des eigenen Sohnes ins Wanken. Mit Unverständnis quittierte Cohen Washingtons Marketingstrategie, die Geschehnisse nach dem »Ende der offiziellen Kampfhandlungen« konsequent schönzureden. Zorn komme bei ihm auf über die »lahmen Entschuldigungen« für das Ausbleiben von positiven Ergebnissen im Irak, und er beklagte, dass nur »ausweichende Antworten« gegeben würden, statt offen einzuräumen, »dass amerikanische Soldaten Gefangene gefoltert oder in Panik unschuldige Zivilisten getötet haben«.

Regelrecht schlecht aber werde ihm bei der Erinnerung an ein Gespräch mit einem »aalglatten und gutgelaunten Pentagon-Bürokraten«, der ihm versichert habe, dass der Widerstand im Irak bloß »aus 5000 Gescheiterten und Kriminellen« bestehe, und das, »obwohl wir schon mindestens genauso viele getötet haben«. Angesichts der jahrzehntelang andauernden Aufstände in Nordirland, Sri Lanka, Kaschmir und den Palästinensergebieten kam der ernüchterte Eliot Cohen zu der Einschätzung, dass es – anders als die Regierung den Menschen weismachen wolle – keinen Grund gebe anzunehmen, dass dieser Aufstand bald enden wird.

Gefangen zwischen den Ängsten eines Vaters, dessen Sohn in den Irak geschickt wird, und der ideologischen Last eines neokonservativen Politikberaters, der seit den neunziger Jahren den intellektuellen Boden für den Kurswechsel in der amerikanischen Außen- und Sicherheitspolitik bereitet hatte, blieb Cohen auf halbem Weg stehen: »Falls wir im Irak scheitern – und ich glaube nicht, dass wir scheitern werden –, würde dies nicht daran liegen, dass das amerikanische Volk nicht mehr mit dem Herzen dabei wäre, sondern daran, dass Führungsgestalten und Institutionen versagt haben. Statt um Unterstützung daheim zu jammern, sollten sie ihnen [den amerikanischen Landsleuten] zeigen, wie sehr sie sich verpflichtet fühlen, eine merkwürdige Art des Krieges zu führen und zu gewinnen, und dies so benennen, wie es ist, ehrlich und detailliert.« Von seiner Regierung und dem Präsidenten erwarte er nichts anderes »als schlicht die Wahrheit« und dass sie Schluss machen »mit der Schönrednerei und dem Leugnen von Fehlern«, auch und vor allem gegenüber »den Männern und Frauen unseres Landes, die wir in den Kampf schikken«.

»So, der Sohn des [...] Kriegsadvokaten Eliot Cohen wird also als Army Ranger jetzt in den Irak geschickt«, kommentierten ehemalige US-Soldaten anschließend, die sich parteipolitisch dem gegnerischen Lager zugehörig fühlen. Auf der Internetseite des »Democratic Veteran« hielten sich die kriegserfahrenen Veteranen mit Kritik an Cohen nicht zurück: »Schon lustig, wie sich die Dinge ändern, wenn es einer der deinen ist, die in den Kampf ziehen.«

Der ideologische Bannerträger des Irakkriegs habe in der *Washington Post* zwar Abscheu darüber ausgedrückt, wie der Krieg geführt werde. Er hätte sich aber offenkundig nicht überwinden können, »die Hand, die ihn füttert, zu beißen *und* dabei gleichzeitig den Eindruck zu vermitteln, er würde es genießen«. – »Wenn die [Bush und seine Berater] die Wahrheit [...] über ihre Gründe, in den Irak zu gehen, sagen würden«, wüssten sie, »dass das Amtsenthebungsverfahren eingeleitet wird, noch bevor der Präsident noch mal von einem Fahrrad fallen könnte.«[24]

Zumindest dem jungen Leutnant Cohen aber wünschten die »demokratischen Veteranen« eine sichere Rückkehr aus dem Irak und ein gutes Leben, »wenn Sie zurückkommen in die Welt«.

Wie lange noch?

Das rote Licht der mittleren Fernsehkamera im Washingtoner Studio des semiöffentlich-rechtlichen Fernsehsenders PBS ging an, und die routinierte Moderatorin Margaret Warner blickte auf den Text, der über den Teleprompter flimmerte: »Die Wahlen im Irak am vergangenen Sonntag waren der letzte hoffnungsvolle Schritt hin zu einer Wende zum Besseren während der bald zweijährigen Okkupation, und sie haben die Debatte darüber erneuert, wie lange die 150000 Mann starken US-Truppen dort bleiben sollen.« Ende der vergangenen Woche habe der demokratische Senator Edward Kennedy mit Blick auf die Wahlen von einer »Gelegenheit für einen neuen Anfang« und von konkreten Schritten in Richtung eines Abzugs der USA gesprochen.

Die Regie blendete den entsprechenden Ausschnitt aus den Kennedy-Bemerkungen ein. Präsident Bush solle so schnell wie möglich seine Absicht erklären, mit der irakischen Regierung einen Zeitplan zur Verringerung der amerikanischen Kampfeinheiten auszuarbeiten, verlangte der fünfundsiebzigjährige Bruder des ermordeten US-Präsidenten. Zumindest die 12000 amerikanischen Soldaten, die zur Absicherung des Wahlvorgangs zusätzlich entsandt worden seien, sollten sofort das Land verlassen, »um ein klares Signal über unsere Intentionen auszusenden und den Eindruck abzuschwächen, als richteten wir uns auf eine dauerhafte Besatzung ein«. Amerika benötige eine klare Strategie für den Abzug. Das allein würde zwar noch nicht den Erfolg garantieren, »aber ohne eine solche Strategie ist das Scheitern so gut wie garantiert«.

Fair und ausgewogen, wie es das Markenzeichen der einstündigen Informationssendung *NewsHour with Jim Lehrer* ist, ließ Margaret Warner nun George W. Bush mit dem schon oft zuvor formulierten Satz zu Wort kommen, er werde sich einen Abzug nicht von einem Zeitplan diktieren lassen, sondern von der Einsatzbereitschaft der irakischen Streitkräfte. Das Gesicht des Präsidenten erschien auf dem Bildschirm: Für die Erfüllung des Auftrags im Irak verfüge Amerika über die angemessene Truppenstärke. »Und diese Mission lautet, den Irak in die Lage zu versetzen, sich gegen Terroristen zu verteidigen, ob aus dem eigenen Land oder gegen Terroristen, die von außerhalb kommen.«

Nach diesen Einspielungen wandte sich die Moderatorin an ihre Gesprächspartner im Studio. »Und um das Verhältnis zwischen den Wahlen vom letzten Sonntag und dem Abzug der US-Truppen näher zu erörtern, wenden wir uns an den pensionierten Generalleutnant William Odom, vormals Direktor der National Security Agency[25] – er ist heute führendes Mitglied des Hudson Institute [einem demokratischen Think Tank] und Professor an der Yale University –, und an Eliot Cohen, Professor und Direktor für Strategische Studien an der Johns Hopkins University, er ist auch Mitglied des Pentagon Policy Board, das den Verteidigungsminister berät. […] Willkommen.«

William Odom, der fragil erscheinende ehemalige General, war während der Carter-Präsidentschaft Militärberater des damaligen Sicherheitsberaters Zbigniew Brzezinski und von 1985 bis 1988 Chef der NSA, deren Existenz damals offiziell noch abgestritten wurde (»No Such Agency«). Er gilt als ein nüchterner, kühl kalkulierender Sicherheitspolitiker. Ideologien sind ihm ebenso fremd wie unsympathisch.

Ob die Wahlen im Irak als Gelegenheit für den Beginn eines raschen Abzugs genützt werden sollten? Odom setzte zu einer Kurzbilanz der US-Außenpolitik unter George W. Bush an, die erkennen ließ, wie gut der oberste Abhörspezialist im Ruhestand informiert war. Aus drei Gründen spreche er sich »natürlich« für einen baldigen Abzug aus, sagte Odom: »Erstens lag es nicht im amerikanischen Interesse, in den Irak einzumarschieren. Dies führte dazu, die Region zu destabilisieren, wo doch Stabilität unser Ziel sein sollte. Es stellt sich heraus, dass dies sehr im Interesse des Iran war, der – da er von Saddam überfallen worden war – auf Rache gewartet hat.« Der Einmarsch hätte zudem den Interessen der Al Kaida gedient, nicht allein deswegen, »weil er den Irak für die Al Kaida so sicher gemacht hat, dass sie dort operieren kann, sondern auch, weil er die US-Ressourcen vom Feldzug gegen sie [Al Kaida] abgelenkt hat.«[26] Zudem hätte die »Operation Iraqi Freedom« die Beziehungen Amerikas zu Europa verschlechtert. Und sie »verschleißt und zerstört langsam unsere Bodentruppen im Irak«.

Sicherlich würde er für einen sofortigen Abzug plädieren, innerhalb von drei, fünf, sechs Monaten, einem Jahr, eben innerhalb eines Zeitraums, der benötigt werde, um die politischen Rahmenbedingungen auszuhandeln. Denn, und das war für den früheren NSA-Chef das überzeugendste Argument: »Je länger wir bleiben, desto schlimmer wird es.« Jede irakische Regierung, die an der Macht bleiben, den Irak beherrschen und stabil halten könne, »wird antiamerikanisch und wahrscheinlich eine neue Form der Tyrannei sein«. Selbst der irakische Interimspräsident Ghazi al-Yawer wisse, dass jeder politische Führer im Irak nach »unserem Abzug letztlich antiamerikanisch sein muss«.

»Nun, ich glaube, es wäre eine schreckliche Idee, einen Zeitplan für einen Abzug anzukündigen.« Tapfer verteidigte Eliot Cohen die politische Brandmauer des Präsidenten gegen jede

Art von militärischem Abschied aus dem Irak. »Wir sollten gegenüber der Welt und dem Irak ganz klar sagen, dass wir so lange dort bleiben, wie uns die Iraker dort haben wollen.« Und dass »sie uns dort haben wollen«, sei ziemlich klar. Die Konsequenzen eines plötzlichen Truppenabzugs wären »verheerend im Irak und in der arabischen Welt«. Amerika sei nun einmal im Land, und jetzt – und hier brach die ganze politische Konzeptionslosigkeit der neokonservativ dominierten Irakpolitik der Regierung durch – »müssen wir versuchen, das Beste daraus zu machen«. Die Wahrheit sei, dass es im Irak schon sehr große Fortschritte gebe, sagte Cohen, der kein halbes Jahr später dem Präsidenten in der *Washington Post* selber öffentlich vorwerfen sollte, die Lage im Irak schönzureden.

»Wir werden nicht in der Lage sein, die irakische Regierung sonderlich gut zu stabilisieren«, hielt der ehemalige NSA-Direktor Cohen entgegen. Amerika müsse eine regionale Strategie für die arabische Welt haben, und nicht nur eine für den Irak. Auch hier ergebe sich eine verhängnisvolle Wechselwirkung, warnte der alte Geheimdienstchef: »Das Problem mit dem Bleiben im Irak ist: Je länger wir bleiben, desto schlimmer machen wir das regionale Problem.« Solange die US-Truppen im Irak präsent seien, verschlimmere Washington die Aussichten für eine Stabilisierung der Region. »Das Desaster, das wir verursacht haben, verlangt den Abzug [der US-Truppen], und wir brauchen die Unterstützung unserer Verbündeten, ihre Ressourcen und politischen Zusagen.« Sollte dies nicht geschehen, sollten vor allem die guten, kooperativen Beziehungen zu Europa nicht wiederhergestellt werden, »werden wir bluten, es immer schlimmer machen, und alles, was wir tun, wird wirkungslos bleiben«.[27]

Al Kaida in die Hände gespielt

»Die Invasion im Irak war für Osama bin Laden ein Gottesgeschenk, buchstäblich.« Der vollbärtige Amerikaner, dessen Augen hinter der randlosen Brille unverwandt sein Gegenüber anschauten, weiß, wovon er redet. Michael Scheuer war von 1982 bis November 2004 bei der CIA angestellt. 1996 gründete sich innerhalb der Central Intelligence Agency eine neue Arbeitsgruppe, die sich – so glaubten damals viele seiner Kollegen – mit einer eher exotischen Gruppierung beschäftigen sollte, deren Anführer ein im Exil lebender saudischer Staatsbürger aus sehr wohlhabendem Elternhaus war. Scheuer leitete bis 1999 die Spezialeinheit, die Osama bin Laden und dessen Netzwerk jagen sollte.

Mit dem Einmarsch Amerikas in Afghanistan und in den Irak wurde all das aufgewertet, was Osama einer stets wachsenden Anhängerschaft in seinen selbst deklarierten Fatwas über den Westen im allgemeinen und die Amerikaner im besonderen gesagt hatte: »Dass die Amerikaner das arabische Erdöl haben wollen; dass die Amerikaner jedes muslimische Regime zerstören werden, das ihnen mächtig erscheint; dass die Amerikaner jedes Land zerstören werden, das für Israel eine Bedrohung darstellt; und dass sie gewillt sind, jedes muslimische Land zu besetzen, wenn dies ihren Interessen dient.«[28]

Terroranschläge der Al Kaida gegen amerikanische, europäische und asiatische Einrichtungen gab es schon vor dem Irakkrieg, beispielsweise 1998 gegen die US-Botschaften in Ostafrika, 2000 gegen die USS Cole, 2002 gegen deutsche Touristen in Tunesien und gegen überwiegend australische Touristen auf Bali. Der Irakkrieg jedoch habe die Al Kaida gewaltig verändert, analysierte Scheuer im Januar 2005. Al Kaida sei jetzt eine Bewegung, »ein heroisches Symbol für Führungskraft, eine Philosophie«. Denn mit der Invasion habe sich aus Sicht seiner Anhänger alles bewahrheitet, was Osama ihnen über die Reaktionsweise der Vereinigten Staaten prophezeit habe.

»Seit mehr als sieben Jahren«, so hieß es in der Fatwa bin Ladens im Februar 1998, in der zum weltweiten Mord an Amerikanern und deren Alliierten aufgerufen wurde, »haben die Vereinigten Staaten die Länder des Islam mit ihren heiligsten Stätten, die arabische Halbinsel, besetzt, plündern deren Reichtümer, schreiben deren Herrschern vor, was sie tun sollen, demütigen deren Bewohner, terrorisieren deren Nachbarn und verwandeln ihre Stützpunkte auf der Halbinsel in eine Angriffsspitze, von der aus sie die benachbarten muslimischen Völker bekämpfen. [...] Der beste Beweis dafür ist die fortgesetzte amerikanische Aggression gegen das irakische Volk, bei der sie die Halbinsel als Stützpunkt benützen.«[29] Der Irakkrieg, davon ist Scheuer überzeugt, habe den Text dieser Kriegserklärung Osamas an Washington fünf Jahre nach ihrer Veröffentlichung nahezu Wort für Wort bestätigt.

Nicht die westliche Lebensart oder das demokratische Gemeinwesen Amerikas und der westlichen Staaten, die dortigen freien Wahlen oder etwa der Umstand, dass Frauen die gleichen Rechte wie Männer haben, seien die Gründe, warum bin Laden gegen die USA und deren Verbündete Krieg führe. »Bin Laden hat damit Erfolg gehabt, indem er sich auf eine beschränkte Anzahl von außenpolitischen Entscheidungen der USA in der muslimischen Welt konzentriert hat; Entscheidungen, die für Muslime tagtäglich sichtbar und erlebbar sind: unsere grenzenlose Unterstützung Israels, unsere Fähigkeit, den Ölpreis auf einem Niveau zu halten, der für die westlichen Konsumenten mehr oder weniger akzeptabel ist.«

Der Mobilisierungseffekt unter Muslimen ist nicht allein in den arabischen und islamisch geprägten Ländern groß, für die europäischen Gesellschaften stellt er eine ebenso große Gefahr dar. Jedes Land mit einem Bevölkerungsanteil islamischer Einwanderer »hat ein Problem, vor allem mit Sunniten, die jung und nicht vollständig assimiliert sind«.[30]

Was die Transformierung bin Ladens von einem Namen zu einer »heroischen Philosophie« bewirkt habe, sei die »Gefahr, dass Muslime für die Invasion in den Irak, der schließlich der zweitheiligste Ort des Islam ist, Vergeltung üben«. Dies lasse die Bedrohung in Europa, den USA, Kanada, Australien und dem Fernen Osten deutlich ansteigen, warnte Scheuer. Wenn die amerikanische Außenpolitik so bleibe wie zur Zeit, »wird niemand unserer Diplomatie, unserer Propaganda zuhören. Wir werden in der islamischen Welt einfach nicht gehört.« Das Schlimme daran sei, dass Muslime, auch wenn sie der mörderischen Gewalt der Al Kaida ablehnend gegenüberstehen, längst zu wissen glauben, welche Ziele die Vereinigten Staaten verfolgen und dass das immer zu ihren Lasten gehe. Deshalb kam Scheuer zu dem Schluss: »Die Politik ist entscheidend.«

Politische Traumwelten

Bis auf den letzten Platz war das Auditorium der American University in Kairo besetzt. 600 sorgsam ausgesuchte Regierungsangestellte, Akademiker und Diplomaten, warteten auf den Auftritt der amerikanischen Außenministerin, die erstmals im Herzen der ägyptischen Hauptstadt die Botschaft ihres Präsidenten von Amerikas ernsthaftem und aufrichtigem Willen verkünden soll, Freiheit und Demokratie in den Nahen und Mittleren Osten zu bringen.

Es werde eine »bedeutende Ansprache« ihrer Chefin, hatten die Pressemitarbeiter des State Department den Journalisten vorab mitgeteilt. Die Skepsis jedoch war groß, schließlich wussten die Zuhörer, dass sich der siebenundsiebzigjährige Alleinherrscher Hosni Mubarak politisch wie finanziell der bevorzugten Behandlung Amerikas gewiss sein konnte.

Zwar hatte sich der versteinerte Staatspräsident, nach undiplomatisch lauter Nachfrage aus Washington, vor einigen Monaten dazu bereit erklärt, mit seiner seit über zwei Jahrzehnten liebgewonnenen absolutistischen Gewohnheit zu brechen, seinen Landsleuten niemand anderes zur Wahl anzubieten als nur sich selbst. Nun durften mehrere Kandidaten zur nächsten, Mubaraks fünften Präsidentschaftswahl antreten – doch ein zynischer kleiner Griff in die politische Trickkiste genügte, um aber auch jede Gefahr eines demokratischen Machtwechsels zu bannen: Nur Kandidaten, die von dem ägyptischen Scheinparlament, in dem Mubaraks Mannen ihrem irrelevanten Alltag nachgingen, mit überwältigender Mehrheit zur Wahl zugelassen werden, dürfen sich bewerben.

Bush hatte es trotzdem dankbar zur Kenntnis genommen, konnte er doch nun in seinen Ansprachen über die erfolgreiche Ausbreitung von Demokratie und Freiheit in der arabischen Welt die stets länger werdende Liste der geglückten Beispiele mit einem kleinen Hinweis auf die »positiven Veränderungen« in Ägypten um ein weiteres Land verlängern. Als dann noch Amerikas First Lady, im Mai 2005 von den verzweifelten PR-Strategen des Weißen Hauses auf eine missglückte Goodwilltour in den Nahen Osten geschickt, nach einem Gespräch mit Mubarak in seltener Einfalt erklärte, die Entscheidung des alternden Staatspräsidenten sei »ein sehr mutiger Schritt« gewesen, fühlten sich die von der Wahl ohnehin schon ausgesperrten ägyptischen Oppositionellen zusätzlich gedemütigt – von einer Bibliothekarin aus Midland/Texas.

Condoleezza Rice betrat die Bühne. Sie war sich bewusst, dass sie sich hier und jetzt nicht mit einem der üblichen Monologe über die Wirkung des 11. September auf die amerikanische Außen- und Sicherheitspolitik aus der Affäre ziehen konnte. Auch wenn Mubaraks strenge Zensur ihre Ansprache in den ägyptischen Medien später totschweigen ließ, vertraute sie zu Recht darauf, dass ihr Plädoyer für freie Meinungsäußerung, Gleichberechtigung von Männern und Frauen, Versammlungsfreiheit und Schutz vor staatlicher Willkür von den großen arabischen Satellitenkanälen beachtet werden würde.

Die muslimische Welt stehe vor einer »bedeutenden Wahl, die bis in die nächsten Generationen Widerhall finden wird«, eröffnete die Außenministerin ihre Rede.[31] »Wir sollten in eine Zukunft schauen, in der jede Regierung den Willen ihrer Bevölkerung respektiert, weil das Ideal der Demokratie universell ist.« An dieser Stelle streute Condoleezza Rice eine gehörige Portion Selbstkritik in ihre Rede ein, nicht zum letzten Mal innerhalb der nächsten fünfundzwanzig Minuten: Sechzig Jahre lang habe Amerika im Nahen und Mittleren Osten eine Politik verfolgt, die ausschließlich auf der Erhaltung der Stabilität beharrt habe – auf Kosten der Demokratie. »Und wir haben beides nicht erreicht«, zog die Chefin des State Department Bilanz.

Damit räumte die engste sicherheitspolitische Vertraute des Präsidenten sehr zurückhaltend das ein, was Michael Scheuer als das verheerendste geschichtliche Erbe der Weltmacht in dieser Region bezeichnet: »Am meisten hat uns unsere Unterstützung von Polizeistaaten in der islamischen Welt geschadet, der Al Sauds und der Ägypter unter Mubarak und seiner Vorgänger, der Algerier, Marokkaner, Kuwait, das sind alles Polizeistaaten.«[32]

Solche Gedanken versuchte die Außenministerin ins Reich der Geschichte zu verbannen. Die Vereinigten Staaten hätten ihren Kurs geändert und würden nun »die demokratischen Aspirationen aller Völker« unterstützen. Wie schon ihr Präsident, der sich seit der Entlassung des Irak in die formale Unabhängigkeit bei seinen Demokratie-Ansprachen stets ein wenig Asche aufs Haupt streute,[33] verwies auch Rice auf die großen Schwierigkeiten, die die USA bei der Verwirklichung der Verfassungsrechte für den nicht weißen Teil der Bevölkerung gehabt hätten. »Wir wurden halb frei, halb versklavt geboren«, erinnerte die erste schwarze Außenministerin Amerikas ihr Auditorium, »und erst im Lauf meines Lebens hat meine Regierung allen ihren Bürgern das Recht zu wählen garantiert.«[34]

»Demütig sein«, das dürften die Redenschreiber ihrer Außenministerin als Leitfaden empfohlen haben. Doch nach den betrüblichen Reminiszenzen an die hässliche Geburtsnarbe Amerikas hatte eine solche Haltung kaum mehr Platz in Rices Ansprache. Was nun folgte, war eine klassische Exegese der segensreichen Folgen, die das gewaltsame Eindringen der USA in den Nahen Osten nach Meinung der US-Regierung hatte: Die Freiheit – ein Begriff, den Washington vornehmlich als Synonym für moderate, den westlichen Werten verpflichtete Staatskunst muslimischer Staaten verwendet – sei auf dem Vormarsch, wie die Beispiele zeigten:

- Jordanien, angeführt von »dem König und der Königin, zwei Staatschefs, die sich seit Jahren den Reformen verschrieben haben«;
- die palästinensische Autonomiebehörde, die »bald die Kontrolle über den Gazastreifen übernehmen wird«, mache »einen ersten Schritt in Richtung der Vision von zwei demokratischen Staaten, die in Frieden und Sicherheit nebeneinander leben«;
- Libanon, wo die Demokratiebewegung »Unabhängigkeit und Freiheit von dem syrischen Polizeistaat verlangt«;
- Syrien, das vor einer »strategischen Wahl steht, sich den Fortschritten anzuschließen, die um Syrien herum erzielt werden«;
- Saudi-Arabien, in dem »tapfere Bürger von ihrer Regierung Rechenschaft fordern«;
- Ägypten, dessen Staatschef »die Tür für den Wandel geöffnet hat«; und schließlich

- Irak, dessen Menschen sich geweigert hätten, »dem Terror ihren Traum von Freiheit und Demokratie zu opfern«.[35]

Kein einziges Mal wurde die Rede der Außenministerin in Kairo von Beifall unterbrochen. Schweigend hörte sich das Publikum, das nur gegen Vorlage einer persönlichen Einladung den Saal hatte betreten dürfen, die Passagen an, in denen Condoleezza Rice von Mubarak forderte, oppositionellen Gruppen das Rede- und Versammlungsrecht zu gewähren und ihnen den Zugang zu den heimischen Medien zu gestatten.[36]

»Eure Exzellenz, hat es hier in Ägypten zwischen Ihrer Regierung und der Muslimbruderschaft irgendeine Art von Kontakten gegeben?« Nach dem freundlichen Abschlussapplaus hatte Condoleezza Rice zu einer offenen Fragerunde gebeten, jeder im Publikum könne sich an sie wenden. Die erste Frage ließ Zweifel an der Ernsthaftigkeit der US-Regierung erkennen, als ehrlicher Makler im Nahostkonflikt zu einer Friedensregelung zwischen Israelis und Palästinensern beizutragen. Diese zweite Frage nun zielte auf die Bereitschaft Washingtons, sich in Ägypten mit der wichtigsten und ältesten Oppositionsbewegung zu unterhalten, die von ihren Ursprüngen im Jahr 1928 bis heute als die Mutter aller islamistischen Gruppierungen gelten darf.

»Nein, wir hatten keine Kontakte mit der Muslimbruderschaft«, räumte Rice ein. Das Ziel ihrer Regierung sei es vielmehr, »die ägyptische Regierung zu ermutigen, innerhalb ihrer Gesetze [...] sich immer mehr zu reformieren«.[37] Amerika hoffe, den ägyptischen Staatschef davon zu überzeugen, die Bildung einer Zivilgesellschaft sowie freie Wahlen zuzulassen, die »frei und fair« sein müssten.

Auf das spürbare Misstrauen gegenüber ihren Ankündigungen, Mubarak auf den Pfad der demokratischen Tugend lenken zu wollen, reagierte die ehemalige Politikprofessorin mit einem Ausflug in ihre politische Traumwelt: »Stellen Sie sich mal vor, wie ein veränderter Naher und Mittlerer Osten aussehen könnte, mit einem Irak, der demokratisch und geeint und frei ist, mit einem palästinensischen Staat, der demokratisch und frei ist und mit Reformen in großen Ländern wie Ägypten. Stellen Sie sich mal so einen Nahen und Mittleren Osten vor, wie der sein würde.« Das wäre sicherlich keine Region, fuhr Rice fort, in der Menschen heranwachsen, »die sich mit anderen Menschen in die Luft sprengen wollen. Das ist nicht normal«.[38]

Zerstörung, Tod und Panik

23. Juli 2005. Am frühen Morgen des ägyptischen Nationalfeiertags lenkten die vier Attentäter, über Wüstenwege von Norden kommend, die beiden Fahrzeuge, einen grünen Isuzu und einen weißen Geländewagen, in Richtung Scharm el Scheich. Die Sprengstoffladungen, jeweils mindestens 400 Kilogramm schwer, hatten sie unter Bergen von Gemüse verborgen. Den Isuzu stellten zwei der Terroristen auf einem Parkplatz für Kleinbusse in der Nähe des Alten Marktes ab und beobachteten die entspannt vorbeiflanierenden Touristen, die ägyptischen Ladenbesitzer, die Gäste im Hard Rock Café, die die nächtliche kühle Brise vom Roten Meer für einen Bummel durch die Altstadt nutzen wollten. Um 1.15 Uhr löste der Zeitzünder die Explosion aus.

Sayyid Sayyid hatte im Friseurladen »Friends Coiffure« gerade seinem letzten Kunden die Haare geschnitten, Nasser Ali sammelte in seinem Andenkenladen die Rechnungen des Tages zusammen: »Das Gebäude wackelte, ich wusste nicht, was es war. Ich betete zu Gott, dass es alles andere sein sollte als eine Bombe, doch es war eine Bombe.«[39]

Alle Fensterscheiben in einem Umkreis von mehreren hundert Metern zerbarsten, über ein Dutzend Autos wurden meterhoch in die Luft geschleudert, Rauch und Flammen breiteten sich aus. Unmittelbar nach der Explosion legte sich für einen kurzen Moment Stille über die noch eben belebte Einkaufsstraße. »Dann lief jeder los. Keiner konnte den anderen sehen. Sie liefen ineinander«, berichtete Mohammed Eissa, der in jener Nacht seinen Schreibwarenladen aufräumen wollte. Er rannte aus dem Geschäft und sah einen Mann, dessen Bauchdecke aufgerissen worden war. Die inneren Organe schienen herauszufallen, das rechte Bein war abgetrennt worden. Auf dem Bürgersteig lag sein einundzwanzigjähriger Bruder Hani, eine klaffende Wunde zog sich quer über sein Gesicht. Er fasste seinen Bruder um die Schultern, zog ihn auf die Beine und zerrte ihn zu einem Taxi, das sie zum Internationalen Krankenhaus von Scharm el Scheich fuhr.

Wael Hamsa war unterwegs, um seiner Frau ein Geschenk für den Hochzeitstag zu kaufen. Mit Splitterverletzungen wurde er ins Hospital eingeliefert. Von dort aus konnte er seine Frau anrufen: »Es geht mir gut, mach dir keine Sorgen.«

»Es war ein mörderischer Knall und eine ganz starke Druckwelle«, berichtete Peter Braune, der aus der Nähe von Leipzig kam und in einem Hotel gegenüber dem Alten Markt untergebracht war. »Wir waren vor kurzem selbst noch auf dem Markt. Die Bilder von den Verkäufern gehen einem nicht aus dem Kopf.«

Nasser Ali blickte sich in seinem Touristenladen um: Die kleinen Papyrusrollen, Kupfer- und Zinntellerchen, die Miniatur-Pharaonenbüsten und Kunstperlen lagen wüst verschüttet unter den zusammengestürzten Regalen. Er rannte nach draußen, vor der Tür fand er einen Mann, dessen Arm von der Explosion abgerissen worden war. »Es war so fürchterlich.«

Die drei großen Glasfenster des Lebensmittelladens von Ali Sayid Said waren zerborsten, eine Gruppe von sechs italienischen Touristen hatte zwischen den Regalen mit Lipton-Tee,

Nescafé, Haarshampoo, Seife und Zahnpasta Deckung vor den Splittern gesucht. Said rannte auf die Straße und hielt ein Auto an, das die Italiener in Sicherheit bringen sollte.

Einige Kilometer vom Alten Markt entfernt, an der Meerespromenade in Naama Bay mit ihren Hotels, Restaurants und Kasinos, wartete Ahmed Saleh auf der Friedensstraße gegenüber vom Ghazala Gardens Hotel in seinem blau-weißen Taxi auf Kundschaft. Ein Fahrzeug mit einem Nummernschild aus Taba raste durch die Barrikade der Hotelauffahrt, fuhr zwei Wächter um und schoss in die überdachte Eingangshalle des Viersternehotels, bevor der Sprengstoff im Wagen detonierte.

»Es war schrecklich. Glas, Möbel, Sachen flogen durch die Luft. Die Fenster explodierten einfach«, schilderte der Taxifahrer später. Die weiße Außenfassade des zweistöckigen Gebäudes wurde weggerissen, Teile des Dachs fielen in die Tiefe und begruben die Eingangslobby unter sich, Flammen schossen hoch.

Die dritte Bombe, die einer der Attentäter in einem Koffer auf dem Parkplatz in der Nähe des Mövenpick-Hotels abgestellt hatte, riss den Asphalt auf, der Widerhall der Detonation prallte an den umliegenden Hausfassaden zurück, ließ die Fensterscheiben im Umkreis von mehreren Straßenzügen zerschellen.

Khaled Humati, dem der König-Walheeb-Parfümpalast gehört, suchte gemeinsam mit anderen Zuflucht hinter der Theke der Tavern Bar. »Ich blickte die Leute an. Ich hab jeden verdächtigt. Wer hat einen Rucksack? Wer hat eine Bombe am Körper? Ist hier eine Bombe?« Der neununddreißigjährige Ladenbesitzer versuchte mit dem Handy seinen jüngeren Bruder Ali zu erreichen, doch das Netz war zusammengebrochen. »Ich wusste nicht, wo mein Bruder war. Ich sah überall tote Menschen.«

Ali lief nach der Explosion zum Parfümladen seines Bruders,

sah jedoch nur die zerborstene Ladentür, an der einzig der Griff noch heil war. »Ich dachte, er ist tot. Als ich die zerbrochenen Scheiben sah, glaubte ich, die Bombe sei in unserem Laden hochgegangen.« Minuten später fanden sich die Brüder in der Tavern Bar wieder.

»Ich bin 600 Kilometer von Kairo nach Scharm el Scheich gereist, um hier zu arbeiten«, erzählte Khaled Kumati achtzehn Stunden nach den Anschlägen. »Warum? Sag mir, warum? 600 Kilometer! Das macht alles keinen Sinn. Wem nützt das? Sag mir, wer profitiert von dieser Sache, und wer verliert dabei?«[40]

»Wer immer diese Anschläge verübt hat«, sagte Ahmed, ein beduinischer Taxifahrer am Morgen danach in Scharm el Scheich, »wusste genau, was er tat. Die haben auf drei strategische Gebiete gezielt, sie wollten soviel Zerstörung, Tod und Panik wie nur möglich erzeugen.«[41]

Folter wird in Ägypten systematisch angewendet

Am selben Tag, an dem in den ersten Morgenstunden die Anschläge auf die ägyptische Touristenhochburg Scharm el Scheich verübt wurden, sollte im Staatssicherheitsgefängnis in Ismailija die vom 2. auf den 23. Juli 2005 verschobene Gerichtsverhandlung gegen die mutmaßlichen Attentäter der Terroranschläge von Taba eröffnet werden. Am Abend des 7. Oktober 2004 hatten Terroristen ein mit 600 Kilogramm Sprengstoff beladenes Fahrzeug vor das Eingangsportal des Taba Hilton Hotels gefahren, das aufgrund seiner unmittelbaren Nähe zum benachbarten Eilat vor allem bei israelischen Touristen beliebt war. Knapp eine halbe Stunde später detonierten zwei weitere Bomben in den einige Dutzend Kilometer südlich gelegenen Touristencamps in Nuwaiba und Ras Schaitan. Insgesamt vierunddreißig Menschen kamen ums Leben, unter den Opfern befanden sich Staatsbürger aus Ägypten, Russland, Italien und Israel.

Die Parallelen zwischen diesen Terrorakten waren nicht zu übersehen: Diejenigen, die »hinter den Anschlägen von Taba« stünden, könnten auch die Anschläge von Scharm el Scheich verübt haben, mutmaßten denn auch am Morgen des 23. Juli 2005 der ägyptische Innenminister und Staatschef Hosni Mubarak, der sich ebenfalls zum Tatort hatte fliegen lassen. »Dieser feige, kriminelle Akt zielt darauf ab, Ägyptens Sicherheit und Stabilität zu unterminieren und seine Menschen und dessen Gäste zu schädigen«, teilte Mubarak seinen Landsleuten im Fernsehen mit. »Dies wird nur unsere Entschlossenheit verstärken, den Terrorismus zu bekämpfen.«[42]

Was darunter zu verstehen war, wussten Mubaraks Landsleute nur zu gut. Nach den Attentaten von Taba, für die Kairo später Ägypter palästinensischer Herkunft verantwortlich machte, wodurch die Motive für den Terrorakt mit dem israelisch-palästinensischen Konflikt in Zusammenhang gebracht wurden, nahmen Polizei und Geheimdienst rund 3000 Menschen fest. Wie viele der Festgenommenen gefoltert und misshandelt wurden, konnten selbst Menschenrechtsorganisationen nur vermuten. Befragt von Human-Rights-Watch-Mitarbeitern hätten von dieser Verhaftungsaktion Betroffene »glaubwürdige Schilderungen von Folter« abgegeben, die ihnen zugefügt worden sei. »Andere sagten aus, sie hätten Mithäftlinge gesehen, die übel gefoltert worden sind, und Schreie von denjenigen gehört, die misshandelt worden sind.«[43]

In ihrem jüngsten Bericht über den Umgang Ägyptens mit Islamisten schreibt die Menschenrechtsorganisation: »Folter wird in Ägypten routinemäßig angewendet und systematisch, wenn es um verdächtige Islamisten geht.«[44]

Zwischen 1974 und 1997 hatten Staatspräsident Anwar al-Sadat, der im Oktober 1981 einem Attentat des ägyptischen islamischen Dschihad zum Opfer fiel, sowie dessen Nachfolger Mubarak einen rigorosen Kampf gegen die islamistischen Organisationen des Landes geführt.[45] Unter Berufung auf das Notstandsgesetz Nr. 162 aus dem Jahr 1958, das seitdem ununterbrochen in Kraft ist und 1981 nach Sadats Ermordung noch verschärft wurde, können die ägyptischen Behörden, vor allem der Staatssicherheitsdienst, jede Person inhaftieren, »die im Verdacht steht, Aktivitäten zu betreiben, die die öffentliche Sicherheit oder die nationale Einheit oder die soziale Stabilität gefährden«.

Die staatliche Allmacht weitete Mubarak 1992, mit Beginn der zweiten, bis zu diesem Zeitpunkt heftigsten islamistischen Gewaltwelle, noch weiter mit der »Verabschiedung« des Gesetzes Nr. 97 aus, dem sogenannten Gesetz zur Bekämpfung des Terrorismus. Tausende von Menschen, die als Islamisten verdächtigt wurden, wurden ohne Gerichtsverfahren eingesperrt. Schätzungen von Human Rights Watch beziffern die Zahl der aus diesem Grund Inhaftierten, die in den späten neunziger Jahren einsaßen, mit bis zu 35 000 Personen.

Der Bombenanschlag von Luxor im November 1997, bei dem achtundfünfzig Menschen, überwiegend ausländische Touristen, starben, markierte den Höhepunkt und gleichzeitig das – vorübergehende – Ende der islamistischen Gewalt gegen das autokratische Regime. Recht prophetisch fasste die International Crisis Group, ein unabhängiges amerikanisches Beratergremium für Konfliktprävention, im April 2004 die relative Ruhe im Lande so zusammen: In den vergangenen Jahren hätten »wichtige Veränderungen« innerhalb der ägyptischen islamistischen Bewegung die »Möglichkeit für eine fortschrittliche, politische Entwicklung eröffnet«. Diese Chance sei allerdings nicht genützt worden, »wegen des Konservatismus der ägyptischen Regierungspolitik«. Seit dem Luxor-Attentat müsse festgestellt werden, dass die Strategie des bewaffneten Kampfs gegen den Staat gescheitert und aufgegeben worden sei.

Parallel zu dieser Waffenruhe habe sich »die Ideologie des gewaltlosen Islamismus« entfalten können, die »demokratische Prinzipien« und »Elemente einer modernistischen Ausrichtung« umfasste. Solange allerdings die ägyptische Regierung keine Anstrengungen unternehme, ernsthafte politische Reformen einzuleiten und islamistischen Gruppen das Feld für eine politische Beteiligung zu eröffnen, »könnte die Frustration, die viele Ägypter verspüren, zu einem Wiederbeginn der Gewalttätigkeiten führen«. Mubarak laufe daher Gefahr, zu spät zu erkennen, dass er eine »entscheidende Gelegenheit verpasst und die Früchte der eigenen Erfolge im Sicherheitsbereich verschenkt hat«.[46]

Spätestens nach den Anschlägen von Taba mussten sich die Experten der International Crisis Group in ihrer Prognose bestätigt fühlen. Der Zeitpunkt für ein dauerhaftes Ende der Gewalt war verpasst worden.

Wechselwirkung zwischen Terror und staatlicher Willkür

»Die ägyptische Regierung bekämpft den Terror nicht, sie schafft ihn überhaupt erst«, sagt Alaa al-Aswani. Sein Roman *The Yacoubian Building*[47] über die widersprüchliche, im Umbruch befindliche ägyptische Gesellschaft, dargestellt im Mikrokosmos des gleichnamigen berühmten Wohngebäudes in Kairo, hat ihm seit dem Erscheinen des Buches 2002 in arabischer Sprache und 2004 in englischer Übersetzung große internationale Aufmerksamkeit beschert.

In den Tagen nach den Anschlägen von Scharm el Scheich sprach der achtundvierzigjährige Schriftsteller, Publizist und Zahnarzt über die Wechselwirkung zwischen islamistischem Terror und staatlicher Willkür: »Nehmen Sie die Anschläge auf die Hotels in Taba im vergangenen Jahr. Damals wurden Tausende verhaftet und gefoltert. Man hat die Frauen vor den Augen der inhaftierten Ehemänner vergewaltigt, man hat Gefangene mit Elektroschocks gequält, einige haben nicht überlebt.«[48] Den Menschenrechtsorganisationen seien alle diese Fälle längst bekannt. Obgleich inzwischen der Prozess gegen die mutmaßlichen Attentäter von Taba eröffnet worden sei, »sind noch immer Hunderte Verdächtige im Gefängnis«.

Wenn die ägyptische Regierung zehn Verdächtige suche, inhaftiere sie 500, die dann »unter der Folter die abenteuerlichsten Geständnisse« unterzeichneten. Genauso gingen die ägyptischen Sicherheitsdienste nach Scharm el Scheich vor: »Auf der Sinai-Halbinsel wurden seit dem Anschlag in dem schmucken Badeort mehr als zehnmal so viele Verdächtige festgenommen wie in Großbritannien, doch konkrete Fahndungserfolge können die Ermittler bislang noch nicht vorweisen«, bilanzierte die Deutsche Presseagentur. Es werde mit dem groben Kamm durch die Beduinendörfer nördlich von Scharm el Scheich gegangen, »in der Hoffnung, dass einige von ihnen vielleicht unter der Folter etwas Nützliches ausspucken«.[49] Doch unter Folter erpresste Aussagen sind wenig wert. Selbst die mutmaßlichen Attentäter von Taba, die vor dem Staatssicherheitsgericht standen, erklärten, sie hätten mit den Anschlägen nichts zu tun und hätten »ihre falschen Geständnisse nach Wochen der Folter unterschrieben«.

Der Regierung in Kairo seien die Attentate sehr gelegen gekommen, für die politische Opposition jedoch seien sie eine Katastrophe, ahnte Alaa al-Aswani. Eine der Hauptpersonen seines Buches ist der junge, intelligente Taha, der nicht in die Polizeischule aufgenommen wird, weil sein Vater nur ein einfacher Pförtner ist. Aus sozialer Frustration schließt sich Taha den Islamisten an, er wird verhaftet, im Gefängnis gefoltert und vergewaltigt. »Danach«, so schildert der Schriftsteller die Metamorphose Tahas vom strebsamen jungen Mann zum gewaltbereiten Islamisten, »hat er mit seinem Leben abgeschlossen, einzig der Gedanke an Rache treibt ihn an, und so lässt er sich zum Attentäter ausbilden.«[50]

Bis zu den Detonationen in Scharm el Scheich seien die Forderungen nach Freiheit und Demokratie »das beherrschende Thema« gewesen. Der innen- und außenpolitische Druck auf den greisen Herrscher hatte dazu geführt, dass Mubarak – »stets ein Taktiker, nie ein Visionär«[51] – Zugeständnisse hatte machen müssen, wenn auch nur marginale, die seine Macht nicht in Frage stellen konnten. Neue Oppositionsgruppierungen begannen sich zu gründen, Demonstrationen für Demokratie waren geplant, um unter anderem zu erreichen, dass die Regierung anderen politischen Kandidaten die gleiche Gelegenheit gab, sich in den staatlichen Medien zu artikulieren, wie dem Staatschef.

Nach Monaten voller Erwartungen und großer Hoffnungen, die die Frühjahrsproteste im Libanon nach der Ermordung des libanesischen Ministerpräsidenten Hariri und Mubaraks eigene Hinweise auf eine zaghafte politische Reformbereitschaft freisetzten, machten die bis dahin schwersten Terroranschläge den ägyptischen Frühling zunichte. Aswani befürchtete: »Die Regierung wird die Situation ausnützen, für neue Verhaftungen und noch brutalere Maßnahmen.«[52]

»Ich erkläre hier, in der Provinz Minufiya, in Ihrer Anwesenheit, dass ich mich entschlossen habe, für die Präsidentschaftswahlen zu kandidieren. Ich werde versuchen, das Vertrauen und die Unterstützung des Volkes für eine neue Amtszeit zu gewinnen.« Am Tag der Verkündung seiner Absicht, unbeeindruckt von allen äußeren Einflüssen im Amt bleiben zu wollen, unternahm Hosni Mubarak eine symbolträchtige Reise nach Shebin el Kom im Nildelta. Seine Heimatstadt bot Mubarak, der seit der Vertreibung des Königs Anfang der fünfziger Jahre der am längsten regierende Herrscher Ägyptens war, die adäquate Kulisse für eine landesweit ausgestrahlte Fernsehbotschaft an das deprimierte Volk.[53] »Mit unserem Blut und unserer Seele opfern wir uns für Mubarak«, riefen die herbeizitierten Anhänger dem Alleinherrscher zu; eine perfekte Inszenierung, um der Fernsehnation die bestellten Lobhuldigungen auch akustisch darzureichen.

Auf dem Gelände seiner alten Volksschule pries sich der wichtigste Verbündete Amerikas in Nordafrika als einzigen Garanten von Sicherheit und Stabilität. Allerdings sind diese beiden Säulen vom Einsturz bedroht. Mubarak dürfte noch sein letztes Gespräch mit Außenministerin Condoleezza Rice einen Monat zuvor in Scharm el Scheich in Erinnerung haben: Ägypten müsse die Vorreiterrolle bei den politischen Reformen im Nahen und Mittleren Osten übernehmen, hatte sie ihn bedrängt.[54]

Mubarak hielt sich an das Skript, das ihm Washington verordnet hatte, um die Wirkung des außenpolitischen Kurswechsels der USA gegenüber arabischen Staaten, die sich weder um politische Freiheiten noch um demokratische Strukturen und Menschenrechte scherten, besser darstellen zu können. Er werde sich nach seiner de facto garantierten Bestätigung im Amt für Änderungen in der Verfassung einsetzen, sagte Mubarak: Die Befugnisse des Präsidenten würden zugunsten des Parlaments (beide Kammern werden zu 90 Prozent von Mubaraks nationaldemokratischer Partei beherrscht) reduziert und die Notstandsgesetze abgeschafft, die ihn unter anderem ermächtigt hatten, noch im Frühsommer 2005 rund 15 000 Verdächtige, einschließlich zahlreicher Rechtsanwälte, auf unbestimmte Zeit ins Gefängnis zu sperren. Dass am Inhalt der Notstandsgesetze irgend etwas auszusetzen sei, wollte Mubarak bei seiner telegen inszenierten Erklärung nicht erkennen. Diese Gesetze hätten »zu einem großem Umfang die terroristische Bedrohung verringert und dazu beigetragen, viele Terrorplanungen in den vergangenen Jahren präventiv zu vereiteln«.

Verdächtige könnten allerdings auch künftig ohne Anklage

oder gar Gerichtsverfahren zeitlich unbegrenzt festgenommen werden – mit Hilfe eines neuen, inhaltlich aber ähnlichen Antiterrorgesetzes, jubelten Mubaraks Anhänger nach der Ansprache.[55] So könnten die Instrumente im Kampf gegen die einheimischen Islamisten unverändert weiter angewandt werden, vor allem gegen die Muslimbruderschaft, die zahlenmäßig größte und politisch einflussreichste Oppositionsbewegung im Lande. »Viele Länder haben in jüngster Zeit umfassende Gesetze im Kampf gegen den Terror verabschiedet. Die Zeit ist reif, sich dem in der kommenden Legislaturperiode anzuschließen«, formulierte der Staatchef.

Kairo und Washington: eine strategische Partnerschaft

Ein Mitarbeiter Mubaraks betritt das Amtszimmer des ägyptischen Präsidenten – so beginnt einer der populärsten politischen Witze in Kairo. »Herr Präsident«, sagt der Gehilfe, »ist es nicht an der Zeit, dass Sie Ihre Abschiedsrede an das ägyptische Volk schreiben sollten?« – Mubarak blickt den Mitarbeiter zunächst unverwandt und dann ein bisschen verwirrt an: »Wohin gehen die denn?«[56]

Präsidentschaftswahlen anzusetzen, während gleichzeitig mit Hilfe von Notstandsgesetzen jeder missliebige oppositionelle Gegner oder auch nur Sympathisant im Gefängnis landen kann: Im Fall Ägyptens treten die strategischen Zielkonflikte offen zutage, denen die US-Regierung bei der Forcierung ihrer Demokratisierungspolitik in arabischen und muslimischen Ländern ausgesetzt ist. Ungeachtet der deutlichen Unterstützung Washingtons für den bekanntesten ägyptischen Oppositionspolitiker und Mubarak-Herausforderer Ajman Nur, wegen dessen Inhaftierung Ende Januar 2005

Condoleezza Rice demonstrativ ihre Teilnahme an einer hochkarätigen Konferenz in Kairo absagte, um dann während ihrer Juni-Visite in Ägypten mit Nur und anderen Oppositionellen zusammenzutreffen,[57] glaubte Hosni Mubarak seine innenpolitische Unterdrückungsmaschinerie unter dem Deckmantel des »Krieges gegen den Terrorismus« nur unwesentlich drosseln zu müssen.

Die »strategische Partnerschaft«, die Washington und Kairo seit der Anerkennung Israels durch Ägypten miteinander verbindet, werde schon tragfähig genug sein, hoffte der Staatschef starrsinnig. Schließlich habe ihn George W. Bush mit allen Insignien des reformgewillten Freundes Amerikas ausgestattet: Ägypten habe eine »feste Haltung gegen den Terror« eingenommen, indem es »die Aktivitäten und Möglichkeiten der terroristischen Organisationen in der Region« störe. Das kennzeichne »eine Nation und einen Staatsmann, die die Bedrohung verstanden haben, die der Terrorismus für uns alle darstellt«, konnte Mubarak bei seinem prestigeträchtigen Abstecher auf die Ranch in Crawford von George W. Bush hören.[58]

Mubaraks politische Überlebensstrategie baut darauf, dass die Rolle des ägyptischen Herrschers bei den »jahrelangen Bemühungen zum Wohle des Friedens und der Stabilität im Nahen und Mittleren Osten« für Amerika unverzichtbar sei. Dem US-Präsidenten sind die Hände gebunden – er kann seinen »guten Freund Hosni« allenfalls ermahnen und insofern Belebungsversuche machen, indem er dafür wirbt, dass »Ägypten den demokratischen Standard in der Region setzen wird durch die Stärkung demokratischer Institutionen und politischer Beteiligung«.

Die systematischen Menschenrechtsverletzungen durch das Mubarak-Regime, die das State Department Jahr für Jahr bilanziert, stehen in krassem Widerspruch zur offiziellen Rhetorik Washingtons. »Die Bürger [Ägyptens] haben keine sinnvolle Möglichkeit, ihre Regierung zu wechseln«, schrieb das US-Außenministerium in seinem jüngsten Menschenrechtsbericht über die Situation in Ägypten. Zivilisten würden vor Militärgerichte, politische Verdächtige vor Ausnahmegerichte gestellt. Der Sicherheitsapparat »misshandelt und foltert Gefangene unverändert, verhaftet Personen willkürlich und setzt sie fest«. Polizisten in den Dörfern würden Menschen »töten, foltern und anderweitig misshandeln«. Nach wie vor lasse Kairo keine freie Presse zu und unterdrücke die Versammlungs- und Vereinigungsfreiheit. Arbeitnehmerrechte würden von der Regierung beschnitten, Kinderarbeit bleibe unverändert weit verbreitet, Arbeiter seien gefährlichen Arbeitsbedingungen und anderen Missbräuchen seitens der Arbeitgeber ausgesetzt.[59]

In der Ära nach dem 11. September 2001, resümierte der ägyptische Journalist Ayman El-Amir, habe Präsident Bush zwar die richtigen Konsequenzen gezogen, aber die falsche Politik angewandt. Außenministerin Rice habe bei ihrem Besuch in Ägypten »eingestanden, dass die Vereinigten Staaten im Nahen und Mittleren Osten 60 Jahre lang eine Politik der ›Stabilität auf Kosten der Demokratie verfolgt haben und dass wir nichts von beidem erreicht haben‹«. Die »Stabilität« im Nahen und Mittleren Osten sei, wie in vielen anderen Regionen der Welt auch, »niemals zuvor so trügerisch wie jetzt gewesen und der Terrorismus niemals zuvor tödlicher«.[60]

Es ist ein Wettlauf mit der Zeit: Gelingt es Washington, durch demokratische Reformbemühungen den islamistischen Extremisten das für sie fruchtbare politische Umfeld in ihren Heimatstaaten zu entziehen, bevor die Extremisten diese Länder mit ihren Terroraktionen radikalisieren? Dabei hat sich George W. Bush mit seinem Plädoyer für eine langfristig angelegte Demokratisierung des Nahen und Mittleren Ostens in ein Dilemma gebracht, das auf dem kaum zu lösenden sicherheitspolitischen Interessenkonflikt der Weltmacht beruht:

- Zum einen muss Washington in Ägypten und anderen arabischen Staaten, die mit den USA verbündet sind, glaubwürdig nachweisen, dass dem vielbeschworenen »demokratischen Frühling« des Jahres 2005 weitere Schritte zur Öffnung und zur Partizipation von oppositionellen Gruppierungen folgen. Dabei geht es in erster Linie um die politische Beteiligung von überwiegend islamistisch ausgerichteten Organisationen, die mit Sicherheit nicht zu den traditionellen Freunden Amerikas gerechnet werden können.
- Zum anderen ist für die USA die innenpolitische Stabilität von strategisch wichtigen Ländern wie Ägypten und Jordanien mit Blick auf den Schutz Israels nach wie vor von zentraler Bedeutung.
- Zum dritten legt die ungebremste Nachfrage von Erdöl durch die USA – gegenwärtig importieren die Vereinigten Staaten 58 Prozent ihres Erdölbedarfs aus dem Ausland, in fünfzehn Jahren wird dieser Anteil nach Berechnungen des US-Kongresses auf 68 Prozent steigen – die Schlussfolgerung nahe, dass die strategische Sicherung der Erdölvorräte in den arabischen Staaten das übergeordnete Ziel amerikanischer Außen- und Sicherheitspolitik bleiben wird.

Die jahrzehntelange Patronage der autokratischen Herrscher zugunsten einer politischen Öffnung der Regime zu beenden, auf deren Wohlwollen und Unterstützung Washington unverändert angewiesen ist, das ist selbst für eine derart dominante Weltmacht wie die Vereinigten Staaten eine kaum zu bewältigende Aufgabe. Zusätzlich erschwert wird sie durch die Folgen des Irakkriegs und Washingtons Auftreten im »globalen Krieg gegen den Terrorismus«. So gerät der Paradigmenwechsel Amerikas in der Region zu einem weltpolitischen Feldversuch mit höchst ungewissem Ausgang. Im besten Fall werden Historiker eines Tages rückblickend von einer Phase sprechen, während der lange Zeit nicht zu erkennen war, welche der beiden Möglichkeiten die Oberhand gewinnen sollte: mit der gewaltsam betriebenen Transformation der arabischen Staaten grandios zu scheitern oder grandios zu siegen.

Schwindet die Unterstützung für den islamistischen Terror?

»Wir unterbrechen unsere Berichte über terroristische Greuel für eine Sondermeldung: Die Unterstützung für Selbstmordattentate und islamistischen Extremismus ist in der muslimischen Welt – zusammen mit dem Hass auf den großen Satan [USA] – tatsächlich rückläufig.«[61] Für die waidwunden Seelen der letzten publizistisch aktiven Neokonservativen, die sich nach der erschreckenden Begegnung ihrer Befreiungsthesen mit der Realität nicht alle in die Hochburgen der akademischen Welt oder in die Korridore der Weltbank hatten zurückziehen können, bot eine umfangreiche Studie des renommierten Pew Center for the Public and the Press Linderung. Max Boot, einer der getreuen Neokonservativen aus den Zeiten des »Komitees zur Befreiung des Irak«, hatte die detaillierte demoskopische Untersuchung ausgewertet und konnte den Lesern der *Los Angeles Times* erleichtert mitteilen: »Es ist genau so, wie Präsident Bush gesagt hat. Obgleich seine Aktionen und seine Rhetorik von seinen amerikanischen und europäischen Kritikern als ›unrealistisch‹ und ›extremistisch‹ verunglimpft worden sind, stellt sich nun heraus, dass die Muslime sie begrüßen.«[62]

Tatsächlich ging aus den Meinungserhebungen in westlichen und muslimischen Staaten unter anderem hervor, dass eine große und weiter zunehmende Mehrheit der Bevölkerung in den muslimischen Ländern der Auffassung ist, dass Demokratie auch in ihrer Heimat funktionieren könne und nicht exklusiv nur für den Westen da sei. In Marokko waren 83 Prozent der Befragten dieser Meinung, im Libanon ebenfalls 83 Prozent, in Jordanien 88 und in Indonesien 77 Prozent. Und auf die Frage, ob sie glaubten, dass die Vereinigten Staaten sich in ihren Ländern wirklich für Freiheit und Demokratie einsetzten, gaben rund die Hälfte der befragten Menschen in Jordanien und im Libanon sowie rund zwei Drittel in Indonesien zurück: Ja, davon seien sie überzeugt.

Max Boot konnte seine Genugtuung kaum verhehlen, es den besserwisserischen Bush-Gegnern zeigen zu können: »Stellen Sie sich das mal vor: Bushs Taten könnten eine proamerikanischere Einstellung der Menschen im Nahen und Mittleren Osten bewirkt haben!«[63]

Die Umfrageergebnisse, die auf der Befragung von 17000 Menschen in siebzehn Ländern im Mai 2005 basierten, versetzten die treuen Anhänger der reinen Lehre wie Boot in helle Begeisterung, um so mehr, weil dem Projekt des Pew Centers zur Ermittlung von politischen, religiösen und sozialen Einstellungen weltweit die ehemalige US-Außenministerin Madeleine Albright vorsteht, eine ausgewiesene Demokratin und Realpolitikerin. Diesen Zahlen zufolge sank die Unterstützung von Selbstmordattentaten in Ländern wie dem Libanon, Marokko und Pakistan deutlich. Osama bin Laden, der sich noch zu Beginn des Irakkriegs in zahlreichen muslimischen Ländern hoher Zustimmungswerte erfreuen konnte, verlor in den beiden Folgejahren deutlich an Sympathie. Zugleich sähen zunehmend mehr Muslime den islamistischen Extremismus als eine Bedrohung für ihre eigenen Länder an.

Natürlich, so schloss Max Boot sein Plädoyer für die segensreiche Wirkung der Demokratisierungspolitik des US-Präsidenten, seien demoskopische Zahlen naturgemäß stets schwankend, und es »gebe da draußen noch eine Menge Feindseligkeit gegenüber den Vereinigten Staaten«. Sicherlich werde es Terroristen wie in London auch immer wieder gelingen, Chaos und Panik zu erzeugen. »Doch zumindest gibt es einige Anzeichen dafür, dass die Schlacht um die Herzen und Köpfe in der islamischen Welt alles andere als hoffnungslos ist.«[64]

Nehmen die antiwestlichen Gefühle zu?

»Man gewinnt wirklich nicht die Herzen und Köpfe, indem man Krankenhäuser und Leichenhallen füllt.« Ein Jahr nach der Einnahme Bagdads durch amerikanische Einheiten machte Douglas Hurd, bis 1995 britischer Außenminister unter den konservativen Premierministern Margaret Thatcher und John Major, gegenüber dem Radiomoderator der BBC keinen Hehl aus seiner beißenden Kritik am Vorgehen der US-Soldaten. Die Angriffe mit Kampfhubschraubern auf Falludscha hätten den Extremisten ein großartiges Propagandageschenk gemacht.

Der fünfundsiebzigjährige Hurd, der schon zwei Monate vor dem Irakkrieg in der *Financial Times* vor der radikalisierenden Wirkung einer Invasion auf junge Muslime in aller Welt gewarnt hatte, analysierte nüchtern die Lage, wie sie sich ihm als jahrzehntelangem Angehörigen des Foreign Office und ehemaligem Chef der britischen Diplomatie darstellte: Dass die Gewalt gegen die amerikanischen Einheiten jetzt, im März/April 2004, drastisch zunehme, sei »fast unausweichlich«. Die Vereinigten Staaten und ihre Verbündeten hätten die politische Macht jemandem übergeben sollen, »der wirklich Einfluss im Lande hat«, nicht aber irakischen Exilpolitikern, die über gute Kontakte zum Pentagon verfügten. »Allein die Vorstellung, man könnte einfach einen Tyrannen loswerden und dann noch die Demokratie mit den Methoden verordnen, die wir dort angewendet haben«, und an dieser Stelle sammelte sich Hurd ein wenig, »widerspricht den meisten Leuten, die auch nur ein bisschen Ahnung von der Region haben.«[65]

Baron Hurd of Westwell, der nach dem Einmarsch der irakischen Truppen in Kuwait 1990 als Chef des Foreign Office eng mit Präsident Bush senior, US-Außenminister James Baker und Verteidigungsminister Dick Cheney an der Bildung der Anti-Saddam-Koalition mitgearbeitet und die Überwachung der Flugverbotszonen über dem Irak diplomatisch vorbereitet hatte, fühlte sich in seinen schlimmsten Befürchtungen bestätigt. Unbelastet von politischen Ämtern und Verpflichtungen und mit der Glaubwürdigkeit eines Elder Statesman, der aus seiner Meinung keinen Hehl zu machen brauchte, dürfte Hurd in den Jahren nach dem Irakkrieg oft an seine Warnungen vor den Folgen einer Invasion gedacht haben.

Die Vorstellung, dass die Absetzung Saddam Husseins den Beginn des glorreichen Einzugs von Freiheit und Demokratie im Nahen und Mittleren Osten bewirken werde, sei abenteuerlich, hatte er Anfang Januar 2003 die Öffentlichkeit wissen lassen. »Diese Vorhersagen scheinen mir ein atemberaubendes Beispiel für die menschliche Fähigkeit zum Selbstbetrug zu sein«, schrieb Hurd damals in der *Financial Times.* Der amerikanische Präsident und der britische Premierminister müssten die »unzweifelhaften Vorteile eines Sturzes von Saddam Hussein gegen die Risiken abwägen, den Nahen und Mittleren Osten in ein unerschöpfliches Rekrutierungsreservoir von antiwestlichem Terrorismus zu verwandeln«.[66] Die Rechtfertigung des Krieges sei »nicht alles, seine Konsequenzen müssen ebenso abgewogen werden«.

Ein präventives Eingreifen könne sicherlich aus moralischen und intellektuellen Gründen gerechtfertigt werden. Doch die »größte Gefahr« werde nicht im Kampf gegen die irakischen Streitkräfte bestehen, sondern in den »Nachwirkungen eines Krieges in der gesamten Region, die sich unzweifelhaft als unter US-Dominanz stehend betrachten wird«.[67]

Inzwischen hatte die Wirklichkeit Hurds prophetische Warnungen eingeholt. Nun, nach den Terroranschlägen in London, meldete sich der frühere britische Außenminister zurück, zu einem Zeitpunkt, zu dem – so glaubte Hurd – eine stark verunsicherte Nation Zuflucht bei den Aussagen ihres Premierministers suchte, die Attentate auf das Nahverkehrsnetz der britischen Hauptstadt hätten nichts mit dem Irakkrieg und der Rolle Großbritanniens zu tun.

Niemand, der noch bei Verstand war, würde behaupten, dass es den von Al Kaida geprägten Terrorismus nicht schon vor der Invasion in den Irak gegeben hätte, begann Hurd seine Philippika. Ebensowenig würde ein vernünftiger Menschen behaupten können, Großbritannien würde sich durch »einen Abzug unserer Truppen aus dem Irak sicherer machen«.[68] Hurd wollte sich nicht dem Vorwurf aussetzen, das politische Geschäft der islamistischen Extremisten zu besorgen. Was ihn allerdings ärgerte, war die vorsätzliche Negierung der Konsequenzen, die das britische Engagement im Irak für das politische Bewusstsein junger britischer Muslime im allgemeinen und für die Taten der Attentäter vom 7. und 21. Juli 2005 hatte.

»Jedesmal, wenn [britische] Minister davon träumen, dass sie der Irakfrage entkommen sind, taucht sie wieder auf und trifft sie hart auf den Hinterkopf«, schrieb Douglas Hurd im *Independent.* In den Tagen nach den Bombenanschlägen von London sei es als ein Zeichen »des schlechten Geschmacks« gewertet worden, wenn man den Irak erwähnte. Erst die Äußerungen von Charles Kennedy, des Vorsitzenden der Liberalen Partei, sowie die eindeutige Analyse des renommiertesten außen- und sicherheitspolitischen Think Tanks des Landes, Chatham House, hätten das »unnatürliche Tabu« gebrochen. So unwillkommen die Schlussfolgerungen für das Kabinett von Tony Blair auch sein mochten, sie blieben »offenkundig und wahr: Die Wahrscheinlichkeit, dass sich junge Muslime, ob in Großbritannien oder andernorts, durch unsere Handlungen im Irak vom Terrorismus angezogen fühlen, hat zugenommen. Wir haben ein muslimisches Land angegriffen mit einer Begründung, die sich als leer herausstellte. Wir haben internationales Recht gebrochen. Wir sahen uns keiner ernsthaften Bedrohung durch Saddam Hussein ausgesetzt und haben keine Genehmigung vom Weltsicherheitsrat erhalten. Wir haben über Tausende von Irakern den Tod gebracht.«

Die britischen Antiterrorexperten Frank Gregory und Paul Wilkinson kamen in ihrem Bericht für das Chatham House zu dem gleichen Ergebnis: »Es gibt keine Zweifel daran, dass die Situation im Irak dem Vereinigten Königreich und der übrigen Koalition gegen den Terrorismus ganz besondere Schwierigkeiten bereitet hat. Sie hat der Propaganda, Rekrutierung und dem Spendeneintreiben der Al Kaida gewaltigen Auftrieb verliehen, die Koalition gespalten, ein ideales Anschlags- und Ausbildungsgebiet für mit Al Kaida vernetzte Terroristen geschaffen und Ressourcen und Unterstützung absorbiert, die zur Stützung der [afghanischen] Regierung Karzai und zur Dingfestmachung von bin Laden hätten eingesetzt werden müssen.«[69]

Als engem Verbündeten Washingtons sei es London nicht gelungen, als »gleichberechtigter Entscheidungsträger« in Erscheinung zu treten. Vielmehr habe Premierminister Blair »im Beifahrersitz« Platz genommen und »das Lenken« dem US-Präsidenten auf dem »Fahrersitz« überlassen. Dieses Missverhältnis, das schon seit Beginn des Irakkrieges immer wieder von politischen Kolumnisten und Historikern wie Timothy Garton Ash[70] bemängelt wurde, »war sehr kostspielig in bezug auf das Leben britischer und amerikanischer Soldaten, das Leben der Iraker, die Militärausgaben und den beim Antiterrorfeldzug angerichteten Schaden«.

Sich aus politischen Opportunitätsgründen zu weigern, die Realität anzuerkennen, wie es Douglas Hurd dem britischen

Premierminister vorwarf, dürfe allerdings nicht so weit gehen, der Bevölkerung die These verkaufen zu wollen, »dass im Irak jetzt Muslime Muslime töten«. Dann müsste Downing Street auch einräumen, »dass dies ein unmittelbares Ergebnis unserer Invasion und der Situation ist, die wir geschaffen haben«. An die Stelle des grausamen Diktators, den man abgesetzt habe, sei »heute ein Szenario aus Blutbad und Anarchie in Teilen des Irak« getreten: »Wir haben im Irak eine neue Basis für den Terrorismus geschaffen, und dies macht die Welt einschließlich Großbritanniens unsicherer.«

Was jetzt zu tun sei? Ein sofortiger Abzug der alliierten Truppen würde die Lage nur noch schlimmer machen. Es reiche aber nicht aus, dort zu bleiben, bis der Job beendet sei, wie der Premierminister immer wieder sage. Dass die irakischen Sunniten den Wahlen Ende Januar 2005 ferngeblieben sind, sei ein Fehler der Sunniten gewesen, »aber auch ein Desaster für den Irak«. Denn ohne Sunniten in der Regierung könne es keine Stabilität geben. Zwischen den drei ethnischen Volksgruppen müsse »ein Friedensprozess« beginnen, in dessen Rahmen ernsthafte Versuche unternommen werden müssten, die »Mörder zu isolieren, von denen viele aus dem Ausland kommen«. Von der Bereitschaft der Sunniten, Schiiten und Kurden, zu einem tatsächlichen Ausgleich und zur Versöhnung zu kommen, müssten es Amerika und Großbritannien abhängig machen, ob und wie lange sie ihre Einheiten im Land belassen.

Der Irak werde niemals »zu einem glänzenden Beispiel einer kapitalistischen Demokratie werden, wie es sich Präsident Bush in seiner ersten Amtszeit vorgestellt hat«. Falls man aber aus den Fehlern lernen wolle, dann bestehe nach wie vor die Chance, dass der Irak »ein salonfähiger Nahoststaat wird, in dem Kurden, Sunniten und Schiiten harmonisch zusammenleben und den Reichtum des Landes für das Gemeinwohl verwenden«.[71]

Gegen 2.30 Uhr am 1. August 2005 wurde die Nachtruhe von Präsident Bush gestört. König Fahd sei soeben verstorben, vernahm der wichtigste Verbündete des Hauses Saud noch ein wenig schlaftrunken. Der Nachfolger sei bereits bestimmt worden, der bisherige Kronprinz Abdullah. Ob der Präsident den neuen König anrufen wolle, um zu kondolieren? Bush ließ eine Telefonverbindung nach Riad herstellen.[72]

»König Fahd war ein Mann der Weisheit und ein Anführer, dem Respekt in der ganzen Welt entgegengebracht wurde«, würdigte der Präsident am nächsten Tag den Verstorbenen. »Er war jahrzehntelang ein Freund und ein starker Verbündeter der Vereinigten Staaten.« Zu Amerikas Präsidenten habe er stets eine »warmherzige Freundschaft« unterhalten.

Bush erklärte weiter, er habe dem neuen König gratuliert und ihm »Frieden und Wohlstand« gewünscht. Die Vereinigten Staaten sähen einer Fortsetzung der »engen Partnerschaft zwischen unseren beiden Ländern« entgegen.[73]

Dass dem saudischen Königshaus der Thronwechsel bevorstand, wusste der US-Präsident nur zu gut. Spätestens der Abschied des langjährigen saudischen Botschafters in Washington, Prinz Bandar bin Sultan, anderthalb Wochen vor der offiziellen Nachricht vom Ableben König Fahds, war als unmissverständliches Zeichen für einen sich ankündigenden Machtkampf innerhalb des weitverzweigten Königshauses verstanden worden.

Bin Sultans beispiellos enge und freundschaftliche Beziehungen zu allen wesentlichen Mitgliedern der US-Regierungen von Ronald Reagan bis zur Familie von George W. Bush hatten ihn zum entscheidenden Bindeglied zwischen den USA und dem größten Erdölproduzenten der Welt gemacht. Vom amerikanischen Präsidentenclan als »Bandar Bush« nahezu adoptiert, verfügte der Sohn des saudischen Verteidigungsministers und heutigen Kronprinzen Sultan bin Abdul-Aziz über unbeschränkten Zugang zum Weißen Haus. Er konnte unmittelbar nach dem 11. September 2001 in einem vertraulichen Gespräch mit George W. Bush sicherstellen, dass es nicht zu wesentlichen Störungen im bilateralen Verhältnis kam, obwohl die meisten Flugzeugattentäter saudischer Nationalität waren, schlichtete im Frühjahr 2002 den heftigen Streit zwischen dem US-Präsidenten und dem damaligen Kronprinzen Abdullah über die Folgen der israelischen Operation Schutzschild, die nach einem verheerenden Bombenattentat auf das Park-Hotel in Netanja zu einer Wiederbesetzung des Westjordanlands geführt hatte, und sorgte schließlich dafür, dass die Saudi-Arabien betreffenden Passagen im unabhängigen Untersuchungsbericht über den 11. September auf Anordnung des Weißen Hauses nicht veröffentlicht wurden. »Er war mehr als zwanzig Jahre lang ein unermüdlicher Advokat enger, vertrauensvoller Beziehungen und gegenseitigen Verständnisses zwischen den Vereinigten Staaten und Saudi-Arabien«, lobte Präsident Bush den scheidenden Prinzen.[74]

Mit seinem »Freund« König Abdullah an der Spitze Saudi-Arabiens, so hoffte Bush, würde die Kontinuität gewahrt bleiben, und auf die kam es im Verhältnis des größten erdölimportierenden Landes zum größten erdölexportierenden Land auch an.

Mit dem Tod des greisen saudischen Monarchen hatte sich der Kreis geschlossen. Im Verlauf der dreiundzwanzig Jahre seiner offiziellen Herrschaft, die nach dem Schlaganfall des Regenten 1995 auf seinen Halbbruder übertragen worden war, bauten König Fahd und die amerikanischen Präsidenten ihren profitablen sicherheitspolitischen Pakt aus – einen Pakt, der allerdings auch die ideologisch-politische Grundlage für den Aufstieg Osama bin Ladens und der ihm nacheifernden islamistischen Extremisten bildete. »Während seiner Regentschaft half der beleibte, spitzbärtige Fahd […] ungewollt, den Aufstieg des islamistischen Extremismus anzufachen, indem er den [religiösen] Hardlinern zahlreiche Zugeständnisse machte, in der Hoffnung, seine Glaubwürdigkeit bei den Islamisten zu verbessern«, schrieben amerikanische Medien nach dem Tod des Herrschers. »Er führte das Königreich aber auch enger an die Seite der Vereinigten Staaten und stimmte einem Schritt zu, der viele Konservative erzürnte: der Stationierung von US-Truppen auf saudischem Boden nach der irakischen Invasion Kuwaits 1990.«[75]

Das für das saudische Königshaus traumatische Jahr 1979 mit der iranischen Revolution und der blutig beendeten Besetzung der Heiligen Moschee in Mekka durch islamistische Extremisten verstärkte den außen- und sicherheitspolitischen Schulterschluss zwischen den Vereinigten Staaten und Saudi-Arabien noch, der zur massiven finanziellen und militärischen Aufrüstung der afghanischen »Widerstandskämpfer« während der achtziger Jahre führte. Dem »Heiligen Krieg« gegen die sowjetische Besatzung Afghanistans schlossen sich Tausende von jungen Islamisten aus Saudi-Arabien an, unter ihnen auch der Sohn einer der reichsten saudischen Familien, Osama bin Laden.

Dass sich nach dem Abzug der Roten Armee aus Afghanistan 1989 weder die amerikanischen noch die saudischen und pakistanischen Geheimdienste um die neuen Aktivitäten der beschäftigungslosen Dschihadisten kümmerten, gehört zu den folgenschwersten Versäumnissen der ungleichen Alliierten. »Das internationale Umfeld war für bin Ladens Bemühungen ideal«, fasste später die unabhängige Kommission zur Untersuchung der Terroranschläge vom 11. September 2001 zusammen. Saudi-Arabien und die Vereinigten Staaten hätten den Rebellengruppen in Afghanistan »Milliarden von Dollars« für ihren Krieg gegen den gemeinsamen Feind, die Sowjetunion, zukommen lassen. Die Verteilung der enormen Finanzmittel an die islamistischen Kämpfer sowie deren operative Leitung übernahm der pakistanische Geheimdienst Inter-Services Intelligence Directorate (ISID).[76]

Ideologisch-religiös durch die schiitische Errichtung der Islamischen Republik Iran herausgefordert, betrieb König Fahd, der sunnitische »Hüter der beiden Heiligen Stätten«, eine beispiellose Förderung des streng konservativen wahhabitischen Klerus in Saudi-Arabien und bestellte damit das gesellschafts- und kulturpolitische Feld der Islamisten. Nach dem irakischen Einmarsch in Kuwait 1990 und der Zustimmung von König Fahd zur dauerhaften Stationierung von Zehntausenden amerikanischer Soldaten fielen die islamistischen Früchte der Gewalt auf noch fruchtbareren Boden.

»Die [saudische] Regierung leitet ihre Legitimation aus dem islamischen Recht ab«, beschrieb das amerikanische Außenministerium 1996 in seinem alljährlichen Menschenrechtsbericht die Lage und führte all diejenigen Instrumente auf, die auch noch zehn Jahre später zur Machtsicherung des Regimes angewendet wurden: »Die Regierung verübt und toleriert schwere Menschenrechtsverstöße. Rechtsbereiche verbieten oder schränken die Redefreiheit, Pressefreiheit, Versammlungsfreiheit und die Freiheit zum Zusammenschluss ein. Es herrscht eine systematische Diskriminierung von Frauen.«[77]

Bin Ladens seit 1991 erhobenen Anschuldigungen, die Mitglieder des saudischen Königshauses seien Agenten der Vereinigten Staaten, begegnete Riad mit einer halbherzigen Doppelstrategie: Die Herrscher suchten sich von der Bedrohung durch die islamistische Bewegung im eigenen Land »freizukaufen, indem sie die Kontrolle über zahlreiche sozial- und bildungspolitische Entscheidungen den Fundamentalisten überließen […] und Geld für den Bau von Moscheen und Religionsschulen spendeten, in denen deren [wahhabistische] Auslegung der islamischen Lehre verkündet und unterrichtet wurde«.[78] Zugleich lehnte das Königshaus bin Ladens Angebot ab, nach dem irakischen Überfall auf Kuwait das benachbarte Land mit Hilfe ehemaliger Afghanistankämpfer zu befreien.

Im April 1991 konnte sich der inzwischen zu erheblicher Popularität aufgestiegene Al-Kaida-Chef in den Sudan absetzen, um von dort aus seinen Krieg gegen die USA fortzuführen. Nach dem Anschlag auf eine saudisch-amerikanische Einrichtung in Riad im November 1995, bei dem fünf Amerikaner und zwei Inder getötet wurden, machten die Behörden vier Verdächtige für das Attentat verantwortlich, die von Osama bin Laden »inspiriert« worden seien. Dem amerikanischen Drängen, der Bundespolizei FBI Zugang zu den Verhafteten sowie zu den Ermittlungsergebnissen zu verschaffen, widersetzte sich Riad mit einer Hartnäckigkeit, die die Clinton-Regierung verzweifeln ließ.

Dieselbe Erfahrung musste Washington ein Dreivierteljahr später machen: Von der Aufklärung des verheerenden Bombenanschlags auf die Khobar Towers, einem Wohnkomplex von US-Einheiten in Dhahran, bei dem im Juni 1996 neunzehn amerikanische Soldaten getötet und 372 verletzt wurden, blieben die Sicherheitsexperten des größten Verbündeten erneut im wesentlichen ausgesperrt. Für das Attentat machten US-Dienste in erster Linie die »saudische Hisbollah, eine Organisation, die von der Regierung des Iran Unterstützung erhalten hatte«, verantwortlich.[79] Zu der Desillusionierung Washingtons angesichts der Weigerung der saudischen Regierung, anzuerkennen, dass »amerikanische Soldaten ihr Leben für die Verteidigung Saudi-Arabiens gegeben haben«,[80] gesellte sich nach dem 11. September 2001 die beiderseitige Entfremdung der ungleichen Verbündeten.

»Viele Amerikaner betrachten Saudi-Arabien als Feind, nicht als kampfbereiten Alliierten«, stellte die Untersuchungskommission über die Terrorangriffe auf New York und Washington in ihrem Abschlussbericht fest. Sie sähen im saudischen Königshaus ein autokratisches Regime, das die Rechte der Frauen unterdrücke und von einer reichen und trägen Elite dominiert werde. Die »Dämonisierung« Saudi-Arabiens in den amerikanischen Medien und durch zahlreiche Kongressabgeordnete und Senatoren habe einen fatalen Effekt, denn sie versorge »die Radikalen mit der Munition, die Reformer zu beschuldigen, US-Lakaien zu sein«. Auch die Stimmung in der saudischen Bevölkerung, wie sie in mit Vorsicht zu genießenden Umfragen zum Ausdruck kam, spiegelte diese verhängnisvolle Wechselwirkung wider: Der Anteil der Saudis, der Vertrauen in die USA hatte, sank von 60 Prozent im Jahr 2000 auf ganze 4 Prozent nur vier Jahre später.[81]

Widerwillig musste sich das Herrscherhaus eingestehen, dass seine Strategie, sich durch die Förderung der konservativ-religiösen Kräfte im eigenen Lande einen »Waffenstillstand« zu erkaufen, gescheitert war. Wie in Pakistan, dem Jemen und anderen Staaten, die Ziele von Terroranschlägen geworden waren, änderte auch Saudi-Arabien seine Einstellung zum extremistischen Islamismus. Die Anschläge vom 12. Mai 2003 auf die Wohnquartiere ausländischer Gastarbeiter in Riad bewirkten, dass im Königreich »offen über das Problem der Radikalisierung gesprochen wurde«. Zugleich wurde die offizielle Unterstützung für »religiöse Auslandsaktivitäten verringert, verdächtige wohltätige Stiftungen geschlossen und Verhaftungen bekanntgemacht – sehr öffentliche Reaktionen für eine Regierung, die es bislang vorgezogen hatte, ihre internen Probleme zu verheimlichen«.[82]

Die sehr spät, wahrscheinlich zu spät einsetzende Erkenntnis darüber, wie stark die Fundamente der eigenen Herrschaft durch die extremistischen Islamisten unterspült worden sind, löste beim damaligen Kronprinzen und heutigen König Abdullah eine zaghafte Reformbereitschaft aus, die von der US-Administration wiederum als Beispiel für die Richtigkeit der eigenen Außenpolitik gewertet wurde. Die Vereinigten Staaten, so lobte Präsident Bush den saudischen Regenten bei dessen Visite in Crawford vorsichtig, begrüßten die »kürzlich abgehaltenen Wahlen der Vertreter zu den Kommunalräten im Königreich«. Washington wünsche sich »entsprechend dem Reformprogramm des Königreichs eine sogar größere Partizipation«[83] der Bevölkerung – wobei überhaupt nur Männer das aktive und passive Wahlrecht hatten.[84]

Sorgsam achtet das Weiße Haus darauf, dass die öffentlichen Appelle an eine weitere politische Öffnung Saudi-Arabiens nicht zum Nachteil der Vereinigten Staaten ausschlagen, die wie die übrigen Industrienationen – unter anderem die Bundesrepublik und die derzeit größten Erdölkunden China und Japan – weiterhin von der beispiellosen Förderkapazität des größten Erdölproduzenten abhängig sind. Von der Kooperation Saudi-Arabiens hängt nichts weniger als das weltwirtschaftliche Gleichgewicht ab.

Erdöl: Schmierstoff für Krieg und Frieden

Die Air Force One landete am Freitag, den 5. August 2005 auf dem King Khalid International Airport. Zwar entstieg nicht der amerikanische Präsident der weiß-blau glänzenden Maschine, doch zumindest die beste Ersatzmannschaft, die sich das Weiße Haus für den offiziellen Kondolenzbesuch vorstellen konnte. Unter der gleißend heißen Augustsonne stiegen Vizepräsident Dick Cheney, Ex-Präsident George H.W. Bush und der ehemalige Außenminister Colin Powell die mit rotem Teppich ausgeschlagene Gangway herab, wurden vom saudischen Empfangsprotokoll begrüßt und zum neuen Herrscher auf dessen »Farm« geleitet.

Es war ein Wiedersehen mit alten Freunden: König Abdullah hakte sich bei Cheney und Bush unter, sehr zur Freude der Photographen der saudischen Nachrichtenagentur und des Weißen Hauses, die als einzige Journalisten Zugang zu dem vertraulichen amerikanisch-saudischen Wiedersehen der Golfkriegspartner erhalten hatten. Der ehemalige Chef des State Department, der sich nach seinem unglücklichen Rückzug aus der Regierung als Partner einer großen Investmentfirma aus dem Silicon Valley verdingt hatte, hielt sich wie immer ein wenig abseits.

Die politische Geste des US-Präsidenten hätte kaum eindeutiger ausfallen können: Mit der Entsendung seines Vaters, der vom saudischen Königshaus wegen dessen Nahostpolitik und seiner Initiative für den Beginn des Friedensprozesses zwischen Israelis und Palästinensern hoch geschätzt wurde, sowie dessen damaligem Verteidigungsminister Cheney und dem früheren Generalstabschef Powell wollte George W. Bush an längst vergangene goldene Zeiten erinnern. Schließlich waren es Bush senior, Cheney und Powell gewesen, die unmittelbar nach dem Einmarsch Saddam Husseins in Kuwait dafür gesorgt hatten, dass König Fahd die Einwilligung zum größten Truppenaufmarsch amerikanischer und alliierter Einheiten im Land der Heiligen Stätten erteilt hatte.

Er brauche keine Bodentruppen, um sein Königreich zu verteidigen, hatte König Fahd den Präsidenten am 4. August 1990 zunächst telephonisch beschieden. Nur die US-Luftwaffe sowie die Lieferung von Ersatzteilen für die saudischen Kampfflugzeuge, die allesamt aus amerikanischer Produktion stammten, wären erwünscht. Ob Bush senior nicht eine Delegation zu ihm schicken könne?[85]

Als anderthalb Tage später Pentagonchef Cheney beim saudischen Monarchen vorsprach und auf eine rasche Genehmigung der ausländischen Truppenpräsenz drängte, quittierte der König die »Versicherung von Präsident Bush«, dass die US-Soldaten das Land verlassen würden, sobald »die Gefahr vorbei ist«, mit einem leisen: »Das hoffe ich auch.« Übersetzt wurde diese spontane Antwort des Herrschers nicht. In Anwesenheit von Kronprinz Abdullah gab der König dann noch während des Gesprächs mit Cheney seine Entscheidung bekannt: »Herr Minister, prinzipiell akzeptieren wir. [...] Ich kümmere mich nicht darum, was andere Leute dazu sagen werden.«[86]

Fünfzehn Jahre nach dieser historischen Begegnung saß die Runde in nahezu gleicher Besetzung wieder in Riad zusammen. Im äußerst dürren offiziellen Kommuniqué über das Treffen ließ das Königshaus anschließend vermelden, beide Seiten hätten über die Situation im Irak, die bilateralen Beziehungen und den israelisch-palästinensischen Konflikt gesprochen.[87]

Mit diesen diplomatisch unverbindlichen Floskeln suchten die beiden einander fremd gewordenen Alliierten eine Entwicklung in den bilateralen Beziehungen zu überspielen, die Cheney und König Abdullah nur allzugut kannten: Das Machtverhältnis hatte sich zugunsten Saudi-Arabiens verschoben. Die Vereinigten Staaten waren abhängiger denn je von dem Königshaus.

»Die Saudis sind heute in einer großartigen Position«, analysierte Professor Jean-François Seznec von der Columbia University, der sich seit zwanzig Jahren mit der wechselvollen Geschichte des amerikanisch-saudischen Verhältnisses beschäftigte und zwischenzeitlich sogar im Dienst saudischer Bankinstitute stand. »Wir können uns nicht jeden zum Feind machen, und wir brauchen deren Öl dringend.«[88]

Drei Jahre nach dem Irakkrieg hatten sich die hoffnungsfrohen Prognosen der US-Regierung nicht erfüllt. Am selben Tag, an dem amerikanische Soldaten in Bagdad mit Hilfe eines Bradley-Bergepanzers vor laufenden Kameras die Statue des Diktators zu Fall brachten, hatte Vizepräsident Cheney vor amerikanischen Zeitungsverlegern versichert, bis Ende des Jahres 2003 werde die irakische Erdölförderung ein Niveau von »2,5 bis 3 Millionen Barrel pro Tag« erreicht haben. Mit diesen Einnahmen wäre »die irakische Regierung« finanziell in der Lage, »das zu tun, was sie machen muss«.[89] Noch optimistischere Schätzungen hofften auf eine Fördermenge von bis zu 6 Millionen Barrel pro Tag innerhalb von fünf Jahren. Wegen der beständigen Angriffe auf die Pipelines und deren Infrastruktur lag die tatsächliche Erdölförderung im Sommer 2005 allerdings erst bei knappen zwei Millionen.

Der Iran, nach Saudi-Arabien der größte Erdölproduzent innerhalb des OPEC-Kartells, war schon vor der Zuspitzung seines Kollisionskurses mit dem Westen als Erdöllieferant für die Vereinigten Staaten ausgeschieden. Aus Venezuela importierten die USA zwar unvermindert große Mengen Erdöl, doch wegen der stark antiamerikanischen Außen- und Energiepolitik des erratischen Präsidenten Hugo Chávez kam das Land ebenfalls nicht als verlässlicher Partner in Frage. Auch hinter Russlands Zusicherung, für marktwirtschaftliche Reformen und verlässliche Rahmenbedingungen für ausländische Investoren zu sorgen, machte Washington ein großes Fragezeichen. Es blieb also nur Saudi-Arabien, das 9 Millionen Barrel pro Tag fördert (Stand Anfang August 2005), von denen 1,5 Millionen an die Vereinigten Staaten geliefert werden, die damit 15 Prozent der amerikanischen Erdölimporte abdecken. Zudem verfügt Saudi-Arabien über die beispiellose Fähigkeit, seine Fördermengen auf die maximale Kapazitätsgrenze von 10,5 Millionen Barrel zu erhöhen.

»Als der weltweit größte Produzent und als weltweit größter Verbraucher [von Erdöl] haben unsere beiden Länder eine besondere Beziehung«, sagte der amerikanische Energieminister Samuel W. Bodman. »Wir sind, zumindest in einigen Bereichen, Partner.«[90] Wie die gesamte US-Regierung, so wusste auch Bodman, dass die weltweite Nachfrage nach Erdöl rasant ansteigt und sich allein im Jahr 2004 um 2,5 Millionen Barrel erhöht hatte. »Und zahlreiche Indikatoren deuten darauf hin, dass dieser Durst nach Petroleum weiter zunehmen wird, vor allem in den aufblühenden Volkswirtschaften Asiens.«

Die neuen aufstrebenden Weltmächte China und Indien umwerben Saudi-Arabien, das 60 Prozent seines Erdöls nach Asien liefert. Indien, das gegenwärtig 70 Prozent seines Erdölbedarfs importieren muss, werde in fünfzehn Jahren 85 Prozent seines Bedarfs mit der Einfuhr des Rohstoffs bestreiten. In Verhandlungen mit Riad bemühte sich der indische Energieminister Mani Shankar Aiyar im Sommer 2005 denn auch darum, Saudi-Arabien für massive Investitionen in indische Erdöl- und Erdgasprojekte zu gewinnen.

Chinas Erdölverbrauch stieg seit Anfang der neunziger Jahre um 7,5 Prozent pro Jahr, siebenmal so schnell wie der US-Verbrauch, und dürfte im Jahr 2030 schätzungsweise bei 13 Millionen Barrel Erdöl pro Tag liegen. Damit würde China, das derzeit 58 Prozent seiner Erdölimporte aus dem Nahen Osten bezieht, den Prognosen zufolge genausoviel Erdöl konsumieren wie die Vereinigten Staaten.[91] »Chinas Erdölbedarf ist der entscheidende Faktor auf den Welterdölmärkten«, so die nüchterne Warnung des amerikanischen Energieministeriums.[92]

Die Vereinigten Staaten hätten diese neuen Realitäten, die aus dem stärker werdenden Konkurrenzkampf mit Indien und China um das wichtigste Handelsgut Saudi-Arabiens entstanden sind, frühzeitig erkannt. Saudi-Arabien kann »die Vereinigten Staaten gegen andere Käufer ausspielen, und warum sollten sie dies auch nicht tun?« fragte Jean-François Seznec.[93] Die Voraussetzungen dafür werden immer besser. Nach Schätzungen der Internationalen Energiebehörde werden die chinesischen Erdölimporte aus dem Nahen Osten in zehn Jahren von 58 auf 70 Prozent des nationalen Bedarfs steigen. Die Folge: »Die Zukunft der chinesischen Volkswirtschaft ist somit untrennbar mit dem Nahen Osten verbunden.«[94]

Öffentlich lobt Washington die Zusammenarbeit mit dem

saudischen Königshaus im Kampf gegen den Terrorismus. Die US-Regierung schätzt die Bereitschaft Riads, dem amerikanischen Drängen nachzugeben und den erhöhten Bedarf Amerikas und der neuen Großkunden durch einen massiven Ausbau der Förderkapazitäten zu decken. Die Rede ist von einer Erhöhung der Erdölförderung auf 12,5 Millionen Barrel pro Tag im Jahr 2009, die nach amerikanischen Vorstellungen auf 22,5 Millionen Barrel im Jahr 2025 ausgebaut werden sollte.

Vor diesem Hintergrund bleibt Washingtons tatsächliche Fähigkeit, das Königreich zu moderaten Reformschritten zu verlassen, weit hinter der regierungsamtlichen Rhetorik zurück.

Vorsichtige Reformen: Wohin steuert Saudi-Arabien?

»Zunächst einmal möchten wir Sie herzlich in Riad begrüßen«, hieß ein saudischer Journalist die amerikanische Außenministerin höflich willkommen, bevor er seine Frage formulierte. Wie sie denn die Leistungen des Königshauses in den Bereichen Kampf gegen den Terrorismus, Menschenrechte und innenpolitische Reformen bewerte?

Condoleezza Rice, die sich binnen weniger Monate den Ruf einer verbindlich auftretenden und deutlich ihre Meinung artikulierenden Chefdiplomatin erworben hatte, wusste nur allzu gut, dass sie in Anwesenheit ihres saudischen Amtskollegen Prinz Saud al-Faisal und der internationalen Presse eine schwierige Gratwanderung vor sich hatte. In wenigen Sätzen versuchte sie das komplexe Beziehungsgeflecht zwischen den langjährigen strategischen Partnern zu formulieren, in dem sich die sicherheits- und energiepolitischen Netze als besonders tragfähig erwiesen hatten: »Wir haben eine exzellente

Kooperation auf dem Gebiet der Terrorabwehr, des Kampfes gegen den Terrorismus.« Amerika und Saudi-Arabien teilten das gleiche Ziel, »dass Al Kaida und diese Art von Extremismus besiegt werden muss«.

Die Chefin des State Department wusste aus ihrem vorherigen Amt als Sicherheitsberaterin des Präsidenten noch sehr gut, wie Riad auf den Al-Kaida-Anschlag vom Mai 2003 reagiert hatte. Kronprinz Abdullah, der spätere König, hatte an alle Sympathisanten der Terroristen eine deutliche Warnung ausgesprochen: »Der Terror hat hier keinen Platz. Vielmehr muss er entschieden abgewehrt werden, genauso wie jedes Gedankengut und jede Sympathie, welche ihn nähern.« Insbesondere stellte der Monarch denjenigen wahhabitischen Geistlichen, die bis zu diesem Zeitpunkt ungestraft öffentlich für den Schulterschluss mit bin Ladens Terrornetzwerk geworben hatten, einen harten innenpolitischen Kurs in Aussicht: »Wir warnen besonders all jene, die aus dem hehren Glauben eine Rechtfertigung für solche Verbrechen ziehen wollen. Wer immer darauf aus ist, muss als ein Komplize der Mörder gelten und ihr Schicksal teilen.«[95] Wer Terroristen beherberge, beschütze und unterstütze, der werde – so hatte Bush nach dem 11. September ganz im gleichen Sinne angekündigt – genauso verfolgt und bestraft wie die Terroristen selbst.

Aber nicht allein sprachlich war Kronprinz Abdullah sich mit dem amerikanischen Antiterrorverständnis einig. Eine für saudische Verhältnisse beispiellose Verhaftungs- und Fahndungswelle ging durch das Land. Den Kampf gegen Terroristen im eigenen Land führte das Königshaus nicht allein gegen mutmaßliche Extremisten, sondern auch gegen Geistliche, die in Fatwas zum Hass auf die Andersgläubigen sowie zur Gewalt aufriefen. Die saudischen Sicherheitskräfte, so hieß es später in einer Analyse der Stiftung für Wissenschaft und Politik, seien mit großer Härte vorgegangen. Viele Verdächtige seien bei ihrer Verhaftung ums Leben gekommen.[96]

All dies hatte Condoleezza Rice präsent, als sie mit ihrer Antwort fortfuhr: »Die Geheimdienste beider Länder arbeiten zusammen. Durch unsere militärische Ausbildung [die auch nach dem amerikanischen Truppenabzug aus Saudi-Arabien im Herbst 2003 fortgesetzt wurde], durch jede Möglichkeit, die wir haben, werden wir sicherstellen, dass das Volk von Saudi-Arabien und das Volk der Vereinigten Staaten und die Menschen auf der Welt sicher sind vor dieser Art des Schrekkens, der sich in den Vereinigten Staaten am 11. September und in Riad im Mai des letzten Jahres [gemeint ist 2003] ereignet hat.«[97]

Nun war es an der Zeit für die amerikanische Außenministerin, dem Demokratisierungscredo ihres Präsidenten Nachdruck zu verleihen. Denn die saudische Königsfamilie ging unter dem Deckmantel des gemeinsamen Kampfs gegen islamistische Extremisten rigoros gegen Oppositionelle vor – auch wenn sie sich in Petitionen, in denen der Machtanspruch des Hauses Saud vollständig anerkannt wurde, nur für die Errichtung einer konstitutionellen Monarchie ausgesprochen hatten. Auf Bitten Washingtons sollte der neue König diese Oppositionellen wenige Tage nach seiner Inthronisation aus der Haft entlassen. »Wir glauben«, so lobte Rice vorsichtig, »dass die saudische Regierung Fortschritte auf dem Weg der Reformen macht. Positive Zeichen dafür sind die Kommunalratswahlen, die stattgefunden haben.«

Dass zum Abschluss dieses zehnwöchigen demokratischen Experiments am 22. April 2005 islamistische Aktivisten, die mit einem Bündnis unter der Bezeichnung »Goldene Liste« angetreten waren, einen überwältigenden Wahlerfolg hatten erzielen können, erwähnte die Außenministerin an dieser Stelle aus guten Gründen nicht. In Jiddah, in Mekka und Medina, im nördlichen und südlichen Teil des Königreichs hatten Kandidaten der Islamisten gewonnen.[98]

»Wir erkennen an, dass hier ein nationaler Dialog im Gange

ist«, umschrieb Condoleezza Rice den Umstand, dass sich bei den Wahlen die islamistischen Kräfte gegenüber den weitaus schlechter organisierten moderaten Kräften hatten durchsetzen können. »Natürlich werden [arabische] Länder in diesen Dingen ihr eigenes Tempo bestimmen, aber wir ermutigen alle, die Reformen so schnell wie möglich fortzusetzen.«

Jede Reform, sagte die Chefin des State Department mit ganz ähnlichen Worten wie ihr Präsident, werde von der »Tatsache« künden, »dass es universale Werte und Freiheiten gibt, nach denen sich die Menschen sehnen«.[99]

Zum Beispiel Palästina

Es war ein Bild, wie es sich die Kommunikationsberater von George W. Bush gewünscht hatten: Unter der schon heißen Maisonne im Rosengarten des Weißen Hauses stand ihr Chef mit dem Präsidenten der palästinensischen Autonomiebehörde Mahmud Abbas. Auf seinem Platz hinter den beiden schlanken Redepodesten, die jeweils mit dem Siegel des amerikanischen Präsidenten geschmückt waren, war das höchst ungleiche Politikerpaar ein Symbol für die Botschaft, die der Gastgeber der internationalen Öffentlichkeit, vor allem aber der arabischen Welt vermitteln wollte: Amerika unterstützte den von Abbas eingeschlagenen Weg der Demokratisierung sowie des friedlichen Ausgleichs mit Israel.

»Herr Präsident«, hob Bush in seiner Begrüßung an, »es ist mir eine Ehre, den demokratisch gewählten Anführer des palästinensischen Volkes im Weißen Haus willkommen zu heißen.«[100]

Mit keiner Miene gab der siebzigjährige Palästinenserchef zu erkennen, dass er unter großem innenpolitischem Druck stand. Vier Monate nach seiner Wahl, die unter, wie er später sagte, »sehr schwierigen Umständen fair und offen« abgehalten worden war, betrachteten sowohl Anhänger seiner Fatah-Bewegung als auch der islamistischen Organisationen Hamas und Islamischer Dschihad die Reise des Arafat-Nachfolgers zum amerikanischen Präsidenten mit einer Mischung aus Argwohn und Ablehnung.

Der Präsident wandte sich wieder dem palästinensischen Spitzenpolitiker zu. »Die Wahl von Präsident Abbas [...] war ein Tribut an die Macht und Anziehungskraft der Demokratie und eine Inspiration für die Völker in der gesamten Region.«

Die Islamisten der Hamas hatten ihre Anhänger zum Boykott der Wahlen im Januar 2005 aufgerufen, weil sie die ausschließlich auf Verhandlungen mit Jerusalem setzende Strategie des jahrzehntelangen Arafat-Getreuen strikt ablehnten. Nur widerwillig ließen sie und die übrigen islamistischen Gruppierungen sich von Abbas überzeugen, einem temporären Waffenstillstand mit Israel zuzustimmen. Ihre Stunde, so hofften sie, würde nach dem Abzug der jüdischen Siedler aus dem Gazastreifen kommen, wenn es bei den Parlamentswahlen zur eigentlichen Machtverteilung in den palästinensischen Gebieten kommen sollte. Dass Abbas nach den offenkundigen Rückschlägen seiner Fatah-Bewegung und den deutlichen Erfolgen für die Hamas bei den ersten Kommunalwahlen den nationalen Wahltermin auf Anfang 2006 verschoben hatte, bewerteten die Islamisten nur als weiteres Anzeichen für die innenpolitische Schwäche des PLO-Chefs.

»Die Vereinigten Staaten und die internationale Gemeinschaft begrüßen Ihre Zurückweisung des Terrorismus. Alle, die am Terror beteiligt sind, sind Feinde des palästinensischen Staates und müssen zur Rechenschaft gezogen werden.« Abbas, der sich angesichts seiner labilen Position allenfalls als Moderator einer sich neu formierenden politischen Landschaft in den Palästinensergebieten verstehen konnte, musste diese Worte des US-Präsidenten als Auftrag verstehen.

Bush tat sich leicht, die weiteren Erwartungen Amerikas an die Adresse des neuen Palästinenserchefs aufzuzählen: Abbas habe die Korruption in den eigenen Reihen zu bekämpfen, müsse die untereinander zerstrittenen Sicherheitsdienste unter ein einheitliches Kommando stellen, das Rechtssystem reformieren und die palästinensische Volkswirtschaft wiederbeleben. Das sei sicherlich, sagte Bush in einem unfreiwilligen Anflug von Selbstironie, »der Beginn einer schwierigen Reise«. Mut und Führungskraft seien also erforderlich, schließlich wolle Washington ja diese »Reise zusammen [mit den Palästinensern] unternehmen«.

Routiniert spulte Bush dann die politischen Perspektiven ab, die sich den Palästinensern eröffnen würden, wenn sie auf dem von Washington vorgegebenen Kurs blieben. Jede endgültige Friedenslösung müsse »zwischen den beiden Parteien« erzielt werden, territoriale Veränderungen an der Waffenstillstandslinie von 1949 seien ebenfalls im »beiderseitigen Einverständnis« zu erreichen, eine »lebensfähige Zweistaatenlösung« müsse zusammenhängende Gebiete im Westjordanland umfassen. »Ein Staat aus verstreuten Gebieten funktioniert nicht«, stellte Bush klar. Außerdem sei eine »sinnvolle Verbindung zwischen der Westbank und Gaza« anzustreben. Das sei »die Haltung der Vereinigten Staaten heute, es wird die Haltung der Vereinigten Staaten zum Zeitpunkt der Verhandlungen über den endgültigen Status sein«.[101]

Mahmud Abbas hatte Präsident Bush zuvor schon einmal in einer anderen offiziellen Funktion getroffen – im Juni 2003, im jordanischen Badeort Akaba, in unmittelbarer Nachbarschaft zum israelischen Eilat. Damals hegten die moderaten arabischen Verbündeten Washingtons, König Abdullah von Jordanien, Ägyptens Staatschef Mubarak und der saudische Kronprinz Abdullah noch Hoffnungen, dass sich der US-Präsident, ebenso wie sein Vater nach dem Golfkrieg von 1991, energisch für die Wiederaufnahme von Friedensverhandlungen zwischen Israel und den Palästinensern einsetzen würde.

Der jordanische König hatte die Rolle des Gastgebers für das erste Gipfeltreffen zwischen dem israelischen und dem palästinensischen Ministerpräsidenten übernommen, das in Anwesenheit Bushs dem brachliegenden Friedensprozess neuen Auftrieb verleihen sollte. »Ich bin mir bewusst«, erklärte der jordanische Monarch zum Auftakt des Spitzentreffens, »dass viele in unserer Region und auf der ganzen Welt unsere Begegnung heute durch eine Brille von Skepsis und Verdacht beobachten. Das Scheitern und die Frustrationen in der Vergangenheit haben viele [in bezug auf den Erfolg von Friedensverhandlungen] zu Nichtgläubigen gemacht.«[102]

Enttäuscht über die mangelnde Bereitschaft Jassir Arafats, ihm tatsächliche Vollmachten zu übertragen, und darüber, dass Ariel Scharon die schwache Position des palästinensischen Premierministers in seinem eigenen Lager nicht durch die Gewährung von »Erfolgen« aufwerten mochte, hatte Mahmud Abbas nach nur wenigen Monaten den Rückzug angetreten. Erst der Tod Arafats ein Jahr später eröffnete ihm den Weg an die Spitze, doch seine Macht war alles andere als gesichert.

All dies vor Augen, begann der weißhaarige Palästinenser die Gemeinsamkeiten und Interessenkonflikte aufzuzeigen, die ihn am politischen Willen Bushs zweifeln ließen, binnen weniger Jahre einen lebensfähigen palästinensischen Staat entstehen zu sehen. »Das palästinensische Volk teilt mit dem amerikanischen Volk dieselben Werte von Frieden, Freiheit und Demokratie«, begann er seine Rede. Amerika müsse weiterhin »die zentrale und entscheidende Rolle« bei der Wiederbelebung des Friedensprozesses spielen, damit »Ihre Vision von einem Ende der israelischen Besatzung, die 1967 begonnen hat, und der Errichtung eines demokratischen, freien und unabhängigen Palästina Wirklichkeit wird, das Seite an Seite mit dem Staat Israel lebt, um eine bessere Zukunft für die Völker in der Region zu schaffen.«

»Good job, good job«, lobte ihn ein zufriedener George W. Bush.

Abbas ließ sich jedoch nicht so leicht beeindrucken. Er nutzte im Rosengarten des Weißen Hauses eine der wenigen Gelegenheiten, bei denen er sich eines großen internationalen Medienpublikums sicher sein konnte, um auf die Gefahren des »demokratischen Experiments« seiner Landsleute aufmerksam zu machen: »Wir haben die Demokratie als Lebensform gewählt. Das war kein Abenteuer, es steht die Entschlossenheit und Strategie dahinter, dass die Demokratie der einzige Weg ist, um nach vorne zu kommen und für ein friedliches Zusammenleben zwischen verschiedenen Völkern zu sorgen.« Demokratie sei aber wie eine Münze, formulierte Abbas, sie habe zwei Seiten: »Auf der einen Seite ist Demokratie, auf der anderen Seite ist Freiheit.« Es sei wahr, dass »wir Freiheit nicht haben und uns dringend danach sehnen«.

Mit einem Anflug düsterer Prophetie endete der Palästinenserchef: »Dies wird die Hoffnung auf eine Fortsetzung der Demokratie und den demokratischen Marsch nach vorne schwächen.«[103]

Israels Schlüsselstellung

Die amerikanische Politik im Nahostkonflikt ist für das Ansehen der Vereinigten Staaten in der Region nach wie vor entscheidend, schreiben Ex-US-Außenministerin Madeleine Albright und die Mitautoren der Studie des Council on Foreign Relations über die Unterstützung der »arabischen Demokratie«. Nach Israels Abzug aus dem Gazastreifen müsse die Bush-Regierung diplomatische Anstrengungen unternehmen, um dafür zu sorgen, dass sich die »beiden Seiten an ihre in der ›Roadmap for Peace‹ festgelegten Verpflichtungen halten«. Das Misstrauen der arabischen Länder, das sie mit Blick auf die Intentionen Amerikas in der Region hegten, müsse dadurch langsam abgebaut werden.

Präzise benennt der Bericht den Zwiespalt, in dem sich Washington befindet: Die USA dürften es zwar einerseits nicht hinnehmen, dass einige arabische Staatschefs sich demokratischen Fortschritten mit dem Argument verweigerten, solange »die palästinensische Frage« nicht geklärt sei, wären Verbesserungen in ihren Ländern nicht möglich. Andererseits müssten die Vereinigten Staaten allerdings auch die »Haltung einiger Israelis« zurückweisen, solange die palästinensische Autonomiebehörde nicht »vollständig demokratisch« sei, werde man die Friedensverhandlungen mit den Palästinensern nicht aufnehmen können. Beiden Herausforderungen müsse Washington getrennt voneinander begegnen: »Die Vereinigten Staaten sollten die demokratischen Reformen im Nahen und Mittleren Osten fördern, ob es nun einen Friedensprozess gibt oder nicht, und die Fortschritte in Richtung eines Nahostfriedens unterstützen, unabhängig davon, ob es zu bedeutenden demokratischen Fortschritten [in der arabischen Welt] kommt oder nicht.«[104]

Obwohl Bush genau diesen Spagat seit geraumer Zeit zu vollführen glaubt, ist es damit alleine nicht getan, wie es in einer abweichenden Meinung des Council-on-Foreign-Relations-Berichts zutreffend heißt: »Araber aller sozialer Schichten und jedes Bildungsabschlusses glauben, dass Washingtons Unterstützung für Israel automatisch, reflexartig und vollkommen unkritisch ist.« Diese Grundauffassung, so differenziert sie auch von den unterschiedlichen Quellen geäußert werde, behindere dauerhaft die Fortschritte arabischer Demokratiebemühungen.[105]

Ähnlich urteilen auch deutsche und amerikanische Nahostexperten wie Volker Perthes, der neue Chef der Berliner Stiftung für Wissenschaft und Politik, und Anthony Cordesman. Für sie bleibt der arabisch-israelische Konflikt die wichtigste Einzelfrage, die das Bild der arabischen Welt von den USA und dem Westen prägt – es handelt sich bei diesem Bild um eine Momentaufnahme, die Cordesman vom renommierten Center for Strategic and International Studies in Washington als eine Mischung aus »Zorn, Feindseligkeit und Unterstützung für den Terrorismus« charakterisiert.[106]

»Unsere Interessen im Nahen Osten sind wesentlich wichtiger, komplexer und größer als jemals zuvor«, merkt Walter Russell Mead vom Council on Foreign Relations an, »aber unser politisches Kapital ist niemals zuvor geringer gewesen.«[107]

Nachdem Präsident Bush im April 2004 dem israelischen Regierungschef zunächst schriftlich und später dann vor laufenden Fernsehkameras in Washington zugesagt hatte, er würde nichts dagegen haben, falls Israel nach dem einseitigen Abzug aus dem Gaza gegebenenfalls Teile des Westjordanlands annektieren würde, reagierten selbst Amerikas enge arabische Verbündete äußerst verärgert. »Nach dem, was im Irak passiert ist, gibt es hier einen beispiellosen Hass, und die Amerikaner wissen das«, schimpfte Hosni Mubarak in einem Interview mit *Le Monde*. Der Hass sei so groß »wie niemals zuvor. Und vor allem«, fügte der ägyptische Herrscher hinzu, »sehen sie [die Araber], dass Scharon macht, was er will, ohne dass die Amerikaner irgend etwas dazu sagen.«

Aus Protest stornierte Jordaniens König Abdullah, neben Mubarak der einzige Herrscher in der Region, dessen Land den Staat Israel anerkannt hat, demonstrativ eine Visite im Weißen Haus.[108]

*

»Der ehemalige Präsident Jimmy Carter sagte in der letzten Woche, er habe den Eindruck, dass die amerikanische Nahostpolitik zu stark in Richtung Israel neige.« Ob dies eine faire Kritik sei, wollte die Korrespondentin einer Nachrichtenagentur von Präsident Bush wissen.

In den amerikanischen Medien, und nicht nur dort, waren Bushs schriftliche Zusagen, die der israelische Regierungschef für seine innenpolitische und innerparteiliche Auseinandersetzung um die Räumung der Siedlungen im Gazastreifen vom Weißen Haus erbeten hatte, als Kurswende der US-Nahostpolitik bezeichnet worden. Scharon habe, so kommentierte später die *Washington Post,* in der amerikanischen Hauptstadt eine »historische Leistung« vollbracht. Zum ersten Mal habe ein US-Präsident die Vereinigten Staaten auf eine vertragsähnliche »Unterstützung von Israels möglicher Annexion von Teilen der Westbank und die Ablehnung der Rückkehr von palästinensischen Flüchtlingen in diese Gebiete« festgelegt.[109] Diese schriftliche Verpflichtung werde die Rolle der Vereinigten Staaten bei jeder künftigen Friedenslösung verändern.

Es war kaum vorstellbar, dass Bush so weitreichende Zusagen ohne entsprechende Gegenleistung gegeben hatte. Was, so fragte sich der Kommentator der *Washington Post,* mochte der US-Präsident im Gegenzug zu diesem »historischen Versprechen« und für seine Bereitschaft erhalten, die »unausweichliche Protestwelle aus dem arabischen Mittleren Osten« hinzunehmen, wo die Stimmung gegenüber Washington durch den »US-Auftrag im Irak« doch ohnehin schon so aufgeheizt sei?[110]

Ob Jimmy Carter recht habe mit seiner Kritik? Seit dem 11. September 2001 hatte Bushs demokratischer Amtsvorgänger keine Gelegenheit verpasst, den massiven außenpolitischen Kurswechsel des amtierenden Präsidenten zu kritisieren. Wenn mächtige Nationen das Prinzip des Präventivkriegs übernehmen würden, hatte Carter in seiner Nobelpreisansprache im Dezember 2002 gewarnt, ohne Bush direkt beim Namen zu nennen, würde dies Beispiel machen, und das könnte »katastrophale Konsequenzen haben«.[111]

»Die US-Nahostpolitik neigt in Richtung Frieden«, erwiderte Bush der Journalistin. »Und der beste Weg, um Frieden zu erreichen, besteht darin, den Terror zu bekämpfen.« Die Aufregung um sein angeblich historisches Versprechen gegenüber Israel konnte Bush ohnehin nicht verstehen. Hatten nicht palästinensische Unterhändler in unzähligen vertraulichen Gesprächen während der Clinton-Präsidentschaft selbst eingeräumt, dass es aus ihrer Sicht unrealistisch sei, auf einem völligen Rückkehrrecht der über drei Millionen palästinensischen Flüchtlinge zu bestehen? Und dass man sich sehr wohl einen Landtausch vorstellen könne, damit die großen Siedlungen im Westjordanland nicht ewig eine unüberwindbare Barriere auf dem Weg zu einer endgültigen Einigung darstellten?

»Ich bin der erste amerikanische Präsident, der jemals die Schaffung eines palästinensischen Staates formuliert hat«, verteidigte sich Bush. »Ein palästinensischer Staat wird – wenn es ordentlich gemacht wird – genug Hoffnung für die Menschen bieten, einen friedlichen Weg für diejenigen zu eröffnen, die eine bessere Zukunft haben wollen.«[112]

George P. Shultz, Außenminister unter Ronald Reagan, gab dem amerikanischen Präsidenten den Rat: »Eine Lösung des israelisch-palästinensischen Konflikts ist keine Bedingung für einen positiven Wandel im Nahen und Mittleren Osten, aber sie [die Lösung dieses Konflikts] kann Teil – oder Folge – dieses Wandels sein.«[113]

Die arabischen Länder und der Westen: Unvereinbare Welten?

Der jüngste »Arab Human Development Report« der Vereinten Nationen für das Jahr 2004, veröffentlicht im April 2005, zeigt deutlich, dass der routinemäßig propagierte Optimismus Washingtons, wonach sich der Nahe und Mittlere Osten auf dem Weg der Demokratisierung befänden, nur bei sehr wohlwollender Betrachtung eine – zudem sehr geringe – realpolitische Basis hat. Zugleich jedoch wird – mit den in diesen Ländern allerdings stets ein wenig unzulänglichen Mitteln der Demoskopie – nachgewiesen, dass sich eine ganz überwiegende Mehrheit der Menschen in den zweiundzwanzig arabischen Staaten nach dem sehnt, was ihnen bis auf den heutigen Tag von ihren Regenten, Herrschern und Diktatoren vorenthalten wurde: Freiheit – Freiheit von Besatzung, Gedankenfreiheit, Meinungsfreiheit, Bewegungsfreiheit, Bildungsfreiheit, Freiheit der Eheschließung, Freiheit des Glaubens.[114]

In den Ländern und Gebieten, in denen das United Nations Development Programme (UNDP) Ende 2003 Umfragen durchführen konnte – in Algerien, Jordanien, Libanon, Marokko und den palästinensischen Gebieten – gaben über 90 Prozent der Befragten an, dass sie ebenso wie der Westen in den Genuss dieser Freiheiten kommen wollten. Über 80 Prozent vermissten in ihren Ländern eine freie und unabhängige Presse, waren der Meinung, dass nur Regierungen, die aus freien und fairen Wahlen hervorgegangen sind, »gut« regieren könnten, und stellten fest, dass die Korruption in ihrer Heimat zugenommen habe.

Abgelehnt werden in der arabischen Welt, und diese Erkenntnis widerspricht der These des US-Präsidenten, also nicht »unsere Werte und unsere Lebensart«. Auch wenn Amerikaner und Europäer einerseits und Araber andererseits Menschen- und Grundrechte unterschiedlich definieren: Der Wunsch, ein

Leben in Freiheit und Rechtsstaatlichkeit zu leben, ist bei der Bevölkerung in den arabischen Staaten überwältigend groß.

»Einige [westliche Kritiker] haben behauptet, dass Araber und Muslime nicht in der Lage sind, Demokraten zu sein, aus ebendem Grund, weil sie Araber und Muslime sind«, regten sich die Autoren des Arab Human Development Report auf. Unter Hinweis auf Erhebungen des »World Values Survey« betonten sie, dass diese ethnisch-religiös verbrämte Abqualifizierung als »zur Demokratie unfähige Araber und Muslime« falsch sei. Bei dieser weltweiten demoskopischen Datenerhebung, die auch die westlichen Staaten umfasste, gab es keine andere Region, in der die Aussage »Die Demokratie ist besser als jede andere Regierungsform« soviel Zustimmung erntete wie in der arabischen Welt.[115]

Dass mit Ausnahme der Türkei trotz anhaltender und schwieriger Probleme kein einziges der siebenundfünfzig Mitgliedsländer der »Organisation islamischer Staaten« über einen längeren Zeitraum hinweg demokratische Institutionen aufgebaut und seine Volkswirtschaft liberalisiert hat,[116] ist nach Worten des UN-Berichts nicht kulturell begründet. Es hätten sich angesichts der »politischen, sozialen und wirtschaftlichen Strukturen« keine sozialen oder politischen Akteure herausbilden können, die in der Lage gewesen wären, die »Krise der autoritären und totalitären Regime« zu ihrem Vorteil zu nutzen. Sie wurden schlicht unterdrückt.

»Die Sache der arabischen Freiheit hat durch die Abwesenheit wirkungsvoller, tief verwurzelter politischer Bewegungen gelitten, die in der Lage gewesen wären, das Volk in dieses Streben einzubeziehen.« Weder der arabische Nationalismus während der fünfziger und sechziger Jahre noch die heutigen islamistischen Bewegungen haben, so heißt es abschließend, den »Freiheitsrechten einen hohen Stellenwert eingeräumt«.

»Und nun präsentiere ich Ihnen den Präsidenten des Bundesnachrichtendienstes Dr. August Hanning.« Nach dieser Ankündigung hatte die blonde Moderatorin das Podium im abgedunkelten Kongresssaal des Berliner Estrel-Hotels verlassen. Der langjährige Chef des deutschen Auslandsgeheimdienstes betrat die Bühne. Als Gastgeber der regelmäßig stattfindenden BND-Symposien fiel ihm die Aufgabe zu, die Begrüßungsworte an das Publikum aus Geheimdienstlern befreundeter Staaten, arabischen Politikern und internationalen Sicherheitsexperten zu richten.

Mit seinen Analysen über die Auswirkungen der Terroranschläge vom 11. September 2001 konnte sich der BND-Chef ebenso bestätigt fühlen wie mit seinen Einschätzungen über die Folgen des Irakkriegs, die es islamistischen Hasspredigern erleichterten, unter den Millionen junger Muslime genügend Dschihadisten zu rekrutieren. Der Westen sei mit seinen Bemühungen, »die Köpfe und Herzen der Menschen« in der arabischen und muslimischen Welt zu gewinnen, nicht vorangekommen, sagte Hanning an diesem 7. Oktober 2004 in Berlin. Doch nur so könne man der Terrorbotschaft Osama bin Ladens den Boden entziehen. Wirtschaftliche und soziale Fortschritte, die den »Traditionen der Menschen entsprechen«, seien dringend erforderlich, schließlich seien 40 Prozent der Menschen in den arabischen Staaten unter fünfzehn Jahre alt.

Längst habe sich eine »wachsende, generell antiwestliche Stimmung« in der Region ausgebreitet. Osama bin Ladens Propaganda, nach der es sich bei den Kriegen in Afghanistan und im Irak um die Intervention »westlich imperialistischer Kreuzritter« gehandelt habe, »ist erfolgreich«.

Mit dieser Auffassung stand Hanning nicht alleine. Das Jaffee Center For Strategic Studies der Universität Tel Aviv hatte nahezu zeitgleich in seinem jährlichen Bericht über das militärische Kräfteverhältnis im Nahen und Mittleren Osten festgestellt, dass der Irakkrieg zu einer »wesentlichen Ablenkung vom globalen Krieg gegen den Terrorismus geworden« war.[117] Der Irak war nunmehr zur »angenehmen Arena für den Dschihad geworden«, die es der Al Kaida ermöglicht hatte, sich von ihren Rückschlägen nach dem Afghanistankrieg zu erholen. Angesichts der beständigen Zunahme von Selbstmordattentaten im Lande erforderte die US-Präsenz im Irak »mehr und mehr Ressourcen, die sonst gegen andere Dimensionen der Bedrohung durch den globalen Terror eingesetzt werden könnten«.[118]

Es dürfte wohl keinen rational analysierenden Geheimdienstchef auf der Welt geben, der nicht zu dieser Lagebeurteilung gekommen wäre. Der stets unaufgeregt formulierende Präsident des Bundesnachrichtendienstes ließ vor seinem Publikum das Szenario abspulen, das sich aus der Spirale von Terroranschlägen im Irak und amerikanischen Operationen entfaltet hatte: Im Herbst 2004 steuere das Land auf einen Scheideweg zu: Ein Pfad führe zur friedlichen Entwicklung, »der andere ins Chaos«.

Am Eintreffen der ersten Variante hatte Hanning so seine Zweifel, denn ein Flächenstaat wie der Irak »muss in der Fläche gesichert werden«. Und dazu war die – aus politischen Opportunitätsgründen zu geringe – US-Truppenpräsenz nicht in der Lage. Wenn es aber nicht gelänge, dem Irak zu einer halbwegs tragfähigen politischen Zukunft zu verhelfen, »wird der Irak das werden, was früher Afghanistan war« – ein unkontrollierbares Aufmarsch- und Ausbildungsgebiet für islamistische Extremisten, die dann als »Irak-Veteranen« wie weiland die ehemaligen Afghanistankrieger ihren tödlichen Terror in die angrenzenden Staaten der arabischen Welt und weiter bis nach Europa und in die Vereinigten Staaten tragen könnten.

»Die Schockwellen eines zerfallenden Irak«, davon war

Hanning fest überzeugt, würden weit über die Landesgrenzen hinausreichen. Denn die politische Botschaft, die von einem Scheitern der Vereinigten Staaten und ihrer Bündnispartner im Irak ausginge, wäre verheerend. Die Botschaft der Islamisten würde lauten, »dass sich Gewalt gegen die USA lohnt«. Damit würden der Nahe und Mittlere Osten und die Golfstaaten destabilisiert – »eine zwangsläufige Folge«, kommentierte der BND-Chef und fügte hinzu, auch die »Sicherheit der westlichen Welt stünde vor großen Herausforderungen«.

Hannings Prognosen sollten sich nur allzu rasch bewahrheiten. Während die US-Regierung vorgab, dem internationalen Terrorismus mit dem Krieg gegen Saddam Hussein eine entscheidende Niederlage beigebracht zu haben, setzte der Waffengang in Wahrheit eine politisch-ideologische Kettenreaktion in Gang, von der wir bislang nur die allerersten Auswirkungen erlebt haben.

Die Durchsetzung der neokonservativen Fiktion, unter Einsatz von militärischer Gewalt im Nahen und Mittleren Osten Demokratie und Freiheit zu verbreiten, hat unter anderem dazu geführt, dass die Al Kaida – von britischen Antiterrorexperten zutreffend als »Bewegung oder als ein Netzwerk von Netzwerken und Ablegern mit einer Präsenz in mindestens sechzig Staaten« definiert[119] – nunmehr auf ein unerschöpfliches Reservoir an jungen Muslimen zurückgreifen kann, das den tödlichen Vorbildern nacheifern will.

Soziale Isolation, politischer Zynismus und tiefsitzendes Misstrauen sind in einer Zeit verstärkt worden, in denen die Förderung sozialer, wirtschaftlicher und politischer Bindungen des Westens zu den Ländern der arabischen Welt dringender denn je erforderlich gewesen wäre. Die sogenannte Exit-Strategie, die die Vereinigten Staaten im Krieg gegen den internationalen Terrorismus zu verfolgen glauben und die das Ziel hat, überall auf der Welt Freiheit und Demokratie zu verbreiten, damit Amerika sich langfristig wieder »sicher« fühlen kann, hat bislang eher das Gegenteil bewirkt: Statt der erhofften Demokratisierung der Region ist es zu einer Radikalisierung gekommen.

Die wichtigen arabischen Alliierten der Vereinigten Staaten, Ägypten, Saudi-Arabien und Jordanien, wissen, dass sie es sich angesichts von Washingtons Ansehensverlust durchaus leisten können, mit rein marginalen Reformschritten, die ihre Herrschaft nicht gefährden oder in Frage stellen, auf Bushs Drängen nach einer Öffnung der autokratischen Regime zu reagieren. Und sie folgen diesem Drängen um so weniger, als der Irak zum Hauptaufmarschgebiet der Al Kaida unter bin Ladens Stellvertreter Abu Musab al-Zarqawi geworden ist, die mit ihren Terroranschlägen jede Form von politischer Neuordnung zerstören und einen Bürgerkrieg unter den drei ethnischen Volksgruppen anzetteln will.

Amerikas Partnern in Europa, einschließlich der Bundesrepublik, bleibt aus ihren eigenen Sicherheitsinteressen heraus keine andere Wahl, als bei den Bemühungen zur Stabilisierung des Irak mitzuwirken – gleichgültig, welche Haltung sie zum Irakkrieg eingenommen haben. Die scheinbare sichere Distanz, aus der viele Europäer und Deutsche die Entwicklung im Irak beobachtet haben, ist nach den Anschlägen von Madrid und London auf ein Minimum geschrumpft und hat sich als Selbsttäuschung entpuppt, jenseits aller weltpolitischen Verwerfungen in einer friedlichen Gesellschaft leben zu können.

Nachwort

Amerika hat sich nach wie vor nicht von den politisch-ideologischen Träumereien verabschiedet, die der Nation, als sie unter dem Schock der Anschläge vom 11. September 2001 stand, als strategische Antwort einer verwundeten Weltmacht auf den Terror verkauft worden sind. Ungeachtet aller vorhersehbaren Rückschläge und Verluste im Irak versteift sich George W. Bush aus Gründen des innenpolitischen Überlebens darauf, diesen historischen Fehler der Vereinigten Staaten als den Beginn eines demokratischen Frühlings in der arabischen und muslimischen Welt auszugeben. Und keiner seiner Nachfolger wird Bushs Erbe ausschlagen können – auch dann nicht, wenn der nächste Präsident über ein größeres Maß an außenpolitischer Selbstreflexion verfügen sollte als der gegenwärtige Amtsinhaber. Mit der Demonstration militärischer Omnipotenz im Irak haben die Vereinigten Staaten zum denkbar ungünstigsten Zeitpunkt die Büchse der Pandora geöffnet und die fanatisierenden Kräfte des islamistischen Extremismus entfesselt, die es zwar auch schon vor dem 11. September gab, die aber bis zum Einmarsch in Bagdad beherrschbar waren. Die Welt ist unsicherer geworden, und wenn der US-Präsident auch noch so oft das Gegenteil behauptet, gibt er damit allenfalls Anzeichen eines zunehmenden politischen Autismus im Weißen Haus zu erkennen.

Die angebliche Rückkehr der Vereinigten Staaten zum multinationalen, partnerschaftlichen Dialog mit den Europäern – vor allem mit den »Kriegsdienstverweigerern« Deutschland und Frankreich – ist rein taktischer Natur. Präsident Bush wird unter keinen Umständen einen atomar bewaffneten Iran zulassen. Dem EU-Verhandlungstrio hat Washington nur deshalb die Führung der Gespräche mit dem Iran überlassen, weil die diplomatischen Etappen der Eskalation mit Teheran noch nicht ausgereizt sind. Das hatte zugleich den doppelten Vorteil, dass Bush die ambitionierten Europäer auf seinen Kurs einschwören konnte, dem Iran einen eigenen Brennstoffkreislauf grundsätzlich zu verweigern, während die US-Regierung außen vor blieb und nicht direkt mit dem Feind verhandeln musste. Die Installierung des neokonservativen Hardliners John Bolton zum UN-Botschafter der Vereinigten Staaten, die ohne die übliche Zustimmung durch den US-Senat erfolgte, ist ein bezeichnendes Indiz dafür, dass Washington die Absicht hat, im Verlauf der bevorstehenden Konfrontation vor dem Weltsicherheitsrat dem Iran stets neue Forderungen vorzulegen, die dieser energischer denn je zuvor zurückweisen wird.

Die Europäer haben auf diese Entwicklung keinen entscheidenden Einfluss. Sie werden von der geschlossen auftretenden geistlichen und politischen Führung des Iran zu Recht als letztlich nicht kompetente Verhandlungspartner angesehen, da die EU-3 die von Teheran sehnlichst erwünschten Sicherheitsgarantien für den Fortbestand der islamischen Herrschaft gar nicht abgeben können. Das können nur die Vereinigten Staaten, die sich jedoch vorübergehend auf eine Hinhaltetaktik beschränken. George W. Bush ist weder dazu bereit noch imstande auf eine realpolitische Öffnungspolitik gegenüber dem Iran umzuschwenken – vergleichbar etwa mit Nixons undogmatischem Zugehen auf das kommunistische China Anfang der siebziger Jahre.

Die Planungen für ein militärisches Vorgehen gegen den Iran und Washingtons stereotype politische Drohungen gegenüber Teheran verlieren allerdings aufgrund mehrerer Faktoren an Überzeugungskraft: Neben der nicht zu unterschätzenden Fähigkeit des Iran, den amerikanischen Streitkräften und der US-Regierung das Leben im Irak schwerzumachen, dürfte vor allem die amerikanische Öffentlichkeit jeder Neuauflage der »demokratischen Befreiungskriege« in der Region ablehnend gegenüberstehen. Die Tatsache, dass der Nation nach der

Katastrophe, die der Hurrikan Katrina Ende August 2005 über New Orleans gebracht hat, schlagartig bewusst wurde, dass über die Hälfte der US-Einheiten im Irak aus Verbänden der Nationalgarde bestehen, die ihrer originären Bestimmung in der Heimat entzogen sind, wird nicht ohne Wirkung auf die Außenpolitik Washingtons bleiben.

Der sogenannten Demokratisierungspolitik der USA im Nahen und Mittleren Osten mangelt es an Glaubwürdigkeit. So sehr sich die offizielle Regierungsrhetorik auch bemüht: Amerikas arabische Verbündete in der Region können allein schon wegen der geostrategischen Interessen Washingtons sicher sein, dass die USA sie weiter unterstützen werden. Warum sollten Herrscher wie Hosni Mubarak, König Abdullah von Jordanien und der saudische König Abdullah Bushs Appelle an demokratische Reformen ernst nehmen? Sie sind es schließlich, die in Zeiten hoher Erdölpreise und zunehmender globaler Nachfrage nach dem Öl durch Indien und China die Versorgung mit dem unverzichtbaren Rohstoff sicherstellen beziehungsweise für eine oberflächliche Stabilität in der Region sorgen.

Aber nicht nur die ökonomischen Zwänge, in denen die USA gefangen sind, spielen den autokratischen Regenten am Golf in die Hände. Hinzu kommt, dass sie sich innenpolitisch einer überwiegend jungen Bevölkerung gegenübersehen, die wegen des Irakkriegs und der amerikanischen Truppenpräsenz zumindest zu einem Teil für die Sirenengesänge der militanten Islamisten empfänglicher geworden ist. Allein schon, um diese militante Glut nicht noch zu schüren, werden sich diese Staaten keine größeren Zugeständnisse gegenüber Washington leisten können. Wie sagte Mubarak? »Nach allem, was im Irak passiert ist, gibt es hier einen beispiellosen Hass, und die Amerikaner wissen das.«

Die Ironie der Geschichte liegt darin, dass ausgerechnet die Politik eines US-Präsidenten, der in Deutschland abgelehnt wird wie keiner zuvor, derart gravierende Auswirkungen hat, dass die Bundesrepublik aus wohlverstandenem nationalem Interesse heraus George W. Bush zu Hilfe kommen muss. Deutschland ist mit den Vereinigten Staaten politisch, wirtschaftlich und kulturell viel zu stark verbunden, als dass wir uns ein Scheitern der Weltmacht im Nahen Osten leisten könnten. Sollten sich die Vereinigten Staaten, wo die innenpolitische Debatte über die Verringerung der Truppen im Irak und über ein Ende der Militärpräsenz gerade an Schwung gewinnt, als Verlierer aus dem Irak zurückziehen, hätte dies verheerende Konsequenzen auch für uns. Wenn der Eindruck entsteht, dank terroristischer Gewalt sei es gelungen, die Weltmacht USA aus dem Land zu jagen, kann dies viele Staaten, auch in Europa, radikalisieren, in denen extremistische islamistische Kräfte vorhanden sind.

In Deutschland ist die Debatte darüber, wohin uns eine bewusste Ignorierung der sicherheitspolitischen Folgen der Bush-Politik führen kann, bislang nicht öffentlich geführt worden. Das heißt nicht, dass die Einsicht in die sich aus der aktuellen Situation ergebenden Notwendigkeiten nicht vorhanden wäre – ein Gerhard Schröder beispielsweise argumentierte in den Räumen des Weißen Hauses durchaus eloquent, warum sich die Bundesrepublik einen Erfolg der USA im Irak wünschen muss. Es heißt bloß, dass die Öffentlichkeit über diese Notwendigkeiten nicht aufgeklärt wird. Lieber wird den Menschen die Illusion verkauft, Deutschland und Europa könnten unabhängig von den USA oder auch gegen die Politik der USA ihren eigenen Weg gehen. So schallt es auf den Marktplätzen von Hannover und anderen deutschen Städten – und so wird die gefährliche Illusion aufrechterhalten, nur weil uns die Akteure in Washington nicht passen, bräuchten wir uns nicht mit den Konsequenzen einer internationalen Außen- und Sicherheitspolitik beschäftigen, deren Agenda im wesentlichen von den Vereinigten Staaten geprägt wird. Täte es nicht endlich not, die trügerische und gefährliche Verleugnung eigener Verantwortung abzulegen und eine vorbehaltlose Diskussion darüber anzufangen, was getan werden müsste, damit wir uns nicht auf Dauer mit dem Ende der friedlichen Gesellschaft abfinden müssen? Es ist nicht gerade ein Zeichen von Reife der selbsternannten »friedlichen Mittelmacht« Deutschland, dass diese überfällige Debatte nicht stattfindet.

Anmerkungen

Einleitung

1 Vgl. Arne Boecker: »Wenig Jubel in der roten Wärmestube. Beim Wahlkampfauftakt in Hannover erntet der Bundeskanzler nur für seinen Friedensappell starken Beifall«, in: *Süddeutsche Zeitung,* 16.8.2005; Jens König: »Der Anti-Stoiber-Merkel-Bush. So gibt sich der Kanzler gern: als deutscher Patriot, Bewahrer der sozialen Gerechtigkeit, Kämpfer für den Frieden – und macht mit dem Iran Wahlkampf«, in: *tageszeitung,* 15.8.2005; Tissy Bruns: »Anstoß in Hannover. Beim SPD-Wahlkampf präsentiert sich Schröder als Bewahrer der sozialen Gerechtigkeit«, in: *Tagesspiegel,* 14.8.2005; Bertrand Benoit: »Schröder warns US on Iran military action«, in: *Financial Times,* 14.8.2005.

2 So König Abdullah gegenüber der *Times,* zit. n. »Jordan urges restraint over Iraq«, *BBC news,* 29.7.2002. Diesen Begriff hatte König Abdullah bereits mehrfach zuvor verwendet und – wie er einräumte – von seinem verstorbenen Vater, König Hussein, übernommen. Vgl. dazu The Brookings Institution: »Speech by His Majesty King Abdullah II bin al-Hussein of the Hashemite Kingdom of Jordan«, 13.5.2002

3 Bundesverteidigungsminister Peter Struck zit. n. »›Unser Einsatzgebiet ist die ganze Welt.‹ Die Deutschen müssten sich die Bedrohung durch Terroristen bewusster machen, fordert Verteidigungsminister Peter Struck. Auch für die Bundeswehr wachsen die Risiken«, in: *Welt am Sonntag,* 14.8.2005; Bundesinnenminister Otto Schily sagte dem *Spiegel online* u.a.: »Wir sind Teil des Gefahrenraums, wir operieren militärisch in Afghanistan, und wir bilden irakische Polizisten aus. Wir

sind ebenfalls im Visier der Terroristen.« Zit. n. »Spiegel-Gespräch mit Bundesinnenminister Otto Schily über die Gefahr von Anschlägen in Deutschland. Auszug aus einem Interview mit Bundesinnenminister Otto Schily aus *Spiegel online*, Nr. 29/2005 vom 18. Juli 2005«, Medienspiegel des Bundesinnenministeriums; Bayerns Innenminister Günther Beckstein zit. n. Bericht aus der Kabinettssitzung vom 30. März 2004: »Sicherheitspolitik / Beckstein zur aktuellen Bedrohungslage und zur Kritik der Bundesregierung an seiner Gefahreneinschätzung: ›Keine Hysterie – aber der Bevölkerung sagen, was Sache ist.‹«

4 Vgl. Institute for Strategic and International Studies: »Strategic Survey 2004/05«, zit. n. »Londoner Institut warnt vor ›Atommacht Al Kaida‹. IISS: Bei Nichtbeendigung der Atomprogramme von Iran und Nordkorea ›atomare Katastrophe‹ vorstellbar«, dpa, 24.5.2005

Kapitel 1: Der nächste Krieg

1 Zit. n. »President Discusses Schiavo, WMD Commission Report«, Dwight D. Eisenhower Executive Office Building, Washington D. C., 31. März 2005 (www.whitehouse.gov/news/releases/2005/03/print/20050331.html)

2 Zit. n. Brief der beiden Vorsitzenden der Geheimdienstkommission Laurence H. Silberman und Charles S. Robb an US-Präsident Bush, in: »The Commission on the Intelligence Capabilities of the United States Regarding Weapons of Mass Destruction. Report to the President of the United States«, 31.3.2005 (www.wmd.gov/report/)

3 Zit. n. »President Discusses Schiavo, WMD Commission Report«, a.a.O.

4 Zit. n. Brief der beiden Vorsitzenden der Geheimdienstkommission vom 31.3.2005, a.a.O.

5 Zit. n. ebd.
6 Vgl. Scott Peterson: »Behind diplomacy, Iran sees a fight coming«, in: *Christian Science Monitor,* 31.3.2005
7 Zit. n. ebd.; in dem veröffentlichten Bericht der Kommission verzichteten die Autoren im Kapitel 5 über »Iran und Nordkorea« und die Entwicklung deren atomarer Kapazitäten auf jegliche nähere Angabe. Vgl. ebd. S. 305; vgl. auch Douglas Jehl / Eric Schmitt: »Data Is Lacking on Iran's Arms, U.S. Panel Says«, in: *New York Times,* 9.3.2005; dt. Version: »Kommission wirft Geheimdiensten mangelhafte Beweisführung vor«, in: *Spiegel online,* 9.3.2005 (www.spiegel.de/politik/ausland/0,1518,345447,00.html)
8 Zit. n. »Commission on the Intelligence Capabilities of the United States Regarding Weapons of Mass Destruction«, a.a.O., »Overview of the Report«, S. 4
9 Zit. n. ebd., S. 6
10 Präsident Bush gegenüber Tim Russert von NBC »Meet the Press« am 8.2.2004, zit. n. »Text: President Bush on NBC's ›Meet the Press‹«, in: *washingtonpost.com,* 9.2.2004
11 Zit. n. ebd. Das einstündige Interview Russerts mit dem Präsidenten dokumentiert eindrucksvoll Bushs Schwierigkeiten, gegenüber einem sehr gut informierten und präparierten Journalisten seine Vorgehensweise vor und nach dem Irakkrieg zu begründen. Es ist absolut lesenswert.
12 Negroponte erklärte während seiner öffentlichen Anhörung vor dem Senatsausschuss für die Geheimdienste, er wolle sich um »mehr und bessere geheimdienstliche Erkenntnisse über Nordkorea und Iran« bemühen. Der neugeschaffene Posten des »Director of National Intelligence«, der auf eine Empfehlung der sogenannten 9/11 Commission zurückgeht, gilt als politisch-bürokratische Schwerstarbeit, denn rund 80 Prozent des amerikanischen Geheimdiensthaushalts in Höhe von vermutlich 40 Milliarden Dollar werden vom Pentagon (dort vor allem von der NSA) kontrolliert. Vgl. Douglas Jehl: »Nominee

Vows Tighter Control of Intelligence«, in: *New York Times,* 13.4.2005

13 Zit. n. »President Discusses Schiavo, WMD Commission Report«, a.a.O.

14 Zit. n. Scott Peterson: »Behind diplomacy, Iran sees a fight coming. As concerns mount over its nuclear program, fear of a US strike is spurring Iran to strengthen its defenses«, in: *Christian Science Monitor,* 31.3.2005

15 Zit. n. Faye Bowers / Peter Grier: »Major work left to fix US intelligence. New study criticises US intelligence-gathering in Iraq, Korea, and Iran«, in: *Christian Science Monitor,* 1.4.2005

16 Zit. n. ebd.

17 Zit. n. »Commission on the Intelligence Capabilities of the United States Regarding Weapons of Mass Destruction, Overview of the Report«, a.a.O., S. 37

18 Vgl. Jim VandeHei: »Marking 2 Years in Iraq, Bush Offers Thanks to Troops«, in: *Washington Post,* 13.4.2005; Mark Silva: »Bush lauds troops for ›defeating‹ terrorists. President says Iraq is fight's front line«, in: *Chicago Tribune,* 13.4.2005; Julie Mason: »Bush says U.S. role in Iraq diminishing. President tells 25,000 soldiers at Fort Hood that war is in a new phase«, in: Houston Chronicle, 13.4.2005; Dan Froomkin: »Pumping Up the Volume«, in: *washingtonpost.com,* 13.4.2005; Peter Wallsten: »Bush Talk to Troops Recalls Fall of Bagdad. He says the toppling of a Hussein statue was a great moment, like the fall of the Berlin Wall«, in: *Los Angeles Times,* 13.4.2005

19 So Präsident Bush am Ostersonntag 2003 nach dem Ende des Gottesdienstes, zit. n. »President Meets with Ex-POWs«. 4th Infantry Division Chapel, Ford Hood, Texas, 20.4.2003 (www.whitehouse.gov/news/releases/2003/04/20030420.html). Bush verbrachte auch die Ostersonntage 2004 und 2005 in Fort Hood.

20 Zit. n. »President Discusses War on Terror«, Fort Hood, Texas,

12.4.2005 (www.whitehouse.gov/news/releases/2005/0420050412.html)

21 Die 1st Cavalry Division hatte nicht an der Irakinvasion teilgenommen. Zu den Gefallenenangaben der Division vgl. Julie Mason: »Bush says U.S. role in Iraq diminishing. President tells 25,000 soldiers at Fort Hood that war is in a new phase«, in: *Houston Chronicle,* 13.4.2005

22 Zit. n. ebd.

23 Zit. n. »President Rallies Troops at Fort Hood«, Fort Hood, Texas, 3.1.2003 (www.whitehouse.gov/news/releases/2003/01/20030103.html)

24 Zit. n. »President Discusses War on Terror«, Fort Hood, Texas, 12.4.2005, a.a.O.

25 Zit. n. ebd. Die angetretenen Soldaten hätten der Ansprache des Präsidenten »höflich und überwiegend still« zugehört, beobachtete ein Reporter der *Washington Post;* vgl. Jim VandeHei: »Marking 2 Years in Iraq, Bush Offers Thanks to Troops«, a.a.O.

26 Vgl. »Press Gaggle by Scott McClellan«, Aboard Air Force One, En route Andrews Air Force Base, 5:30 pm EDT, 12.4.2005 (http://www.whitehouse.gov/news/releases/2005/04/20050412-6.html)

27 Für den Wortlaut des Interviews vgl. »Vice President Cheney on inauguration day«, MSNBC, 20.1.2005 (http://msnbc.msn.com/id/6847999/)

28 Vgl. Seymour Hersh: »The Coming Wars. What the Pentagon can now do in secret«, in: *The New Yorker,* 24.1.2005 (www.newyorker.com/printables/fact/050124fa_fact). In dem Artikel hatte Hersh u.a. von militärischen Aufklärungsflügen sowie geheimen US-Kommandoeinsätzen über dem bzw. im Iran berichtet, die seit Sommer 2004 mit dem Ziel durchgeführt würden, die Lager- und Produktionsstätten des vermuteten iranischen Nuklearwaffenprogramms zu lokalisieren.

29 In der Erklärung der israelischen Regierung nach der Zerstö-

rung des irakischen Atomreaktors hieß es: »Die Atombomben, die dieser Reaktor aus angereichertem Uranium oder Plutonium herzustellen in der Lage war, hätten die Größe der Hiroshima-Bombe gehabt. Eine tödliche Gefahr erwächst für das israelische Volk.« Zit. n. »Israel bombs Bagdad nuclear reactor«, 7.6.1981 (http://news.bbc.co.uk/onthisday/hi/dates/stories/june/7/newsid_3014000/3014623.stm)

30 Zit. n. »Vice President Cheney on inauguration day«, a.a.O.; zum Presseecho vgl. Jim VandeHei: »Cheney Warns of Iran As a Nuclear Threat. Vice President: ›We don't Want a War‹«, in: *Washington Post,* 21.1.2005; David E. Sanger, »Cheney Says Israel Might ›Act First‹ on Iran«, in: *New York Times,* 21.1.2005; Paul Richter: »U.S. Adds Israel to the Iran Equation. The Jewish State ›might well decide to act first‹ to foil Teheran's nuclear ambitions, Cheney says«, in: *Los Angeles Times,* 21.1.2005

31 Zit. n. »Remarks by the Vice President and Mrs. Cheney at a Town Hall Meeting«, Alex Menzek Field House, Minnesota State University, Moorhead, 25.10.2004 (www.whitehouse.gov/news/releases/2004/10/20041025-10.html)

32 Zit. n. ebd.

33 Das stimmt mit den Angaben des *Oil and Gas Journal* (1.1.2005) überein. Vgl. Energy Information Agency (offizielle Energiestatistiken der US-Regierung): »Iran Country Analysis Brief«, März 2005 (http://www.eia.doe.gov/emeu/cabs/iran.html)

34 »National Security Decision Memorandum 292, Subject: U.S.-Iran Nuclear Cooperation«, National Security Council, 22.4.1975, in: Box 1, National Security Decision Memoranda and Study Memoranda, Gerald R. Ford Library, Ann Arbor/MI

35 Erst nach dem sogenannten »Halloween-Massaker« im Weißen Haus Ende Oktober 1975 rückte Rumsfeld zum US-Verteidigungsminister auf (er ersetzte dort Minister

Schlesinger), und Cheney wurde Rumsfelds Nachfolger im Amt des Stabschefs im Weißen Haus.

36 Zit. n. »National Security Study Memorandum 219, Subject: U.S.-Iran Agreement on Cooperation in Civil Use of Atomic Energy«, National Security Council, 14.3.1975, unterzeichnet vom stellvertretenden Nationalen Sicherheitsberater General Brent Scowcroft, in: Box 2, National Security Decision Memoranda and Study Memoranda, Gerald R. Ford Library, Ann Arbor/MI

37 Vgl. hierzu und zur weiteren Darstellung Dafna Linzer: »Past Arguments Don't Square With Current Iran Policy«, in: *Washington Post*, 27.3.2005

38 Zit. n. »Press Briefing by Scott McClellan«, 8.3.2005 (www.whitehouse.gov/news/releases/2005/03/20050308-15.html)

39 So US-Präsident Bush im Verlauf einer Pressekonferenz im Weißen Haus, zit. n. »Press Conference of the President«, The East Room, 28.4.2005 (www.whitehouse.gov/news/releases/2005/04/20050428-9.html)

40 Präsident Ford verlangte im Verlauf der amerikanisch-iranischen Gespräche vom Schah u.a. eine »feste politische Verpflichtung«, eine multinationale Wiederaufbereitungsanlage zu errichten, unter Einbeziehung Pakistans. Zit. n. »National Security Decision Memorandum 324, Subject: Negotiation of a Nuclear Agreement with Iran«, National Security Council, 20.4.1976, unterzeichnet vom Nationalen Sicherheitsberater General Brent Scowcroft, in: Box 1, National Security Decision Memoranda and Study Memoranda, Gerald R. Ford Library, Ann Arbor/MI. Präsident Ford trat zunächst für eine umfassende Unterstützung des Iran durch amerikanische Nukleartechnik ein. Im Herbst 1976 überwogen jedoch seine Bedenken: Die wirtschaftlichen Interessen müssten angesichts der Risiken der Weiterverbreitung von Nukleartechnik in den Hintergrund treten. Vgl. dazu Henry Sokolski, »The Washing-

ton Post Bombs Nuclear History«, in: *The Weekly Standard,* 28.3.2005

41 Zit. n. Dafna Linzer: »Past Arguments Don't Square With Current Iran Policy«, a.a.O.

42 Zit. n. ebd.

43 Unter Leitung der CIA vollzogen die USA 1953 ihren ersten, sehr folgenreichen »Regimewechsel« im Mittleren Osten – mit langfristig für Washington verheerenden Konsequenzen. Zum Sturz der Regierung Mohammed Mossadegh vgl. Stephen Kinzer: *All The Shah's Men. An American Coup and the Roots of Middle East Terror,* New York 2003

44 Zit. n. Dafna Linzer, »Past Arguments Don't Square With Current Iran Policy«, a.a.O.

45 Vgl. Aluf Benn: »Bush is from Mars, Sharon is from Venus«, *Ha'aretz,* 13.4.2005; »Bush, Sharon prepare for summit over Gaza pullout«, afp, 11.4.2005, 6:49 EST

46 Der Kolumnist der *Washington Post,* Jim Hoagland, berichete unter Berufung auf amerikanische und israelische Regierungskreise, dass Galant bei Scharons Gespräch mit dem US-Präsidenten am 29. Juli 2003 einem besorgt dreinblickenden Bush Satellitenaufnahmen und Charts über das geheime Nuklearwaffenprogramm des Iran präsentiert habe. Vgl. Jim Hoagland: »Israel's Red Flag on Iran«, in: *Washington Post,* 13.8.2003. Von israelischer Seite wurde daraufhin mitgeteilt, dass Ministerpräsident Scharon »die Möglichkeit eines israelischen Präventivschlags gegen den iranischen Nuklearreaktor in Bushehr nicht angesprochen habe«. Dass General Galant israelisches Geheimdienstmaterial gegenüber Bush erläutert habe, dementierten die israelischen Regierungsstellen nicht. Zit. n. Ellis Shuman: »Washington worried Israel may strike Iran's nuclear plant«, in: *Israelinsider.com,* 14.8.2003. Scharon erklärte auf der gemeinsamen Pressekonferenz mit Bush, Syrien und Iran würden die »Ernsthaftigkeit Ihrer [Bushs] Absichten erkennen, den Kampf gegen den Terror fortzusetzen«. Zit. n.

»President Discusses Middle East Peace with Prime Minister Sharon«, in: *The Rose Garden,* 29.7.2003 (www.whitehouse.gov/news/releases/2003/07/20030729-2.html)

47 Zit. n. David E. Sanger: »Sharon Asks U.S. to Pressure Iran to Give Up Its Nuclear Program«, in: *New York Times,* 13.4.2005

48 Vgl. »Mossad Chief warns of Iranian nuclear threat«, in: *Ha'aretz,* 24.1.2005

49 Scharon lernte Dagan 1970 kennen. Der damalige Kommandeur im Gazastreifen beauftragte Dagan mit der Bildung einer Sondereinheit, die Terroristen ausfindig machen und in zahlreichen Fällen auch töten sollte. Im Jom-Kippur-Krieg von 1973 überquerte Dagan zusammen mit Scharon den Suezkanal. Ende der 90er Jahre trat Dagan der Likud-Partei bei und organisierte den Wahlkampf für Scharon, der ihn im Falle eines Wahlsiegs zum Mossad-Chef zu ernennen versprach. Im September 2002 löste Dagan den bisherigen Geheimdienstchef Ephraim Halevy ab. Vgl. Susanne Knaul: »Der Exekutionskommandant. Meir Dagan ist als alter Kampfgefährte von Ariel Scharon dessen Wahl für den Chefposten des Mossad«, in: *taz,* 12.9.2002

50 Zit. n. David E. Sanger: »Sharon Asks U.S. to Pressure Iran to Give Up Its Nuclear Program«, a.a.O.

51 So Außenministerin Condoleezza Rice gegenüber dem *Wall Street Journal*, zit. n. U.S. Department of State, »Interview With the *Wall Street Journal«,* Secretary Condoleezza Rice, Washington D. C., 13.4.2005 (http://www.state.gov/secretary/rm/2005/44618.ht)

52 So Vizeadmiral Jacoby am 16. Februar 2005 bei der Anhörung des Senatsausschusses über »Current and Projected National Security Threats to the United States«, zit. n. Vice Admiral Lowell E. Jacoby: »Statement for the Record«, Senate Select Committee on Intelligence, 16.2.2005 (http://intelligence.senate.gov/0502hrg/050216/jacoby.pdf); zur »National

Intelligence Estimate« vgl. Dafna Linzer: »Review Finds Iran Far From Nuclear Bomb. Estimate of Progress Contrasts With Administration Statements«, in: *Washington Post,* 2.8.2005

53 Zit. n. ebd.

54 Rice gegenüber dem *Wall Street Journal*, a.a.O.

55 Zit. n. ebd.

56 Zit. n. Dan Murphy: »Why Iran wants its own nuclear deterrent«, in: *Christian Science Monitor,* 2.12.2004; Sam Gardiner, ein ehemaliger Luftwaffenoberst, unterrichtete über zwei Jahrzehnte am National War College in Washington D. C., wo er u. a. militärisch-politische Planspiele, »war games«, durchführte. In den 80er Jahren bot Gardiner insgesamt 15 verschiedene Planspiele zur Eroberung des Irak an, darunter auch die Version, die 2003 zum Einsatz kam. Vgl. James Fallows: »Will Iran Be Next? Soldiers, Spies, and Diplomats Conduct a Classic Pentagon War Game – with Sobering Results«, in: *The Atlantic Monthly,* Vol. 294 Nr. 5, Dezember 2004 (http://www.theatlantic.com/doc/200412)

57 Vgl. James Fallows: »Will Iran Be Next?«, a.a.O. Unter den Teilnehmern dieses War Games waren u. a. Kenneth Pollack von der liberalen Brookings Institution und Reuel Marc Gerecht vom neokonservativen American Enterprise Institute (beide arbeiteten früher als Iranexperten für die CIA bzw. den Nationalen Sicherheitsrat in Washington).

58 Zit. n. ebd. Kenneth Pollack, der von seinem buchstäblich angriffslustigen Werk *The Threating Storm: The Case for Invading Iraq,* New York 2002, inzwischen abgerückt ist, hat nun zum amerikanisch-iranischen Verhältnis *The Persian Puzzle: The Conflict Between Iran and America«* (New York 2005) vorgelegt, in dem er weitaus vorsichtiger und zurückhaltender die Optionen Washingtons gegenüber dem Iran analysiert. Als beste Buchbesprechung vgl. Christopher de Bellaigue (Teheran-Korrespondent des *Economist):* »Bush, Iran & the Bomb«, in:

New York Times Review of Books, Vol. 52, Nr. 3, 24.2.2005 (http://www.nybooks.com/articles/17762)

59 Alle obigen Zitate nach James Fallows: »Will Iran Be Next?«, a.a.O. Zu einer ähnlichen Einschätzung kommt auch Oliver Thränert von der Stiftung für Wissenschaft und Politik in Berlin. »Wahrscheinlich würde auch die iranische Führung nach Angriffen auf ihre Nukleareinrichtungen etwaige Bemühungen um den Erwerb von Atomwaffen eher intensivieren als einstellen. Darüber hinaus wäre zu befürchten, dass Iran Terroranschläge gegen Israel oder die USA unterstützen würde.« Zit. n. Oliver Thränert: »Der Iran und die Verbreitung von ABC-Waffen«, S. 31, Stiftung für Wissenschaft und Politik, August 2003, Berlin (http://www.swp-berlin.org/produkte/swp_studie.php?id=1450&PHPSESSID=f3b000a80309002f9e1f23783c0fa149)

60 Zit. n. »State of the Union Address«, Chamber of the U.S. House of Representatives, The United States Capitol, Washington D. C., 2.2.2005 (http://www.whitehouse.gov/news/releases/2005/02/20050202-11.html)

61 Zu ihrer offiziellen Amtseinführung im Außenministerium erschienen der Präsident und die First Lady. Präsident Bush lobte Condoleezza Rice mit den sehr persönlichen Worten: »Während der letzten vier Jahre hat Amerika von dem klugen Rat von Dr. Condoleezza Rice profitiert, und meine Familie ist durch unsere Freundschaft zu dieser bemerkenswerten Person bereichert worden. Wir lieben sie – ich weiß nicht, ob man das über eine Außenministerin sagen darf.« Zit. n. »President Thanks Secretary of State Rice at Swearing-In Ceremony. President George W. Bush and Secretary Condoleezza Rice«, Remarks at Department of State, Washington D. C., 28.1.2005 (http://www.state.gov/r/pa/ei/wh/rem/41340.htm)

62 Zit. n. Secretary of State: »Interview on ABC's This Week With George Stephanopoulos and Peter Jennings«, Washington D. C., 30.1.2005

63 Zit. n. Matthew A. Levitt: »Iranian State Sponsorship of Terror: Threatening U.S. Security, Global Stability, and Regional Peace«, Testimony of Matthew A. Levitt, Senior Fellow and Director of Terrorism Studies, The Washington Institute for Near East Policy, U.S. House of Representatives, Joint Subcommittee Hearing, Subcommittee On The Middle East And Central Asia, Subcommittee On International Terrorism And Nonproliferation, 9.2.2005

64 »Lebanese Hezbollah members detained in Iraq: minister«, afp, 9.2.2005

65 Vgl. Matthew A. Levitt: »Iranian State Sponsorship of Terror«, a.a.O.

66 König Abdullah in der MSNBC-Sendung *Hardball with Chris Matthews*, zit. n. »His Majesty King Abdullah II, Interview with HM King Abdullah discussing politics in the Middle East, MSNBC Hardball with Chris Matthews«, 8.12.2004, Washington D. C.

67 Zit. n. »King Abdullah II: ›Iraq is the Battleground – the West against Iran‹«, in: *Middle East Quarterly*, Spring 2005, Vol. XII: Nr. 2 (http://www.meforum.org/article/688)

68 Zit. n. »Committee on International Relations, U.S. House of Representatives, The Opening Statement of Hon. Ileana Ros-Lehtinen, Chair, Subcommittee on the Middle East and Central Asia, Hearing on ›Iran: a Quarter-Century of State-Sponsored Terror‹«, 16.2.2005. Die republikanische Kongressabgeordnete Ros-Lehtinen hat zusammen mit anderen Parteifreunden im Herbst 2004 den »Iran Freedom Support Act« ins Parlament eingebracht. Das Gesetz solle den USA »die notwendigen Mittel« an die Hand geben, um »das iranische Regime zur Rechenschaft zu ziehen, gefügig zu machen und das Regime zu schwächen, während zugleich die Menschenrechtsdissidenten und prodemokratischen Kräfte im Iran unterstützt werden«.

69 Alle Zitate nach ebd.

70 Zit. n. »Bundeskanzler dankt Joschka Fischer für erfolgreiche Vermittlung im Iran«, Pressemitteilung des Bundespresseamts vom 22.10.2003

71 Zit. n. Pressemitteilung des Auswärtigen Amts vom 21.10.2003: »Vereinbarte Erklärung zum Abschluss eines Besuchs der Außenminister Deutschlands, Frankreichs und Großbritanniens in der Islamischen Republik Iran am 21. Oktober 2003«, englischer Originaltext in: »Iran's Nuclear Programme: A Collection of Documents«, Presented to Parliament by the Secretary of State for Foreign and Commonwealth Affairs by Command of Her Majesty, Januar 2005

72 Der Iran ist 1968 dem Atomwaffensperrvertrag beigetreten und hat das Abkommen 1970 ratifiziert. Das iranische Nuklearprogramm geht zurück ins Jahr 1959 mit dem Erwerb eines Forschungsreaktors von den USA, der 1967 an der Teheraner Universität in Betrieb genommen wurde. Zahlreiche iranische Studenten wurden in den Folgejahren an Universitäten in Großbritannien, den USA, Deutschland und Frankreich zu Atomphysikern und Ingenieuren ausgebildet. Der atomenergiepolitisch hochambitionierte Schah wollte nach eigenen Aussagen aus dem Jahr 1974 innerhalb von 20 Jahren Kernkraftwerke mit einem Leistungsvolumen von 23 000 MWe im Iran errichten lassen (zum Vergleich: Die 19 Kernkraftwerksblöcke, die im Jahr 2002 in Deutschland in Betrieb waren, hatten eine Leistung von 22 365 MWe; vgl. »2002: Betriebsergebnisse deutscher Kernkraftwerke – Auszug aus dem Bericht des ABE-Ausschusses«). Nach Verhandlungen mit den USA (siehe Anm. 34, 36 und 40), Frankreich und der Bundesrepublik über den Kauf von Reaktoren erhielt Paris 1975 den Zuschlag zum Bau eines nuklearen Forschungszentrums in Isfahan, 1976 wurde der Vertrag mit der Siemens-Tochter Kraftwerk Union über die Errichtung von zwei Leichtwasserreaktoren in Bushehr unterzeichnet, 1977 mit Frankreich der Bau von zwei Reaktoren in der Nähe von Ahvaz vereinbart, wobei der Schah Interesse an

der Urananreicherung und der Wiederaufbereitung von Brennstäben zeigte. Vgl. Christoph Wirz: »Ist der Iran auf dem Weg zur Atombombe?«, in: *Allgemeine Schweizerische Militärzeitschrift* (ASMZ), hrsg. von der Schweizerischen Offiziersgesellschaft, Ausgabe 11. November 2003

73 Zit. n. »Interview mit Bundesaußenminister Fischer zu verschiedenen außenpolitischen Themen in der *Stuttgarter Zeitung* vom 27.10.2003«, Pressemitteilung des Auswärtigen Amts vom 27.10.2003

74 So der Sprecher von US-Präsident Bush, Scott McClellan, zit. n. »Press Gaggle with Scott McClellan to the Travel Pool«, Shangri-La Hotel, Singapur, 21.10.2003 (www.whitehouse.gov/news/releases/2003/10/print/20031021-14.html)

75 Zit. n. »Statement By H.E. Reza Aghazadeh, Vice President of the Islamic Republic of Iran and President of the Atomic Energy Organization Of Iran at the 46th General Conference of the International Atomic Energy Agency«, Wien, 16.9.2002

76 Zit. n. International Atomic Energy Agency, Board of Governors: »Implementation of the NPT safeguards agreement in the Islamic Republic of Iran. Report by the Director General«, GOV/2003/40, 6.6.2003

77 Zit. n. International Atomic Energy Agency, Board of Governors, »Implemetation of the NPT Safeguards Agreement in the Islamic Republic of Iran. Report by the General Director«, GOV/2003/75, 10.11.2003, vgl. auch Christoph Wirz: »Ist der Iran auf dem Weg zur Atombombe?«, a.a.O. Die »Safeguard-Verträge« hat der Iran 1973 (Comprehensive Safeguard Agreement) und 1974 (Subsidiary Arrangement) unterzeichnet.

78 Alle Zitate nach »President Bush, European Leaders Act to Fight Global Terror. Remarks by President Bush, Prime Minister Simitis and President Prodi in Press Availability«, East Room, 25.6.2003 (http://www.whitehouse.gov/news/releases/2003/06/print/20030625-12.html)

79 Vgl. Reuel Marc Gerecht: »Europe Should Be Careful What It Wishes for in Iran«, in: *Financial Times,* 1.3.2005

80 Vgl. Susan E. Rice: »We Need a Real Iran Policy«, in: *Washington Post,* 30.12.2004

81 Vgl. Peter Rudolf: »U.S. Policy towards Iran. Developments, Options and Scenarios«, Stiftung für Wissenschaft und Politik, SWP Comments, April 2005; dt. Fassung in: *SWP-Aktuell* Nr. 12, März 2005 (http://www.swp-berlin.org/common/get_document.php?id=1223)

82 Zit. n. Claude Salhani: »Politics & Policies: The Iran dossier«, UPI, 10.1.2005, in: *Washington Times,* 101.2005

83 Alle Zitate nach »President Holds Press Conference«, Room 450, Dwight D. Eisenhower Executive Office Building, 20.12.2004 (http://www.whitehouse.gov/news/releases/2004/12/20041220-3.html)

84 Zit. n. The White House, Office of the Press Secretary, Executive Order 12957, 15.3.1995: »Prohibiting Certain Transactions With Respect To The Development of Iranian Petroleum Resources«, (http://www.iraniantrade.org/12957.htm); vgl. auch »Congressional Research Service, CRS Report for Congress, Kenneth Katzman: »The Iran-Libya Sanctions Act (ILSA)«, RS20871, 31.7.2003 (http://fpc.state.gov/documents/organization/23591.pdf)

85 Vgl. Kenneth Katzman, ebd. Die Einschätzung über die mangelnde Wirkung der US-Sanktionen gegen den Iran bezieht sich auf den Sommer 2003.

86 Zit. n. »President Holds Press Conference«, 20.12.2004, a.a.O.

87 Zit. n. International Atomic Energy Agency, Board of Governors: »Implementation of the NPT Safeguards Agreement in the Islamic Republic of Iran. Resolution adopted by the Board on 12 September 2003«, GOV/2003/69, 12.9.2003

88 So Solana am 30.8.2003 gegenüber dem Chef der iranischen Atomenergiebehörde Gholam-Reza Aqazadeh; zit. n. »Solana

urges Iran to fully cooperate with IAEA«, IRNA, Teheran, 30.8.2003

89 Zit. n. ebd.; vgl. auch »Khatami meets Solana says nuclear program is peaceful«, IRNA, Teheran, 30.8.2003; »Iran's defensive strategy has no room for nuclear weapons«, IRNA, Teheran, 31.8.2003

90 Solana gegenüber der Fachzeitschrift *Internationale Politik* im Mai 2005; zit. n. »›Könnten wir so dumm sein?‹ Frankreichs Verfassungsreferendum, China-Embargo, Russland, USA, Kosovo: Javier Solana im Gespräch mit der IP«, in: *Internationale Politik,* hrsg. von der Deutschen Gesellschaft für Auswärtige Politik«, Mai 2005, Nr. 5, 60. Jahr, S. 70–77, hier S. 74

91 So Khatami gegenüber Solana am 30. August 2003 in Teheran, zit. n. »Khatami meets Solana says nuclear program is peaceful«, IRNA, Teheran, 30.8.2003

92 So die Überschrift der *Welt,* die sich dabei auf den bislang einmaligen Umstand bezog, dass der Bundeskanzler sich auf dem EU-Gipfel in Brüssel von Jacques Chirac vertreten ließ. Vgl. Andreas Middel: »Jacques Schröder. Gelungene Premiere: Chirac vertrat beim EU-Gipfel für einen Tag deutsche Interessen«, in: *Welt,* 18.10.2003 (http://www.welt.de/data/2003/10/18/184240.html?prx=1)

93 Zit. n. European Council: »Presidency Conclusions«, Brüssel, 16. und 17.10.2003, in: »Iran's Nuclear Programme: A Collection of Documents«, a.a.O.

94 Alle Zitate nach »Transcript of Interview of President Jacques Chirac with *USA Today«,* in: *USA Today,* 24.9.2003 (http://www.usatoday.com/news/world/2003-09-24-chirac-interview_x.htm^)

95 Zit. n. Regierungserklärung von Bundesaußenminister Fischer zu den Ergebnissen der Tagung des Europäischen Rates vor dem Deutschen Bundestag, Berlin, 11.11.2004

96 Vgl. Elaine Sciolino: »Iranians Refuse to Terminate Nuclear Plans«, in: *New York Times,* 26.11.2004

97 Vgl. Christopher de Bellaigue: »Bush, Iran & the Bomb«, in: *The New York Review of Books*, Vol. 52, Nr. 3, 24.2.2005 (www.nybooks.com/articles/17762)

98 Zit. n. International Atomic Energy Agency, Board of Governors: »Implementation of the NPT Safeguards Agreement in the Islamic Republic of Iran. Report by the Director General«, GOV/2004/83, 15.11.2004; ElBaradei bezog sich bei diesem Zitat auf dem Bericht des Board of Governors vom 18.9.2004

99 So Philippe Errera, stellvertretender Direktor im französischen Außenministerium, auf einer Konferenz Anfang März 2005 in Teheran, zit. n. Philippe Errera: »The E3/EU – Iran negotiations and prospects for revolving the Iranian nuclear issue: a European perspective«, Teheran, 5. bis 6.3.2005 (http://www.globalsecurity.org/wmd/library/report/2005/errera.htm)

100 Vgl. »Dealing with Iran. Panel Summary«, 2004 Carnegie International Non-Proliferation Conference, Carnegie Endowment for International Peace, 22.6.2004; Robert Einhorn, derzeit Senior Advisor am Center for Strategic and International Studies, war bis 2001 knapp drei Jahrzehnte lang als Abrüstungsexperte der US-Regierung tätig, zuletzt von 1999 bis 2001 als Unterstaatssekretär im Außenministerium, zuständig für »non-proliferation«, also für die Nichtweiterverbreitung von Massenvernichtungswaffen und Trägerraketen.

101 Vgl. Robert Einhorn: »A Transatlantic Strategy on Iran's Nuclear Program«, in: *The Washington Quarterly*, Herbst 2004, S. 21 – 32, hier: S. 27 (http://www.twq.com/04autumn/docs/04autumn_einhorn.pdf)

102 Zit. n. Michael Ledeen: »Europe's Ritual Chance. The Western counterpart of Iran's deception«, in: *National Review Online*, 29.11.2004. Ledeen ist »resident scholar« am American Enterprise Institute, der intellektuellen Hochburg der Neokonservativen. Seit vielen Jahren plädiert er für einen Regimewechsel im Iran, etwa in: Michael A. Ledeen: *The War Against the*

Terror Masters: Why It Happened. Where We Are Now. How We'll Win, New York 2002

103 Für die deutschen Exportangaben vgl. Auswärtiges Amt: »Länderinformationen, Iran, Wirtschaftspolitik«, Stand März 2005 (http://www.auswaertiges-amt.de/www/de/laenderinfos/laender/laender_ausgabe_html?type_id=12&land_id=63); für die französischen Exportzahlen vgl. »Teheran's Triumph. Review and Outlook«, in: *Wall Street Journal,* 1.12.2004

104 Zur iranischen Erdöl- und Erdgasindustrie vgl. Energy Information Agency: »Country Analysis Briefs, Iran« (http://www.eia.doe.gov/emeu/cabs/iran.html)

105 Vgl. »Teheran's Triumph«, a.a.O.

106 Paul Wolfowitz: »Memorandum for Chairman, Defense Science Board, Subject: Terms of Reference – Defense Science Board 2004 Summer Study on the Transition to and from Hostilities«, 20.5.2004, in: *Report of the Defense Science Board Task Force on Strategic Communication,* September 2004, Office of the Under Secretary of Defense For Acquisition, Technology, and Logistics, Appendix A

107 Zit. n. Sandra I. Erwin: »War-Gaming a Future That's Much Like Today. Army, Joint Forces Command test radical concepts that promote ›jointness‹«, in: *National Defense Magazine,* Juni 2003 (http://www.nationaldefensemagazine.org/issues/2003/Jun/War-Gaming.htm); das Szenario entspricht dem sogenannten War Game »Unified Quest«, das die US-Army gemeinsam mit dem U.S. Joint Forces Command seit 2002 durchführt. »Unified Quest« '04 fand vom 2. bis 7.5.2004 am Army War College in den Carlisle Barracks, Pennsylvania, statt. Vgl. Spc. Lorie Jewell: »Unified Quest 04 focuses on Joint capabilities«, in: *Army News Report,* 10.5.2004

108 Vgl. Amir Oren: »Next year in Teheran. For the past three years the central war game of the U.S. armed forces has been centered on Iran. But what exactly will await them there, even they do not purport to know«, in: *Ha'aretz,* 1.10.2004; zu

»Unified Quest 04« vgl. Sandra I. Erwin: »Redefining Combat. Current Operations Shape Army War Game«, in: *National Defense Magazine,* Juni 2004 (http://www.nationaldefense-magazine.org/issues/2004/Jun/Redefining_Combat.htm)

109 Zit. n. Amir Oren: »Next year in Teheran«, a.a.O. Amir Oren ist militärpolitischer Kommentator der israelischen Tageszeitung *Ha'aretz* und nahm nach eigenen Angaben als Beobachter an »Unified Quest 04« teil.

110 Zit. n. Sandra I. Erwin, »U.S.Central Command Naval Chief Foresees More Volatility in the Region«, in: *National Defense Magazine,* November 2004 (http://www.nationaldefensemagazine.org/issues/2004/Nov/ForeseesVolatility.htm). Zur Convention der »Tailhook Association« 2004 vgl. http://www.tailhook.org/hook04.html; zur Atmosphäre dieser Treffen vgl. Pedro Morales: »Fliers swap stories. Air warriors share their experiences spanning decades«, in: *Reno Gazette-Journal,* 19.9.2003

111 Alle Zitate Nichols nach Sandra I. Erwin: »U.S. Central Command Naval Chief Foresees More Volatility in the Region«, a.a.O.

112 Die freigegebenen Originaldokumente der Eisenhower-Regierung über die Planung, Durchführung und Beurteilung des ersten amerikanischen Regimewechsels im Mittleren Osten können online eingesehen werden im National Security Archive der George Washington University (http://www.gwu.edu/~nsarchiv/NSAEBB/index.html#mesa). Eine editierte Dokumentation bietet *Mohammad Mosaddeq and the 1953 Coup in Iran,* hg. von Mark J. Gasiorowski / Malcolm Byrne, Syracuse 2004; zur historischen Analyse des Umsturzes aus Sicht der tatbeteiligten Central Intelligence Agency vgl. den internen Bericht, der allerdings in einigen Teilen von den CIA-eigenen Zensoren zusammengestrichen worden ist: Scott A. Koch: *»ZENDEBAD, SHAH!«: The Central Intelligence Agency And The Fall Of Iranian Prime Minister Mohammed Mosaddeq,*

August 1953, History Staff, Central Intelligence Agency, Washington D. C., Juni 1998 (http://www.gwu.edu/~nsarchiv/NSAEBB/NSAEBB126/iran980600.pdf)

113 Zit. n. Henry A. Kissinger (National Security Adviser):: »Subject: Follow-up on the President's Talk with the Shah of Iran«, Memorandum an US-Außenminister und Verteidigungsminister, Washington D. C., 25.7.1972

114 Vgl. Juan Cole: »The Iraqi Shiites. On the history of America's would-be allies«, in: *Boston Review*, Okt./Nov. 2003

115 So der iranische Außenminister auf der gemeinsamen Pressekonferenz mit Iraks Regierungschef al-Jaafari am 17.5.2005 in Bagdad; zit. n. John F. Burns: »Registering New Influence, Iran Sends a Top Aide to Iraq«, in: *New York Times*, 18.5.2005; vgl. auch Jonathan Finer: »Iraq Plans to Pursue Insurgents' Allies. New Laws Would Punish Those Who Provide Aid or Withhold Information«, in: *Washington Post*, 18.5.2005

116 Der 1947 in Kerbala geborene Ibrahim al-Jaafari trat 1966 bereits der Da'wa-Partei bei, deren geistlicher Begründer Groß-Ayatollah Mohammed Baqir al-Sadr war. Nach der iranischen Revolution 1979 rief Ayatollah Khomeini die Schiiten im Irak zum Widerstand gegen Saddam Hussein auf – der Diktator regierte mit einer systematischen Verfolgung, ordnete 1980 die Hinrichtung al-Sadrs an, viele Da'wa-Anhänger konnten sich ins iranische Exil retten, darunter auch al-Jaafari. Al-Jaafari ordnete sich dem politischen Druck Teherans nicht unter, reiste 1989 mit seiner Familie nach London aus und profilierte sich dort bis zu seiner Rückkehr in den Irak im Frühjahr 2003 als einer der wichtigsten politischen Köpfe der Da'wa-Partei, die eine moderate und dennoch akzentuiert islamistische Politik vertrat. Vgl. Nesrine Shibib: »Ibrahim Al-Jaafari. Ein Porträt des zukünftigen irakischen Ministerpräsidenten«, Bundeszentrale für politische Bildung, *Spezial: »Wahlen im Irak«*, 1.3.2005 (www.bpb.de/themen/QMJNM5.html); vgl. auch

Martin Asser, »Profile: Ibrahim Al-Jaafari«, BBC news, 7.4.2005; »Iraqis name a Shiite as new prime minister«, in: *International Herald Tribune,* 8.4.2005

117 Zit. n. John F. Burns: »Registering New Influence, Iran Sends a Top Aide to Bagdad«, a.a.O.

118 Fred Halliday, Professor für Internationale Beziehungen an der London School of Economics, gegenüber der *New York Times;* zit. n. John F. Burns: »Registering New Influence, Iran Sends a Top Aide to Iraq«, in: *New York Times,* 18.5.2005

119 Zit. n. Scott Peterson: »Iran flexes its ›soft power‹ in Iraq. In a sign of warming ties, Iran's foreign minister finished a high level, three-day visit to Iraq Thursday«, in: *Christian Science Monitor,* 20.5.2005

120 Vgl. ebd.

121 Zum Abschluss des dreitägigen Besuchs des iranischen Außenministers in Bagdad (vom 17. bis 20.5.2005) veröffentlichte das irakische Außenministerium eine gemeinsame irakisch-iranische Erklärung, in der es u.a. hieß, es sei notwendig, der früheren Führung des Irak den Prozess zu machen. Saddam Hussein sei verantwortlich für Kriegsverbrechen, Verbrechen gegen die Menschlichkeit und militärische Aggressionen gegen die Völker Irans, Iraks und Kuwaits. Vgl. »Anklage gegen Saddam Hussein wegen Kriegs mit Iran«, in: *tagesschau.de* vom 20.5.2005; zum Kurzbesuch von US-Außenministerin Rice im Irak vgl. U.S. Department of State: »Remarks With Iraqi Interim Prime Minister Ibrahim al-Jaafari. Secretary Condoleezza Rice«, Bagdad, 15.5.2005 (http://www.state.gov/secretary/rm/2005/46597.htm); zu al-Hakims Rolle als Chef des schiitischen Wahlbündnisses vgl. »Shiite cleric with links to Iran tops Iraqi election list. Vice president denies Iranian influence«, in: *The Daily Star,* 11.12.2004

122 So Robert B. Zoellick am 19.5.2005 in Bagdad. Zit. n. Scott Peterson: »Iran flexes its ›soft power‹ in Iraq«, a.a.O.

123 Zit. n. International Crisis Group: »Iran in Iraq: How Much

Influence?«, in: *Middle East Report,* Nr. 38, 21.3.2005 (http://www.crisisgroup.org/library/documents/middle_east___north_africa/iraq_iran_gulf/38_iran_in_iraq_how_much_influence.pdf). Die Organisation wird u.a. von den Außenministerien Deutschlands, Australiens, Dänemarks, Irlands und zahlreicher weiterer demokratischer Staaten finanziell unterstützt, und ihre Experten werden zu außen- und sicherheitspolitischen Anhörungen des US-Senats eingeladen, vgl. etwa »Testimony of Dr. Samina Ahmed, South Asia Project Director, International Crisis Group, to the Senate Foreign Relations Committee Hearing on ›Combating Terrorism through Education – the Near East and South Asian Experience‹«, Washington D. C., 19.4.2005

124 Vgl. International Crisis Group, »Iran in Iraq: How Much Influence?«, a.a.O., S. 8. Bei der Angabe der materiellen Vermögensschäden, die dem Iran durch den Angriffskrieg Saddam Husseins entstanden sind, beziehen sich die Autoren der o.g. Studie auf die Arbeit von Marion Farouk-Sluglett and Peter Sluglett, »Iraq Since 1958: From Revolution to Dictatorship«, London (rev. Edition) 2001, S. 271

125 Zit. n. ebd., »Executive Summary and Recommendations«

126 Hamid al-Bayati am 6.10.2004 in einem Interview mit Vertretern der International Crisis Group in Bagdad; zit. n. ebd., S. 24

127 Vgl. Zbigniew Brzezinski / Robert M. Gates: *Iran: Time for a New Approach. Report of an Independent Task Force,* sponsored by the Council on Foreign Relations, New York 2004, S. 2 – 4

128 Zit. n. ebd., S. 6

129 Zit. n. ebd., S. 22; zu einer ähnlichen Einschätzung kommt auch Volker Perthes von der Stiftung für Wissenschaft und Politik, vgl. Volker Perthes: »Atomkraft? In Iran eine Frage des nationalen Stolzes. Die Nutzung der Nukleartechnologie eint unterschiedliche Fraktionen in Teheran / Zusammenarbeit liegt

im Sicherheitsinteresse Europas«, in: *Frankfurter Rundschau,* 8.9.2004, S. 7

130 Zit. n. International Crisis Group: »Iran in Iraq: How Much Influence?«, a.a.O., S. 11

131 Javier Solana gegenüber der Zeitschrift *Internationale Politik,* Mai 2005, a.a.O., S. 75

132 Zit. n. »Transcript of interview with Hassan Rowhani chairman of Iran's Supreme National Security Council SNSC offices, Teheran, 18.4.2005, edited version, translated from Farsi«, in: *Financial Times,* 19.4.2005

133 So Präsident Bush zum Auftakt seines Brüssel-Besuchs; zit. n. »President Discusses American and European Alliance in Belgium«, Concert Noble, Brüssel, 21.2.2005 (www.whitehouse.gov/news/releases/2005/02/20050221.html)

134 Der britische Außenminister Jack Straw in einem undatierten Begleitschreiben (nach dem Inhalt des Briefs zu schließen zwischen dem 29.11. und Anfang Dezember 2004) zu einer Dokumentensammlung über das iranische Nuklearprogramm für das Parlament in London; zit. n. Jack Straw, »Iran Nuclear: Collection of Documents. Preface by the Foreign Secretary«, in: »Iran's Nuclear Programme: A Collection of Documents«, Januar 2005, a.a.O.

135 Bundesaußenminister Fischer, zit. n. Auswärtiges Amt: »Rede von Bundesaußenminister Fischer auf der 7. Überprüfungskonferenz zum Nuklearen Nichtweiterverbreitungsvertrag«, New York, 2.5.2005

136 Alle Zitate nach »President Bush and Chancellor Schröder Discuss Partnership«, Electoral Palace, Mainz, 23.2.2005 (www.whitehouse.gov/news/releases/2005/02/20050223-4.html)

137 Der US-Präsident wurde während der gemeinsamen Pressekonferenz mit EU-Kommissionspräsident Barroso und dem luxemburgischen EU-Ratspräsidenten Junker gefragt, ob er »ohne ein Mandat des Sicherheitsrats der Vereinten Nationen« keine

Militäraktionen gegen »souveräne Mitgliedsstaaten, wie etwa Iran«, anordnen würde. Das gemeinsame Ziel von Großbritannien, Frankreich, Deutschland und den Vereinigten Staaten sei es doch, so erwiderte Bush, »dass die keine Atombombe haben«. Außerdem hätten die vier genannten Länder ein Interesse daran, dass der Iran »aufhört, Terrororganisationen wie die Hisbollah zu finanzieren, deren Wunsch es ist, dass es zu keinen Fortschritten beim [Nahost-]Friedensprozess kommt«. Danach kam der entscheidende Satz, der von den Nachrichtenagenturen an die erste Stelle ihrer Zusammenfassungen gerückt wurde: »Und schließlich, diese Vorstellung, dass die Vereinigten Staaten dabei sind, sich vorzubereiten, den Iran anzugreifen, ist einfach lächerlich. Das vorausgeschickt: Alle Optionen bleiben auf dem Tisch.« Zit. n. »President Meets with E.U. Leaders«, Justus Lipsius, Brüssel, 22.2.2005 (www.whitehouse.gov/news/releases/2005/02/20050222-8.html); vgl. auch Michael A. Fletcher / Keith B. Richburg: »Bush Tries To Ally E.U. Worry Over Iran. Notion of U.S. Attack ›Is Simply Ridiculous‹«, in: *Washington Post,* 23.2.2005

138 Alle Zitate nach »President Bush and Chancellor Schröder Discuss Partnership«, a.a.O.

139 Vgl. Stephan-Andreas Casdorff: »Berlin befürchtet US-Militärschläge in Iran. Experten der Bundesregierung nehmen Drohung ernst, rechnen aber nicht mit kurzfristigen Aktionen«, in: *Tagesspiegel,* 24.1.2005; »Atomkrise mit Iran: Bundesregierung befürchtet US-Militärschläge«, in: *tagesschau.de,* 24.1.2005, 8.32 Uhr

140 Zit. n. »Bundeskanzler Schröder: ›Konsultationen mit den USA verstärken‹«, Interview mit dem *Handelsblatt,* 16.2.2005

141 Zit. n. Christopher de Bellaigue: »Bush, Iran & the Bomb«, a.a.O.

142 Zit. n. »Bundeskanzler Schröder: ›Konsultationen mit den USA verstärken‹«, a.a.O.

143 Grünen-Chef Reinhard Bütikofer am 20.1.2005 in einem In-

terview mit dem Nachrichtensender N-24, zit. n. »Reaktionen auf Bush-Rede: Scharfe Kritik vom Grünen-Chef«, in: *Spiegel online,* 21.1.2005, 6.52 Uhr

144 Zit. n. Seymour M. Hersh: »The Coming Wars«, a.a.O.

145 Vgl. Dafna Linzer: »U.S. Uses Drones to Probe Iran For Arms. Surveillance Flights Are Sent From Iraq«, in: *Washington Post,* 13.2.2005; »US-Spionage: Drohnen spähen Iran aus«, in: *Spiegel online,* 13.2.2005, 9.37 Uhr

146 Zit. n. Seymour M. Hersh, »The Coming Wars«, a.a.O.

147 Zit. n. Daniel Schoor: »Douglas Feith and Iran«, Analysis, Weekend Edition, National Public Radio, 5.9.2004; zu Feiths politischem und persönlichem Hintergrund vgl. Jeffrey Goldberg: »A Little Learning. What Douglas Feith knew, and when he knew it«, in: *The New Yorker,* 9.5.2005 (http://www.newyorker.com/printables/fact/050509fa_fact)

148 Zit. n. Daniel Schoor: »Douglas Feith and Iran«, a.a.O.

149 Vgl. Susan Schmidt / Robin Wright: »Leak Probe More Than 2 Years Old. Pro-Israel Group's Possible Role at Issue«, in: *Washington Post,* 2.9.2004; die Vorwürfe wurden von AIPAC zunächst zurückgewiesen, vgl. Thomas B. Edsall / Molly Moore: »Pro-Israel Lobby Has Strong Voice. AIPAC Is Embroiled in Investigation of Pentagon Leaks«, in: *Washington Post,* 5.9.2004

150 Zit. n. Seymour M. Hersh, »The Coming Wars«, a.a.O.; für großes Aufsehen unter Gegnern des Irakkriegs in den USA sorgte ein Vortrag des ehemaligen UN-Waffeninspektors Scott Ritter am 20.2.2005, der vor Zuhörern der Washington State University in Olympia/WA sagte, er habe von Vertrauten in der US-Regierung erfahren, dass Präsident Bush bereits eine Direktive unterzeichnet habe, die einen Angriff Amerikas auf den Iran ab Juni 2005 erlaube. Ritter warf den US-Medien vor, wie schon im Irakkrieg »schlafwandelnd in einen neuen Krieg« zu taumeln, ohne die Öffentlichkeit über die angeblichen Regierungspläne zu unterrichten. Der Vortrag erfreute sich interna-

tionaler Verbreitung. Für die deutsche Fassung vgl. Scott Ritter: »Schlafwandelnd in die Iran-Katastrophe« (www.uni-kassel.de/fb5/frieden/regionen/Iran/us-angriff2.html). Auf der englischsprachigen Website des arabischen Nachrichtensenders Al Jazeera wurden Ritters Thesen ebenfalls verbreitet. Vgl. Scott Ritter: »Opinion: Sleepwalking to disaster in Iran«, in: *Aljazeera.net,* 5.4.2005, 11.44 Makka Time

151 Zit. n. John Cirincone: »Enforcing Compliance with the Non-Proliferation Treaty«, Carnegie Endowment for International Peace, Proliferation Brief, Vol. 8, Nr. 1, 24.3.2005; dieser Artikel ist eine Kurzfassung der umfangreichen Studie des Carnegie Endowment for International Peace; vgl. George Perkovich / Jessica Tuchman Mathews / Joseph Cirincione / Rose Gottemoeller / Jon Wolfsthal: »Universal Compliance: A Strategy for Nuclear Security«, März 2005 (http://www.carnegieendowment.org/publications/index)

152 Zit. n. »Secretary of State. Interview With the *Wall Street Journal*«, a.a.O.

153 Zit. n. »Secretary of State. Remarks With British Foreign Minister Jack Straw After Meeting«, Foreign and Commonwealth Office, London, 4.2.2005 (http://www.state.gov/secretary/rm/2005/41834.htm)

154 Alle Zitate nach ebd. Vgl. auch Robin Wright: »Rice Says Military Action Against Iran Not on Agenda«, in: *Washington Post,* 5.2.2005

155 Zit. n. U.S. Department of State: »U.S. Support for the EU-3. Secretary Condoleezza Rice«, Washington D. C., 11.3.2005 (www.state.gov/secretary/rm/2005/43276.htm)

156 Zit. n. Robin Wright / Peter Baker: »U.S. to Back Europeans On Incentives for Iran«, in: *Washington Post,* 11.3.2005

157 Zit. n. U.S. Department of State: »Interview With *Washington Times* Editorial Board. Secretary Condoleezza Rice«, Washington D. C., 1.3.2005 (www.state.gov/secretary/rm/2005/43341.htm)

158 Zit. n. ebd.

159 So ein europäischer Diplomat nach einem Gespräch mit dem stellvertretenden US-Außenminister Robert B. Zoellick gegenüber der *Washington Post,* zit. n. Robin Wright / Peter Baker: »U.S. to Back Europeans On Incentives for Iran«, a.a.O.

160 Vgl. David E. Sanger / Steven R. Weisman: »U.S. and European Allies Agree on Steps in Iran Dispute«, in: *New York Times,* 11.3.2005; vgl. auch Elise Labott: »Rice: U.S., Europeans near deal on Iran. Agreement aimed at ending country's nuclear program«, CNN, 1.3.2005

161 Vgl. David E. Sanger: »Reshaping Nuclear Pact: Bush Seeks to Close Loopholes«, in: *New York Times,* 15.3.2005

162 Zit. n. ebd. Sanger zitierte dabei einen ehemaligen Mitarbeiter des Weißen Hauses, der die Administration vor kurzem verlassen hatte und ungenannt bleiben wollte.

163 Zit. n. »President's Statement on Non-Proliferation of Nuclear Weapons Treaty«, The White House, 7.3.2005 (www.whitehouse.gov/news/releases/2005/03/print/20050307-10.html)

164 Sicherheitsberater Stephen Hadley am 13.3.2005 in einem Interview mit der CNN-Sendung *Late Edition,* zit. n. »Hadley: U.S. Not Making Iran Concessions«, AP, 13.3.2005; »Hadley: Iran Should Not Rest on New Stance«, AP, 13.3.2005, u.a. veröffentlicht auf abcnews.com (vgl. www.abcnews.go.com/Politics/print?id=576540). Hadley wurde am 26.1.2005 Nachfolger von Condoleezza Rice als Nationaler Sicherheitsberater des Präsidenten. Er zählt zu den langjährigen engen Vertrauten von Vizepräsident Dick Cheney, war während dessen Amtszeit als Verteidigungsminister von 1989 bis 1993 Assistant Secretary of Defense for International Security Policy, gehörte bereits während der Ford-Präsidentschaft dem Nationalen Sicherheitsrat an, dem damals Brent Scowcroft vorstand, beriet den Präsidentschaftskandidaten George W. Bush und wechselte mit dessen Amtseinführung im Januar 2001 als stellvertretender Sicherheitsberater ins Weiße Haus.

165 Zit. n. »Text des Vertrags über die Nichtverbreitung von Kernwaffen – NVV – deutsche Übersetzung«, Artikel IV, Absatz 1 (http://www.auswaertiges-amt.de/www/de/infoservice/download/pdf/friedenspolitik/abruestung/nvv.pdf); für die englische Originalfassung des Vertrags vgl. http://disarmament2.un.org/wmd/npt/npttext.html

166 Vgl. Scott Peterson: »Iran rebuffs US over nuclear plans. The US offer was the first major diplomatic shift toward the Islamic republic since Bush cast it as part of the ›axis of exil‹«, in: *Christian Science Monitor,* 14.3.2005

167 Zit. n. ebd. Zur Einschätzung des Stellenwerts dieses iranischen Journalisten und seiner Zeitung vgl. Rudolph Chimelli: »Iran und sein heimlicher Drahtzieher Ali Akbar Haschemi Rafsandschani – und die Verästelungen eines Familienimperiums«, in: *Süddeutsche Zeitung,* 2.6.2004, S. 3

168 So Irans Staatspräsident Mohammad Khatami gegenüber der iranischen Nachrichtenagentur IRNA, zit. n. »Iran not to develop nuclear arms, but to create nuclear technology«, IRNA, 13.3.2005

169 Zit. n. »Iran beharrt auf Atomprogramm. Wirtschaftliche Anreize laut Außenminister kein Anlass zur Aufgabe von Rechten«, Reuters, 15.3.2005, 13.40 Uhr

170 Alle Zitate nach »Transcript of interview with Hassan Rowhani chairman of Iran's Supreme National Security Council SNSC offices«, a.a.O.

171 Alle Zitate nach »PM's press conference – 12 May 2005« (www.number-10.gov.uk/output/Page7481.asp)

172 Zit. n. »Iran won't respect NPT if nuke rights denied«, Reuters, 12.5.2005, 8.37 AM ET; »EU will Eskalation im Atomstreit mit Iran verhindern – Teheran droht weiter mit Wiederaufnahme der Urananreicherung«, AFP, 12.5.2005, 14.32 Uhr

173 Zit. n. Alan Cowell: »Blair backs possible UN action on Iran. Step comes after EU warns Teheran against resuming atom work«, in: *International Herald Tribune,* 13.5.2005; Cowell,

Korrespondent der *New York Times*, berief sich dabei auf den Wortlaut des Briefs der EU-3-Außenminister an Rowhani, der dem Blatt vollständig vorgelegen habe.

174 Vgl. »Zähes Ringen bei Atomverhandlungen in Genf. Irans Vertreter äußert sich zuversichtlich«, in: *Neue Zürcher Zeitung*, Internationale Ausgabe, 26.5.2005

175 Zit. n. World Trade Organization: »Accession working parties established for Iran, Sao Tomé and Principe«, Pressemitteilung vom 26.5.2005. Sao Tomé und Principe, die kleine Inselgruppe im Golf von Guinea, eine ehemalige portugiesische Kolonie, hatte drei Jahre zuvor bedeutende Erdölvorkommen in ihren Gewässern entdeckt und anschließend vor den Begehrlichkeiten Nigerias, mit dem sich Sao Tomé und Principe die Erdölvorkommen teilte, politischen Schutz bei den USA gesucht. Vgl. Clemens Verenkotte: *Die Herren der Welt. Das amerikanische Imperium*, München 2003, S. 205f.

176 So Mohammad Reza Alborzi am 26.5.2005, zit. n. Elaine Sciolino: »WTO to start talks on admitting Iran. U.S. relents after nuclear concession«, in: *International Herald Tribune*, 27.5.2005

177 Brief der EU-3-Außenminister Philippe Douste-Blazy (Frankreich), Joschka Fischer (Deutschland), Jack Straw (Großbritannien) sowie des außenpolitischen EU-Beauftragten Javier Solana an Hassan Rowhani, Sekretär des Obersten Nationalen Sicherheitsrats der Islamischen Republik Iran vom 2.8.2005; zum Inhalt der iranischen Note an die Internationale Atomenergiebehörde vgl. International Atomic Energy Agency: »Communication dated 1 August 2005 received from the Permanent Mission of the Islamic Republic of Iran to the Agency«, Information Circular, INFCIRC/648, 1.8.2005

178 Vgl. Johannes Reissner: »Irans neue Distanz zum Westen. Die Präsidentschaftswahlen als Ausdruck grundsätzlicher Kräfteverschiebungen«, Stiftung für Wissenschaft und Politik, *SWP-Aktuell* Nr. 32, Juli 2005, S. 2

179 So Philippe Douste-Blazy nach einer Kabinettssitzung, zit. n. »Frankreich – Iran riskiert im Atomstreit internationale Krise«, Reuters, 2.8.2005, 12.09 Uhr

180 Vgl. »Neuer iranischer Atombeauftragter will Urananreicherung fortsetzen – Laridschani hält an Atomanlage Natans fest«, AFP, 16.8.2005, 09.54 Uhr. Laridschani gilt als ultrakonservativer Vertrauter des geistlichen Oberhaupts Ayatollah Ali Khamenei; vgl. »Iranischer Präsident setzt neuen Unterhändler ein«, in: *Spiegel online*, 8.8.2005, 12.17 Uhr; für das europäische Angebot an Teheran vgl. Steven R. Weisman: »Offer by Europe Would Give Iran Nuclear Future«, in: *New York Times*, 5.8.2005

181 Vgl. Johannes Reissner: »Irans neue Distanz zum Westen«, a.a.O., S. 8

182 Angela Merkel am 12.12.2004 vor dem 6. Europäisch-Israelischen Dialog in Berlin, zit. n. Sylvia Wania / Thomas Frankenfeld: »Fischer: Atommacht Iran wäre Alptraum. Außenminister sieht Sicherheit des Westens bedroht. Israels Vizeregierungschef: ›Iran gefährlicher als Saddam‹«, in: Hamburger Abendblatt, 13.12.2004. Der Europäisch-Israelische Dialog wird seit 1998 gemeinsam von der Axel Springer AG und dem »Club of Three« von Lord George Weidenfeld veranstaltet, an dem hochrangige Vertreter aus Deutschland, Israel, Frankreich, Großbritannien und den Vereinigten Staaten teilnehmen. Unter den Teilnehmern der Veranstaltung am 12.12.2004 waren Bundesaußenminister Joschka Fischer, CDU-Chefin Angela Merkel, Israels stellvertretender Regierungschef Ehud Olmert und Unionsfraktionsvize Wolfgang Schäuble. Vgl. Pressemitteilung der Axel Springer AG, »6. Europäisch-Israelischer Dialog bei Axel Springer zum Thema ›Der Frieden im Nahen Osten und der Kampf gegen den Terrorismus‹«, 12.12.2004

183 Vgl. Ronald Düker: »Die Familie Europa. Kurz vor den palästinensischen Wahlen stellt sich die Frage nach der Zukunft in Nahost. Die Axel Springer AG lud zum ›Europäisch-Israelischen Dialog‹«, in: *Netzeitung.de*, 13.12.2004, 7.32 Uhr

184 Zit. n. »Angela Merkel: ›Wir werden den Ball im Tor versenken‹«, in: *stern.de,* 18.8.2005

185 Vgl. Richard Bernstein: »Schröder, the Underdog, Plays an Old Card With a New Face: Iran«, in: *New York Times,* 16.8.2005

186 Zit. n. »Angela Merkel: ›Wir werden den Ball im Tor versenken‹«, a.a.O.

187 Zit. n. »Deutschlands geschichtliche und gegenwärtige Verantwortung. Rede von Angela Merkel auf dem 5. Europäisch-Israelischen Dialog«, 7.12.2003, in Auszügen abgedruckt in: *Die Welt,* 11.12.2003

Kapitel 2: Das Ende der Illusionen

1 Zit. n. Hugo Müller-Vogg: »Warum George W. Bush der bessere Präsident ist. Am 2. November hat Amerika die Wahl«, in: *Bild*-Zeitung, 28.10.2004

2 Vgl. Institut für Demoskopie Allensbach: »Präsidentschaftswahlen in den USA – den Deutschen wäre Kerry auf jeden Fall lieber als Bush«, Allensbach-Berichte, 2004 / Nr. 16. Befragt wurden 1023 Bundesdeutsche ab 16 Jahren im Zeitraum vom 30. Juni bis 10. August 2004. 68 Prozent der Befragten sprachen sich für Kerry aus, 4 Prozent für Bush, 22 Prozent waren unentschieden, und 6 Prozent hatten von den US-Wahlen und den Kandidaten noch nichts gehört. Vgl. auch »Bush würde globale Wahl haushoch verlieren«, in: *Frankfurter Rundschau,* 10.9.2004

3 Vgl. Elisabeth Noelle: »Die Entfremdung«, in: *Frankfurter Allgemeine Zeitung,* 24.7.2003. Den Allensbach-Angaben zufolge hatten Anfang 2001 18 Prozent der Bundesbürger eine »gute Meinung« von Bush, 27 Prozent »keine gute Meinung«, im September 2001 betrug dieses Verhältnis 30 Prozent (gute Meinung) zu 32 Prozent, im Herbst 2002 54 zu 17 Prozent,

und bei Ausbruch des Irakkriegs im März 2003 hatten 7 Prozent der Bundesbürger eine gute Meinung vom US-Präsidenten, 80 Prozent keine gute Meinung.

4 Vgl. Stephen F. Szabo: »*The Parting Ways. The Crisis in German-American Relations*«, Washington D. C. 2004, S. 10. Szabo ist Professor für europäische Politik an der Johns Hopkins University, Nitze School of Advanced International Studies, und unterrichtet derzeit am Bologna Center der gleichnamigen Universität.

5 Zit. n. ebd., S. 1

6 Präsident Bush am 11.12.2003 gegenüber Journalisten nach einer Kabinettssitzung im Weißen Haus, zit. n. »President Discusses Year-End Accomplishments in Cabinet Meeting. Remarks by the President After Meeting with the Cabinet«, Washington DC, 11.12.2003. Vgl. auch Robin Wright / Dana Milbank: »Bush Defends Barring Foes Of War From Iraq Business. Concerns Raised by Republicans As Well as Germany and France«, in: *Washington Post,* 12.12.2003

7 Zu den Umfragewerten vgl. Elisabeth Noelle: »Deutschland und die Welt. Auf dem Weg zur selbstbewussten Mittelmacht«, in: *Frankfurter Allgemeine Zeitung,* 16.3.2005

8 Vgl. Stephen F. Szabo: *The Parting Ways,* a.a.O., S. 2; vgl. auch Stephen F. Szabo: »The Return of the German Problem«, in: *theGlobalist.com,* 17.2.2004

9 Zit. n. CDU/CSU Fraktion im Deutschen Bundestag: »Angela Merkel gratuliert George Bush zur Wiederwahl«, Pressemitteilung vom 4.11.2004

10 Zit. n. »Schröder gratuliert Bush. Die Bundesregierung will die enge Zusammenarbeit mit den USA fortführen«, in: *Welt,* 3.11.2004

11 Zit. n. »Angela Merkel gratuliert George Bush zur Wiederwahl«, a.a.O.

12 Drei Tage nachdem sich die Außenminister der Europäischen Union am 27.1.2003 in Brüssel auf eine Fortsetzung der Arbeit

der UN-Inspektoren verständigt hatten, versicherten acht europäische Staats- und Regierungschefs, darunter Tony Blair, Silvio Berlusconi, José Maria Aznar und Václav Havel am 30. 1. in einem offenen Brief, der im *Wall Street Journal* sowie in einigen europäischen Zeitungen veröffentlicht wurde, der US-Regierung ihre Bereitschaft, gemeinsam mit Washington »die Welt von den Gefahren zu befreien, die von Saddam Husseins Massenvernichtungswaffen« ausgingen. »Wir sind weiterhin entschlossen, darauf zu bestehen, dass sich sein Regime entwaffnen muss.« Dieser Brief kam auf Initiative der US-Regierung zustande und gilt seitdem als der europäische Scheidungsbrief in Sachen gemeinsamer Außen- und Sicherheitspolitik. Vgl. »Eight European Leaders Call for Europe and America to Stand United«, in: *Business Wire,* 29. 1.2003 sowie »Countdown zum Eklat«, in: *Financial Times Deutschland,* 31.5.2003; für das Abstimmungsverhalten der Unionsfraktion im Deutschen Bundestag vgl. Hans-Jürgen Leersch: »Irak: Merkel auf Bush-Kurs. Stoiber differenziert«, in: *Welt,* 13.2.2003

13 Zit. n. Angela Merkel: »Schroeder Doesn't Speak for All Germans«, in: *Washington Post,* 20.2.2003; zu den heftigen Reaktionen der rot-grünen Bundesregierung auf den Artikel vgl. »Irak-Krise. Wirbel um Merkels Schröder-Schelte«, in: *faz.net,* 21.2.2003

14 Zit.n. ebd.

15 Hervorhebung im Text

16 Vor den Landtagswahlen in Hessen und Niedersachsen, die am 2.2.2003 stattfanden, enthielt sich die Unionsführung einer derartigen Wortwahl, offenkundig, um keine Wähler zu verprellen.

17 Vgl. Jan Ross: »Falken der Freiheit. Wo sind Amerikas Freunde in Deutschland geblieben? Der Bush-Kurs hat die Liberalen verstört. Suche nach einer verschollenen Spezies: Den ›Transatlantikern‹«, in: *Zeit,* Nr. 20/2003

18 Zit. n. Ansgar Graw: »Merkel: Noch Chance für Frieden.

CDU-Chefin setzt sich in Washington für Stärkung des UN-Sicherheitsrats ein«, in: *Welt,* 25.2.2003

19 Vgl. Robert Birnbaum: »Das neue Europa. Roter Teppich für Angela Merkel«, in: *Tagesspiegel,* 26.2.2003; Karl Feldmeyer: »Deutsche Tölpel, französische Füchse. Die Irak-Krise«, in: *Frankfurter Allgemeine Zeitung,* 26.2.2003

20 Zit. n. Matthias Geis: »Die treue Verbündete. Angela Merkel sucht in Washington die Nähe zur Weltmacht. Doch in ihrer Partei wächst das Unbehagen an der amerikanischen Politik«, in: *Zeit,* Nr. 10/2003

21 Zit. n. »Widerstand in der CSU gegen Irakkrieg. Bundestagsabgeordneter Peter Gauweiler fordert klares Nein seiner Partei. Die CSU solle die Bundesregierung zur Ablehnung im UN-Sicherheitsrat drängen«, in: *Welt,* 10.1.2003

22 So Karl Lamers, bis zu seinem Ausscheiden aus dem Deutschen Bundestag 2002 langjähriger außenpolitischer Sprecher der CDU/CSU-Bundestagsfraktion, in einem Interview mit der Zeitschrift *Eurasisches Magazin,* zit. n. »Europäische Identität. ›Der Streit um das atlantische oder das europäische Europa ist in ein entscheidendes Stadium getreten‹«, in: *Eurasisches Magazin* Nr. 10/2003, 25.10.2003

23 Zit.n. ebd.

24 Zit. n. »Rühe: Freundschaft zu den USA muss neu begründet werden. Interview mit Volker Rühe, Vorsitzender Auswärtiger Ausschuss des Deutschen Bundestages«, Deutschlandfunk, 26.2.2004

25 »Wenn die Amerikaner das machen, brechen sie das Völkerrecht«, erklärte Saarlands Ministerpräsident Peter Müller gegenüber der *Rheinischen Post;* zit. n. Sead Husic: »Union ohne Führung. Parteien im Irakkrieg. Die inneren Gräben werden tiefer«, in: *Freitag,* 28.3.2003

26 Zit. n. Rüdiger Scheidges und Jochen Hoenig: »Irak-Krieg: Union wieder im Abseits. CDU-Basis rebelliert gegen die Chefin«, in: *Handelsblatt,* 28.3.2003

27 Zit. n. Jens König: »Anti-Bush oder Anti-Merkel? Die Union fürchtet, SPD und Grüne wollen sie mit einer populistischen Anti-Bush-Kampagne im Europawahlkampf vorführen. Die Angst ist unberechtigt«, in: *taz,* Nr. 7343 vom 26.4.2004

28 Zit. n. »Fragwürdige Kriegsgründe: CDU gibt Bundesregierung Mitschuld am Irakkrieg«, in: *Spiegel online,* 7.4.2004, 14.08 Uhr

29 So Friedbert Pflüger am 12.2.2003, zit. n. »CDU zum Irakkrieg«, in: *taz,* Nr. 7680 vom 3.6.2005

30 Zit. n. »Schäuble zum Irak-Krieg: Wir haben damals nicht die Informationen gehabt, die wir heute haben. Interview im ARD-*Morgenmagazin«,* Meldung der CDU/CSU-Fraktion im Deutschen Bundestag, 8.10.2004

31 Vgl. Hans-Peter Schwarz: *Republik ohne Kompass. Anmerkungen zur deutschen Außenpolitik,* Berlin 2005, zit. n. Christian Hacke: »Für Deutschland nur ein Stehplatz. Hans-Peter Schwarz geht mit Rot-Grün hart ins Gericht«, in: *Rheinischer Merkur,* Nr. 23/2005, 9.6.2005

32 Zit. n. Markus Becker: »Vorgeschobene Kriegsgründe – US-Sympathisanten der Union in der Klemme«, in: *Spiegel online,* 6.6.2003; Pflüger habe nach den Einlassungen seiner Kollegen Rühe und Polenz »wie ein Waisenkind« dagestanden, habe einer der Sitzungsteilnehmer des Arbeitskreises Äußeres anschließend festgestellt.

33 Gemeint ist »President Salutes Troops of the 10th Mountain Division. Remarks by the President to Troops and Families of the 10th Mountain Division«, Division Hill, Fort Drum, New York, 19.7.2002 (www.whitehouse.gov/news/releases/2002/07/20020719.html). In dieser Ansprache hatte Bush, ohne Saddam Hussein mit Namen zu nennen, angekündigt, den irakischen Diktator abzusetzen. »We're threatened by regimes that have sought these ultimate weapons, and hide their weapons programs from the eyes of the world. The same regimes have shown their true nature by torturing and butch-

ering their own people. To ignore this mounting danger is to invite it. America must act against these terrible threats before they're fully formed. We will use diplomacy when possible, and force when necessary.«

34 So Bundeskanzler Gerhard Schröder am 5.8.2002 während seines Wahlkampfauftritts in Hannover, zit. n. Originalton Schröder in: Walter Langlott: Radiobericht über Schröders Ansprache in Hannover, Radio Bremen, Nordwestradio, 5.8:2002; vgl. auch Arne Delfs: »Grüne beurteilen Schäuble-Haltung in Irak-Debatte als ›zu voreilig‹. Schröder distanzierte sich bei einer Wahlkampfkundgebung in Hannover gestern erneut von der Irak-Politik der USA«, in: *Welt,* 6.8.2002

35 Zit. n. »SPD gibt sich als Antikriegspartei. Die Sozialdemokraten verweigern einem Krieg gegen den Irak die Unterstützung – auch im Falle eines UNO-Mandats«, in: *taz,* Nr. 6819, 6.8.2002

36 Vgl. »Leichte Stimmungsverbesserung für SPD und Kanzler«, Pressemitteilung des ZDF vom 11.8.2002; die Befragungen für dieses ZDF-Politbarometer wurden zwischen dem 5. und 8.8.2002 durchgeführt. Die SPD verbesserte sich bei der Frage nach der politischen Stimmung von 35 auf 37 Prozent, die Union büßte gegenüber dem 2.7.2002 einem Prozentpunkt ein und lag bei 42 Prozent.

37 So Bayerns Ministerpräsident Edmund Stoiber am 13. September 2002 vor dem Deutschen Bundestag; zugrunde lag der Antrag der CDU/CSU-Fraktion »Für eine glaubwürdige Politik gegenüber der vom Irak ausgehenden Gefahr«, Deutscher Bundestag, Drucksache 14/9972; zum atmosphärischen Stil der Debatte vgl. Hans-Jürgen Leersch: »Irak-Streit überlagert Etatdebatte. Bundeskanzler Gerhard Schröder und Edmund Stoiber liefern sich scharfes Duell. Auch Guido Westerwelle attackiert den Kanzler«, in: *Berliner Morgenpost,* 14.9.2002

38 Zit. n. »Was halten Sie von Saddam, Herr Schröder? Wenn Politik auf Terror und Vertreibung reagiert. Der Bundeskanzler

über den deutschen Weg«, in: *Tagesspiegel,* 15.8.2002; das Interview führte der damalige Chefredakteur des *Tagesspiegels* Giovanni di Lorenzo.

39 Zit. n. der zweiten TV-Debatte am 8.9.2002, die gemeinsam von ARD und ZDF ausgestrahlt wurde; vgl. Thorsten Fass / Jürgen Maier: »Wortlaut und Wahrnehmung des zweiten Fernsehduells im Bundestagswahlkampf 2002 – eine Dokumentation«, Bamberger Beiträge zur Politikwissenschaft, Nr. II-17, 2003 (www.thorsten-fass.de/pdf/WortlautUndWahrnehmung2.pdf)

40 Alle Zitate nach ebd.

41 Vgl. Peter Ehrlich: »Schröder forciert Streit mit Bush«, in: *Financial Times Deutschland,* 6.9.2002

42 Vgl. Emnid-Umfrage im Auftrag des Nachrichtensenders n-tv: »Krieg gegen den Irak? Was ist die Haltung der Deutschen?«, Pressemitteilung von n-tv vom 17.1.2003

43 Zit. n. ebd.; 52 Prozent der Befragten waren dieser Auffassung, 30 Prozent waren nicht der Meinung, dass sich die USA weiterhin für den Schutz des Friedens in Deutschland einsetzen würden.

44 Zit. n. »›Amerika hatte kein Verdun.‹ Interview von Bundesaußenminister Fischer mit dem Nachrichtenmagazin *Der Spiegel* am 24.3.2003«, Pressearchiv des Auswärtigen Amts

45 So Bundesaußenminister Fischer nach einem Gespräch mit US-Außenminister Colin Powell, zit. n. »Interview mit Bundesaußenminister Fischer zu den deutsch-amerikanischen Beziehungen und möglicher deutscher Unterstützung bei der Befriedung des Irak«, ARD, *Tagesthemen,* 17.7.2003, Pressearchiv des Auswärtigen Amts

46 Zit. n. »Remarks With German Foreign Minister Joschka Fischer After Their Meeting«, Secretary Colin L. Powell, C Street Entrance, Washington D. C., 16.7.2003 (www.state.gov/secretary/rm/2003/22462.htm)

47 Zit. n. »Interview von Bundesaußenminister Fischer mit der

Bild-Zeitung u.a. zum deutsch-amerikanischen Verhältnis und zur Irak-Politik (Auszug)«, 30.10.2002, Pressearchiv des Auswärtigen Amts

48 Bei der Begegnung (die unmittelbar nach den Äußerungen der damaligen Justizministerin Herta Däubler-Gmelin stattfand, Bush wolle mit einem Irakkrieg vor allem von innenpolitischen Problemen ablenken; das sei eine beliebte Methode, das habe auch Hitler schon gemacht) hatte Rumsfeld Strucks Bitte nach einem gemeinsamen Gespräch abgelehnt und ihm statt dessen klargemacht, wie entrüstet Bush über den Fehltritt der Ministerin sei. Vgl. »Bush und Schröder reden wieder miteinander. Sachlichere Beziehungen zwischen Berlin und Washington«, in: *Neue Zürcher Zeitung,* 11.11.2002

49 »Ist Deutschland in seinem Verhältnis zu den USA«, so musste sich Außenminister Fischer Ende September 2003 fragen lassen, »nach dem Händedruck der beiden Mächtigen in eine neue selbstbewusste Rolle gekommen?« Entnervt gab Fischer mit Blick auf die halbstündige Begegnung seines Chefs mit Bush in einer Suite des New Yorker Waldorf Astoria Hotels zurück: »Es geht doch nicht um einen Händedruck!« Zit. n. »Interview von Bundesaußenminister Fischer zum Thema der deutsch-amerikanischen Beziehungen mit der *Leipziger Volkszeitung* vom 29.9.2003 (Auszug)«, Pressearchiv des Auswärtigen Amts. Bush und Schröder hatten sich am 24.9.2003 am Rande der UN-Generalversammlung in Anwesenheit ihrer Außenminister zu einem, so Schröder, »vertrauensvollen Gespräch in guter und offener Atmosphäre« getroffen. Vgl. »Schröder und Bush wollen Irak-Resolution des Weltsicherheitsrats«, 24.9.2003, Pressemitteilung des Bundeskanzleramts. Im Vorfeld des Treffens schrieb Kurt Kister, damals Leiter des Berliner Hauptstadtbüros der *Süddeutschen Zeitung,* zum ersten Mal seit Mai 2002 gehe es um mehr als nur einen Händedruck und ein paar Floskeln; vgl. Kurt Kister: »Mehr als ein Händedruck«, in: *Süddeutsche Zeitung,* 22.9.2003

50 Zit. n. »President Bush, Chancellor Schroeder Meet at United Nations. Remarks by President Bush and Chancellor Schroeder of Germany in a Photo Opportunity«, Waldorf Astoria, New York, September 24, 2003

51 Zit. n. ebd.

52 Vgl. »Schröder bietet Ausbildung von irakischen Polizisten und Militär an«, 10. September 2003, Pressemitteilung des Bundeskanzleramtes

53 Zit. n. »Interview von Bundesaußenminister Joschka Fischer zum Thema der deutsch-amerikanischen Beziehungen mit der *Leipziger Volkszeitung*«, a.a.O.

54 Zit. n. ebd.

55 Zit. n. »Interview von Bundesaußenminister Fischer u.a. zu den deutsch-amerikanischen Beziehungen in der Sendung *ZDF-Spezial* am 23.9.2002 (Auszug)«, Pressearchiv des Auswärtigen Amts

56 Zit. n. »Europa und die Zukunft der transatlantischen Beziehungen – Rede von Bundesaußenminister Fischer an der Princeton University am 19.11.2003« (www.auswaertiges-amt.de/www/de/infoservice/presse/presse_archiv?archiv_id=5088)

57 Zit. n. »Bundeskanzler Schröder im Sommerinterview des ZDF«, 7.9.2003 (für den Wortlaut vgl. http://www.bundeskanzler.de/Navigation/Akutelles/interviews,did=15796.html)

58 Zit. n. »Irak-Krise. Schröder schließt Ja zur Kriegsresolution aus«, in: *faz.net,* 22.1.2003; vgl. »Schröder schließt erstmals Ja zu Irak-Krieg im Sicherheitsrat aus«, in: *welt.de,* 21.1.2003

59 Vgl. Gunter Hofmann: »Kein Kaninchen mehr im Hut. Deprimiert, wortkarg, nervös: Gerhard Schröder kann den Streit um seine Irak-Politik nicht mehr gewinnen. Die Kanzlerschaft steht auf dem Spiel«, in: *Zeit,* Nr. 8/2003

60 Zit. n. ebd.

61 So Bundeskanzler Schröder im Sommer 2000, vgl. Michael Thumann: »Russland spricht deutsch. Putin feiert mit Schröder orthodoxe Weihnachten, Moskau will seine Isolierung über-

winden. Teil 1 einer Reihe über die Rolle Russlands in der Welt«, in: *Zeit,* Nr. 1/2001

62 Vgl. Michael Thumann: »Anatomie einer Männerfreundschaft. Gerhard (Schröder) und Wladimir (Putin): Was wiegt schon Tschetschenien gegen Sicherheit durch russisches Erdgas?«, in: *Zeit,* Nr. 38/2004, 19.6.2004

63 Vgl. Elisabeth Noelle: »Deutschland und die Welt. Auf dem Weg zur selbstbewussten Mittelmacht«, in: *Frankfurter Allgemeine Zeitung,* 16.3.2005; Frankreich führte bei dieser Befragung (»Zu welchen Ländern von der Liste hier hat Deutschland heute bereits besonders gute und enge Beziehungen«) mit 78 Prozent vor Russland (45 Prozent), Österreich (43), den USA (41), Italien und Spanien (31 bzw. 30 Prozent).

64 Nach einer Erhebung des Meinungsforschungsinstituts Infratest, die die *Welt* in Auftrag gegeben hatte, erklärten 29 Prozent der befragten Deutschen vor dem Bush-Besuch in Mainz Ende Februar 2005, Putin genieße ihr »großes Vertrauen«, nur 24 Prozent sagten dies von Bush. In Ostdeutschland fiel der Vertrauenstest noch eindeutiger aus: Dort kam Putin auf 37 Prozent, Bush auf 16 Prozent, in Westdeutschland lagen die beiden Staatschefs nahezu gleichauf: 27 Prozent Bush, 26 Prozent Putin. Vgl. »Deutsche vertrauen Putin mehr als Bush. US-Präsident ruft Europäer zur Zusammenarbeit trotz der Differenzen in der Irak-Frage auf«, in: *Welt,* 23.2.2005

65 So Bundeskanzler Schröder am 17.12.2004 in einem Interview mit der russischen Nachrichtenagentur ITAR-TASS, zit. n. Bundeskanzleramt, Reden und Interviews: »Strategische Partnerschaft mit Russland vertiefen«, 17.12.2004

66 Vgl. Katrin Bastian / Roland Götz: »Deutsch-russische Beziehungen im europäischen Kontext. Zwischen Interessenallianz und strategischer Partnerschaft«, Stiftung für Wissenschaft und Politik, Forschungsgruppe Russland/GUS, FG 5, 2005/03, Mai 2005, S. 1-16, hier: S. 7 und S. 2 (erschienen in veränder-

ter Fassung in: *Blätter für deutsche und internationale Politik,* Nr. 5/2005)

67 So lauten die Empfehlungen des Europäischen Rats, vgl. Hannes Adomeit / Katrin Bastian / Roland Götz: »Deutsche Russlandpolitik unter Druck«, Stiftung für Wissenschaft und Politik, *SWP-Aktuell* Nr. 56, Dezember 2004

68 Bundeskanzler Schröder: »Strategische Partnerschaft mit Russland vertiefen«, a.a.O.

69 Zit. n. »Freiheit ist mehr als nur Gewerbefreiheit«, *Zeit*-Interview mit Bundeskanzler Schröder, 31.3.2005

70 Vgl. Katrin Bastian / Roland Götz, »Deutsch-russische Beziehungen im europäischen Kontext«, a.a.O., S. 7 f.

71 So die Formulierung der ehemaligen Bundesjustizministerin Sabine Leutheusser-Schnarrenberger, die als eine der Prozessbeobachterinnen des Europäischen Rats das Verfahren in Moskau verfolgt hat; zit. n. »Yukos-Gründer zu neun Jahren Haft verurteilt. Chodorkowskij: ›Urteil im Kreml gefällt‹«, in: *Handelsblatt,* 31.5.2005

72 Zit. n. ebd.; vgl. auch Isabella Kolar: »Urteil Chodorkowskij«, Deutschlandfunk, Kommentar, 31.5.2005

73 Vgl. Johannes Voswinkel: »Moskaubesuch von Gerhard Schröder. Der Kanzler verwirkte ohne große Not die Glaubwürdigkeit der deutschen Außenpolitik«, in: *zeit.de,* Nr. 29/2004

74 Vgl. Josef Joffe: »Bush, der Verführer. Der amerikanische Präsident hat eine mächtige Wende vollzogen – hin zu Old Europe«, in: *Zeit,* Nr. 9/2005

75 Angela Merkel im Interview mit der *Süddeutschen Zeitung* am 16.12.2004

76 Gerhard Schröder in der ARD-Sendung *Beckmann* am 23.11.2004; Beckmann fragte Schröder, ob Putin ein lupenreiner Demokrat sei. Schröder erwiderte: »Das sind immer so Begriffe. Ich glaube ihm das, und ich bin davon überzeugt, dass er das ist.« Man solle dafür Verständnis haben, »dass in Russland nicht alles so ist, wie er [Putin] sich das vorstellt«.

Zit. n. Bundeskanzleramt, Interviews: »Toleranz heißt nicht Gleichgültigkeit«, 23.11.2004

77 Zit. n. »Die unvollendete Revolution. Gastkommentar der CDU-Vorsitzenden Angela Merkel zum 50. Jahrestag des 17. Juni 1953«, in: *Welt,* 11.6.2003

78 So Sergej Kowaljow Ende Mai 2005 gegenüber dem Nachrichtenmagazin *Focus,* zit. n. B. Reitschuster: »›Ende der Bauchpinselei‹. Moskaus Angst vor Merkel«, in: *Focus online,* 30.5.2005; Kowaljow, ab 1990 der erste Vorsitzende des Komitees für Menschenrechte im Obersten Sowjet der Russischen Föderation, war Ende der 60er Jahre einer der Mitbegründer der Initiativgruppe für Menschenrechte in der damaligen Sowjetunion, wurde 1974 wegen dieser Tätigkeit zu einer siebenjährigen Gefängnisstrafe und einer anschließenden dreijährigen Verbannung nach Sibirien verurteilt. Für sein lebenslanges Engagement für die Menschenrechte und sein Eintreten gegen die Menschenrechtsverletzungen der russischen Armee in Tschetschenien wurde er 1995 als erster Preisträger mit dem Internationalen Nürnberger Menschenrechtspreis ausgezeichnet; die Laudatio hielt der damalige tschechische Staatspräsident Václav Havel.

79 Zit. n. »Ihr wisst gar nicht, wie viele sozialistische Elemente ihr habt. Politische Stärke aus dem Pfarrhaus: Angela Merkel spricht über den 9. November 1989 und die Zukunft Deutschlands«, in: *Frankfurter Allgemeine Zeitung,* 28.5.2005 (das Gespräch führten Stefan Aust und Frank Schirrmacher im Rahmen der gemeinsamen *Spiegel-FAZ*-Dokumentation »Hundert Jahre Deutschland«).

80 Zit. n. ebd. Während der Reykjavik-Gespräche vom 11. bis 16.10.1986 machten Reagan und Gorbatschow allerdings Fortschritte bei den Verhandlungen über eine 50prozentige Verringerung der ballistischen Atomraketen und der »Nulllösung« bei den Mittelstreckenraketen in Europa. Für Auszüge der internen Verhandlungen zwischen dem US-Präsidenten und

dem KPdSU-Chef vgl. CNN-Cold War, Historical Documents, Episode 22: Star Wars, »Reagan-Gorbachev transcripts, Reykjavik, Iceland, October 11-16«, 1986 (http://www.cnn.com/SPECIALS/cold.war/episodes/22/documents/reykjavik/); für die zeitgenössische Bewertung der Gespräche vgl. Michael Mandelbaum / Strobe Talbott: »After the Summit: Reykjavik and Beyond«, in: *Foreign Affairs,* Winter 1986/87; eine gute Einordnung der politischen Folgen von Reagans Moskaupolitik für die heutige US-Politik gegenüber Russland bieten James M. Goldgeier / Michael Mcfaul: *Power and Purpose: U.S. Policy Toward Russia After the Cold War,* Washington 2003

81 Zit. n. Stratfor: »Germany: The Next Chancellor?«, in: *Kuwait Times,* 11.6.2005. Das 1996 gegründete Unternehmen bietet seinen Kunden »strategische Analysen« und »Geheimdienst-Informationen« an. Zu den Kunden zählen u.a. CNN und ABC, Morgan Stanley, UBS, Oppenheimer Funds, Booz Allen Hamilton, Intel und Halliburton, amerikanischen Regierungseinrichtungen und internationale Institutionen.

82 Vaira Vike-Freiberga: »Rights and Remembrance«, in: *Washington Post,* 7.5.2005; für die Ankunft des US-Präsidenten in Riga vgl. Bruno Kaufmann: »Die historische Grauzone verlassen. Nach dem Beitritt zu EU und Nato kämpfen die wirtschaftlich erfolgreichen Balten um einen Platz in der Geschichte – Eindrücke aus Riga«, in: *Tagesanzeiger* (Schweiz), 7.5.2005; Regina König: »Bush zu Treffen mit baltischen Staatschefs in Riga«, in: *tagesschau.de,* 8.5.2005; »Bush verurteilt sowjetische Besatzung im Baltikum«, in: *Financial Times Deutschland,* 7.5.2005

83 Vaira Vike-Freiberga: »Rights and Remembrance«, a.a.O.

84 Zit. n. »Rede der lettischen Staatspräsidentin Vaira Vike-Freiberga in der Freien Universität Berlin am 18.3.2003«, Botschaft der Republik Lettland, Berlin, 24.4.2003

85 Zit. n. »President Discusses Freedom and Democracy in

Latvia«, The Small Guild Hall, Riga, Lettland, 7.5.2005 (www.whitehouse.gov/news/releases/2005/05/20050507-8.html)

86 Litauens Präsident Valdas Adamkus auf der gemeinsamen Pressekonferenz mit Bush, der lettischen Präsidentin Vike-Freiberga und dem estnischen Präsidenten Arnold Rüütel am 7.5.2005 in Riga; zit. n. »President, Baltic State Presidents Discuss Strong Relationship«, Latvian Society House, Riga, Lettland, 7.5.2005 (www.whitehouse.gov/news/releases/2005/05/20050507-6.html)

87 Zit. n. »President Presented the Order of Three Stars, First Class in Latvia«, Riga Castle, Riga, Lettland, 7.5.2005 (www.whitehouse.gov/news/releases/2005/05/20050507-4.html)

88 Zit. n. »Scharfe Kritik Litauens an der deutschen Außenpolitik. Empörung über Schröders Zusage zur 750-Jahr-Feier in Königsberg. Wilna und Warschau fühlen sich von Russland übergangen«, in: *Frankfurter Allgemeine Zeitung,* 24.6.2005. Litauens Außenminister Antanas Valionis schrieb in einem Kommentar u.a., falls sich Schröders Teilnahme an der 750-Jahr-Feier »unter Ausschluss der unmittelbaren Nachbarstaaten« bestätigen sollte, »charakterisiere« das die Beziehungen zwischen Moskau und Berlin. Der litauische Politikberater, Raimundas Lopata, zählt zu den engen Vertrauten des litauischen Staatspräsidenten Adamkus.

89 Zit. n. »President Holds Press Conference«, Washington, 4.11.2004

90 Alle Zitate nach ebd.

91 Vgl. The Pew Global Attitudes Project. A Pew Research Center project: »American Character Gets Mixed Reviews. U.S. Image Up Slightly, But Still Negative. 16-Nation Pew Global Attitudes Survey«, S. 16, 23.6.2005 (http://pewglobal.org/reports/display.php?ReportID=247). Seit 1991 führt das Pew Research Center weltweite Umfrageerhebungen durch, zunächst nach den weltweiten Einstellungen zu den Themen Demokratie, Handel, Globalisierung. Nach dem 11. September

2001 erweiterte das Institut seine Themenfelder und fragte seitdem das Image Amerikas in der Welt ab, Einstellungen zum Terrorismus, vor allem in der muslimischen Welt. Vgl. »What the World Thinks in 2002. How Global Publics View: Their Lives, Their Countries, The World, America«, veröffentlicht am 4.12.2002 (http://people-press.org/reports/display.php3?ReportID=165)

92 Vgl. »American Character Gets Mixed Reviews«, a.a.O., S. 16

93 *Washington Post,* 26.6.2005, zit. n. Auswärtiges Amt, Kommentare der Auslandspresse, vom 27.6.2005. Die *Post* bezog sich auf den Schröder-Besuch bei Präsident Bush am 26.6.2005 in Washington.

94 Die folgende Passage im wesentlichen nach Lionel Barber / Paul Taylor: »Optimist with plans for making the world a better place«, in: *Financial Times,* 20.6.2005; dies.: »Interview Transcript: Bill Clinton«, ebd.; dies.: »Clinton adds voice to criticism of Guantanamo«, ebd.

95 Zit. n. Lionel Barber / Paul Taylor: »Interview Transcript: Bill Clinton«, a.a.O. Für die Überführung von Terrorverdächtigen durch die US-Geheimdienste in Drittstaaten vgl. Jane Mayer: »Outsourcing Torture. The secret history of America's ›extraordinary rendition‹ program«, in: *The New Yorker,* 14.2.2005

96 Zit. n. Lionel Barber / Paul Taylor: »Interview Transcript: Bill Clinton«, a.a.O.

97 Zit. n. »SZ-Interview mit Bill Clinton: ›Schröder und Bush sind beide harte Kerle‹«, in: *sueddeutsche.de,* 13.7.2004

98 Ab Anfang Mai 2005 wurde in der britischen Presse aus geheimen Dokumenten der britischen Regierung zitiert, die sich auf den Zeitraum zwischen Frühjahr und Sommer 2002 bezogen. Die wichtigste Veröfffentlichung war das »Downing Street Memo« vom 23.7.2002, verfasst von Matthew Rycroft, einem Mitarbeiter von Blairs außenpolitischem Berater David Manning. Die *Sunday Times* publizierte Anfang Mai 2005 dieses Memorandum, aus dem u.a. klar hervorging, dass die

Briten zu diesem Zeitpunkt davon ausgingen, dass »Bush Saddam entmachten will, durch militärische Aktionen, gerechtfertigt durch eine Verbindung aus Terrorismus und Massenvernichtungswaffen«. Der nationale Sicherheitsrat der USA habe »mit den UN keine Geduld und könne sich nicht dafür begeistern, Materialien über die Bilanz des irakischen Regimes zu veröffentlichen«. Zit. n. »The secret Downing Street Memo. Secret and Strictly Personal – for UK Eyes only«, in: *Sunday Times,* 1.5.2005 (http://www.timesonline.co.uk/article/0,,2087-1593607,00.html); vgl. auch Michael Smith: »Blair hit by new leak of secret war plan«, in: *Sunday Times,* 1.5.2005. Aus anderen mittlerweile veröffentlichten britischen Regierungsdokumenten ging u.a. hervor, dass der außenpolitische Berater von Premierminister Tony Blair nach einem Abendessen mit der damaligen Sicherheitsberaterin Condoleezza Rice im März 2002 zu der Auffassung gekommen war, dass die Bush-Vertraute »über einen Regimewechsel im Irak« reden wollte. Der politische Direktor im britischen Außenministerium Peter Ricketts bezweifelte, dass die US-Regierung einen eindeutigen und überzeugenden Grund für eine Militärinvasion habe. »Die USA bemühen sich, eine Verbindung zwischen dem Irak und Al Kaida herzustellen, doch das ist bislang offen gestanden nicht überzeugend«, schrieb Ricketts in einem Memorandum für Außenminister Straw. Es gebe keinen Anlass für einen Regimewechsel im Irak. »Es hört sich vielmehr danach an, als ob Bush mit Saddam eine Rechnung begleichen will.« Zit. n. Thomas Wagner: »Memos Show British Fretting Over Iraq War«, AP, 19.6.2005; vgl. auch Tom Reagan: »Is ›Downing Street Memo‹ a smoking gun? Bush critics say it shows he lied to Americans about Iraq, but others say memo offers nothing new«, in: *Christian Science Monitor,* 16.6.2005

99 Zit. n. Lionel Barber / Paul Taylor: »Interview Transcript: Bill Clinton«, a.a.O.

100 Zit. n. ebd.

101 Vgl. Petra Ahne: »Der Präsident der Deutschen. Bill Clinton signiert fünfhundert Bücher in Berlin. Dafür stehen die Leute an. Und für das Gefühl, es gibt ein Amerika, das man gutfinden kann«, in: *Berliner Zeitung,* 12.7.2004; vgl. auch »Clinton in Berlin. ›Es war ein Fehler von uns, den Irak anzugreifen‹«, in: *Spiegel online,* 12.7.2004, 8.04 Uhr

102 *Frankfurter Allgemeine Zeitung* am 12.7.2004, zit. n. Marcus Knill: »Wirbel um Christiansens Clinton-Interview«, in: *Rhetorik.ch Aktuell,* 28.7.2004. Die *Süddeutsche Zeitung* bilanzierte, die Sendung zum 300. Jubiläum mit William J. Clinton als alleinigem Ehrengast sei »weggeglitten«, der *Tagesspiegel* konnte nicht erkennen, »was genau Christiansen eigentlich hören« wollte, und *Bild*-Kolumnist Wagner bekannte, »nicht schnell rot« zu werden, »aber als Frau Christiansen Ihnen wieder die Monica-Affäre vorwarf – ›Es gab viele Halbwahrheiten‹ –, habe ich mich echt geschämt«. Zit. n. »Altpapier vom Dienstag«, in: *Netzeitung,* 13.7.2004, 9.03 Uhr, sowie Franz Josef Wagner: »Lieber Bill Clinton«, in: *Bild-*Zeitung, 12.7.2004

103 Alle Zitate nach »300. Sendung Sabine Christiansen. Zu Gast: William J. Clinton. Die Zitate der Sendung« vom 11.7.2004 (http://www.sabine-christiansen.de/archiv.jsp?datum=2004-07-11)

104 Zit. n. ebd.; an einer Blitzumfrage nach der Sendung nahmen 668 Zuschauer teil; 93,1 Prozent sagten, ihnen seien die USA zu Clintons Zeiten sympathischer gewesen als heute, 6,9 Prozent verneinten das.

105 So John Kerry am 28.6.2005 in einem Meinungsartikel für die *New York Times,* zit. n. John F. Kerry: »The Speech the President Should Give«, in: *New York Times,* 28.6.2005. Kerry bezog sich mit dem Titel seines Artikels auf die für denselben Abend angekündigte Ansprache des US-Präsidenten zur Lage im Irak, ein Jahr nach der Machtübergabe.

106 Vgl. Carsten Volkery: »USA-Besuch. Schröder fordert im Oval

Office deutsche Rechte ein«, in: *Spiegel online,* 27.6.2005, 21.00 Uhr

107 Zit. n. »President Welcomes German Chancellor to the White House«, The Oval Office, 27.6.2005 (www.whitehouse.gov/news/releases/2005/06/20050627-1.html)

108 Vgl. Peter Baker: »Bush Urges Schroeder to Push Iran on Weapons«, in: *Washington Post,* 28.6.2005

109 Vgl. Auswärtiges Amt: »Kommentare der Auslandspresse«, 29.6.2005

110 Zit. n. »President Addresses Nation, Discussing Iraq, War on Terror«, Fort Bragg, North Carolina, 28.6.2005 (www.whitehouse.gov/news/releases/2005/06/20050628-7.html)

111 Zit. n. »Remarks by Joe R. Biden, Jr., US Senator – Delaware, ›A New Compact For Iraq‹«, The Brookings Institution, Washington D. C., 21.6.2005

112 Vgl. US Senate, Committee on International Relations: »Hearing to examine the status and prospects for reconstruction resources relating to Iraq«, Washington, 29.7.2003

113 Zit. n. »Remarks by Joe R. Biden, Jr., US Senator – Delaware, ›A New Compact For Iraq‹«, a.a.O.

114 Alle Zitate nach ebd.

115 Zit. n. Richard N. Haas: *The Opportunity: America's Moment to Alter History's Course,* New York 2005, S. 29. Haas schied im Frühsommer 2003 als »Director of Policy Planning« im State Department frustriert aus. Er galt als einer der engsten Berater von Außenminister Powell. Haas diente in verschiedenen Funktionen in den Regierungen Carter, Reagan, George Bush und George W. Bush als Experte für Außen- und Sicherheitspolitik.

116 Zit. n. ebd., S. 30

117 Zit. n. ebd.

118 Zit. n. »John Lewis Gaddis on 9/11 and International Law«, in: *New York Times,* Books Readings and Interviews, 25.7.2004; vgl. auch »Dialogue: Kill the Empire (Or Not)«, in:

New York Times, Books, 25.7.2004 (Dialog zwischen Gaddis und Paul Kennedy, ebenfalls von der Yale University). Vgl. auch John Lewis Gaddis: *Surprise, Security, and the American Experience*, Cambridge/London 2004; darin vergleicht Gaddis die Reaktionen der Bush-Regierung mit den Reaktionen der US-Präsidenten im Verlauf der amerikanischen Geschichte, die vor ähnliche Herausforderungen gestellt wurden. Vgl. auch Rezensionen des Buchs u.a. von Simon Geissbühler, in: *Internationale Politik und Gesellschaft* (Zeitschrift der Friedrich-Ebert-Stiftung), Heft 4/2004

119 Die Phase nach den Terroranschlägen vom 11. September 2001 verglich die damalige nationale Sicherheitsberaterin Condoleezza Rice im Frühjahr 2002 mit der unmittelbaren Nachkriegszeit Mitte der vierziger Jahre, »in der die Ereignisse so klar gezeigt haben, dass es eine große globale Bedrohung gibt und dass es sich um eine große globale Gefahr für viele Länder handelt, an die man nicht unbedingt denken würde, wenn man Koalitionen bildet. Das hat bewirkt, dass sich die tektonischen Platten in der internationalen Politik verschoben haben. [...] Es ist wichtig zu versuchen, diesen Moment zu ergreifen und Amerikas Interessen und Institutionen zu positionieren und all dies, bevor sie [die tektonischen Platten] sich wieder verhärten.« Zit. n. Nicolas Lehman: »The Next World Order. The Bush Administration may have a brand-new doctrine of power«, in: *The New Yorker*, 1.4.2002

120 Vgl. United Nations: *Human Development Reports*, 2004, Part 5, Demographic Trends, Total Population (www.hdr.undp.org/statistics/data/indic/indic_37_1_1.html)

Kapitel 3: Die Zukunft des Friedens

1 Vgl. »President Discusses War on Terror at FBI Academy«, FBI Academy, Quantico, Virginia, 11.7.2005 (www.whitehouse.gov/news/releases/2005/07/20050711-1.html)

2 Bush war nach seiner Ankunft im Gleneagles Hotel bei regnerischem Wetter auf sein Mountainbike gestiegen und im Park des Anwesens mit einem britischen Polizisten unglücklich zusammengestoßen. »Es passierte zum Abschluss einer gut einstündigen Fahrradtour. Die Straße war glitschig, und das Fahrrad rutschte mir weg«, schilderte Bush später vor Journalisten den Vorfall. Zit. n. »President and Prime Minister Blair Discuss Africa, Trade, Climate Change«, Gleneagles Hotel, Auchterarder, Schottland, 7.7.2005

3 Die beste, vollständigste und authentischste Darstellung der Geschehnisse am 11. September 2001 bietet der Abschlussbericht der sogenannten 9/11-Kommission, die ihren öffentlich zugänglichen Report am 22.7.2004 vorgelegt und veröffentlicht hat. Zit. n. »National Commission On Terrorist Attacks Upon The United States, The 9/11 Commission Report, Part 1, ›We have some planes‹«, S. 38ff.

4 Zit. n. »President Discusses War on Terror at FBI Academy«, a.a.O.

5 Vgl. Zogby International, Pressemitteilung, »No Bounce: Bush Job Approval Unchanged by War Speech; Question on Impeachment Shows Polarization of Nation; Americans Tired of Divisiveness in Congress – Want Bi-Partian Solutions – New Zogby Poll«, 30.6.2005 (www.zogby.com/news/ReadNews.dbm?ID=1007). 42 Prozent der Befragten, die zwischen dem 27. und 29. Juni telephonisch nach ihrer Meinung gefragt wurden, sagten, dass gegen Bush das Impeachment-Verfahren eingeleitet werden sollte, 50 Prozent waren dagegen. Es zeigten sich in dieser Frage deutliche regionale Unterschiede: 52 Prozent der Bürger im Westen Amerikas und 49 Prozent der

Amerikaner an der Ostküste waren für das Amtsenthebungsverfahren gegen den Präsidenten, 60 Prozent der Amerikaner im Süden und 52 Prozent im Mittleren Westen hielten von dieser Idee nichts. Das Umfrageergebnis überraschte nach eigenen Angaben selbst den Firmengründer John Zogby: »Das war viel mehr, als ich gedacht hatte.« Als im Oktober 1998 der republikanisch dominierte US-Kongress gegen Präsident Clinton wegen dessen Affäre mit Monica Lewinsky ein Amtsenthebungsverfahren einleitete, waren einer Zogby-Studie zufolge nur 39 Prozent der befragten Amerikaner der Meinung, dass Clinton aus dem Amt entlassen werden sollte. Vgl. Shailagh Murray: »Got a Political Message for Hispanics? Poll Says to Deliver It in Spanish«, in: *Washington Post,* 3.7.2005

6 Zit. n. »President Discusses War on Terror at FBI Academy«, a.a.O.; vgl. auch Jim VandeHei: »Bush Defends Strategy Against Terrorist Attacks. London Bombs Meant to Scare U.S., President Says«, in: *Washington Post,* 12.7.2005; »Bush says nation must ›stay on Offensive‹ against terror«, in: *USA today,* 12.7.2005

7 Zit. n. »President's Statement on Karen Hughes«, March 14, 2005 (www.whitehouse.gov/news/releases/2005/03/20050314-2.html). Karen Hughes, eine ehemalige TV-Journalistin aus Texas, gehört seit Bushs Wahl zum Gouverneur von Texas im Jahr 1994 zu dessen engsten politischen Beratern. 2001 wechselt sie mit Präsident Bush ins Weiße Haus, als Kommunikationschefin, ein Amt, das sie 2002 wieder aufgab, um zurück nach Texas zu gehen und sich dort nach eigenen Angaben um den heranwachsenden Sohn kümmern zu können. Sie verfügt im Urteil Bushs über die Fähigkeit, die Mehrheitsstimmung in der amerikanischen Bevölkerung am treffsichersten formulieren zu können. Vgl. u.a. Linda Feldmann, »Can Karen Hughes help US image abroad? Bush has nominated a trusted message maven as undersecretary of State for public diplomacy«, in: Christian Science Monitor, March 16, 2005. Die Stelle, die

Karen Hughes antreten sollte, blieb in den anschließenden sechs Monaten vakant.

8 Zit. n. U.S. Department of State: »Announcement of Nomination of Karen P. Hughes as Under Secretary of State for Public Diplomacy and Public Affairs and Dina Powell as Assistant Secretary of State For Educational and Cultural Affairs«, Secretary Condoleezza Rice, Benjamin Franklin Room, Washington DC, 14.3.2005 (http://www.state.gov/secretary/rm/2005/43385.htm)

9 Zit. n. Richard N. Haas: »In Support of Arab Democracy: Why and How. Report of an Independent Task Force«, Sponsored by the Council on Foreign Relations, Juni 2005, S. XI (Vorwort). Die Studie wurde unter der Leitung der ehemaligen Außenministerin Madeleine Albright und des früheren Kongressabgeordneten Vin Weber im Zeitraum zwischen September 2004 und Februar 2005 erstellt. (Vgl. www.cfr.org/pdf/Arab_Democracy_TF.pdf)

10 Alle Zitate nach ebd.

11 So das Urteil des amerikanischen Politologen und Ex-Diplomaten Richard Cottam bei einem Symposium im Jahr 1994 in Washington. Cottam zählte im August 1953 als junger CIA-Beamter, der für die Iranpolitik verantwortlich war, zu den wenigen Experten, die sich gegen den Sturz des demokratisch gewählten iranischen Ministerpräsidenten ausgesprochen hatten. Der Staatsstreich im Iran, »unseres natürlichen strategischen und ideologischen Verbündeten,« eliminierte Cottam zufolge die »liberal-nationalistische Elite« im Lande. Zit. n. Mangol Bayat-Philipp: »Die Beziehungen zwischen den USA und Iran seit 1953«, in: *Aus Politik und Zeitgeschehen,* B 9, 2004. Vgl. auch M. Gasiorowski / M.Byrne (Hg.): *Mohammad Mosaddeq and the 1953 Coup in Iran,* Syracuse 2003

12 Ex-Außenminister James Baker gegenüber dem halböffentlich-rechtlichen US-Fernsehsender PBS Ende September 2001, in: *PBS Frontlinie*: »Saudi Time Bomb?«, 15.11.2001

13 So Präsident Bush in seiner zweiten Inaugurationsansprache auf den Stufen des Kapitols in Washington; zit. n. »President Sworn-In to Second Term«, 20.1.2005 (www.whitehouse.gov/news/releases/2005/01/print/20050120-1.html)

14 Zit. n. ebd.

15 Vgl. Richard N. Haas: »In Support of Arab Democracy«, a.a.O., Executive Summary, S. 1

16 Die folgende Passage basiert im wesentlichen auf der Reportage des amerikanischen Journalisten Mark Danner über seine Eindrücke während des Wahltags in Bagdad. Vgl. Mark Danner: »Iraq: The Real Election«, in: *The New York Review of Books,* Vol. 52, Nr. 7, 28.4.2005. Darin kommt Danner u.a. zu dem Ergebnis, dass die Wahlen nur deshalb nicht von Anschlägen gestört worden seien, weil das US-Militär zum ersten Mal seit der Invasion den gesamten Fahrzeugverkehr im Land unterbunden hätte. Danner ist Professor für Journalismus an der University of Berkeley und am Bard College. Er schreibt regelmäßig über den Irak und die Irakpolitik der US-Regierung. Vgl. Mark Danner: »The Secret Way to War«, in: *The New York Review of Books,* Vol. 52, Nr. 10, 9.6.2005; ders.: »Abu Ghraib: The Hidden Story«, in: *The New York Review of Books,* Vol. 51, Nr. 15, 7.10.2004; ders.: »Delusions in Bagdad«, in: *The New York Review of Books,* Vol. 50, Nr 20, 18.12.2003

17 Alle Zitate nach ebd. Bei dem ehemaligen Landwirtschaftsminister handelt es sich nach Angaben Danners um den 80jährigen Dr. Ahmed Dujaily.

18 Zit. n. »President Congratulates Iraqis on Election«, The Cross Hall, 30.1.2005 (www.whitehouse.gov/news/releases/2005/01/20050130-2.html)

19 Vgl. Seymour M. Hersh: »Get Out The Vote. Did Washington try to manipulate Iraq's elections?«, in: *The New Yorker,* 25.7.2005 (www.newyorker.com/fact/content/articles/050725fa_fact)

20 Vgl. Mark Danner: »Iraq: The Real Election«, a.a.O.

21 Vgl. Eliot A. Cohen: »Second Thoughts: A Hawk Questions Himself as His Son Goes to War«, in: *Washington Post*, 10.7.2005, Outlook, B 01. Cohen gehörte zu den Gründungsmitgliedern des neokonservativen »Project for the New American Century«, das eine Strategie zur Sicherung des alleinigen Weltmachtstatus der USA entwickelte, und war Mitautor der Studie »Rebuilding America's Defenses«, die u.a. eine konsequente Hochrüstung des US-Militärs, dessen globale Umgruppierung entlang der wichtigen Einflusszonen und mitunter auch den Einsatz des Militärs propagierte. Cohen war im »Committee for the Liberation of Iraq« ebenso vertreten wie im politischen Think Tank des Pentagon, dem »Defense Policy Board«, und im wissenschaftlichen Beirat der wichtigsten neokonservativen Denkfabrik »American Enterprise Institute«.

22 Vgl. »Eliot and Rafi Cohen – Family Tradition in Harvard ROTC. Prof. Eliot Cohen '77 PhD '82, Director of Strategic Studies at Johns Hopkins« (www.advocatesforrotc.org/harvard/cohen/html)

23 Alle Zitate nach Eliot A. Cohen: »Second Thoughts: A Hawk Questions Himself as His Son Goes to War«, a.a.O.

24 Vgl. Eintragungen vom 10.7.2005 von Jo Fish auf der Internetseite des »Democratic Veteran«, zit.n. www.usndemvet.com/blog/archives/002568.html

25 Die NSA ist der größte Geheimdienst der USA, der sich unter der Befehlsgewalt des Verteidigungsministeriums mit dem Abhören von Kommunikationsmitteln und der Auswertung dieser abgehörten Botschaften beschäftigt.

26 Alle Zitate nach: PBS: *NewsHour with Jim Lehrer*, 2.2.2005

27 Zit. n. ebd.

28 So Michael Scheuer in einem Interview mit der investigativen PBS-Dokumentarserie *Frontline* am 10.1.2005; zit. n. Interview Michael Scheuer: »Friction between Europe and United

States is something that certainly benefits Osama bin Laden, without a question«, in: PBS, *Frontline:* »Al Queda's New Front«, 25.1.2005. Scheuer schrieb noch als CIA-Angehöriger zwei Bücher, in denen seine wachsende Unzufriedenheit und später sein Zorn über die – wie er meinte – Unfähigkeit seiner Vorgesetzten zum Ausdruck kam, mit anderen als nur militärischen Mitteln gegen bin Laden und den islamistischen Extremismus vorzugehen. Beide Bücher wurden, so sind die CIA-Regeln, vor der Veröffentlichung von Mitarbeitern der Agency durchgesehen und freigegeben. Sie wurden unter »Anonymous« veröffentlicht. Vgl. Anonymous: *Through Our Enemies' Eyes: Osama bin Laden, Racial Islam, and the Future of America,* Dulles, VA, 2003; Anonymous: *Imperial Hybris: Why the West is Losing the War on Terror,* Dulles, VA, 2004

29 Vgl. Exzerpte der Fatwa Osama bin Ladens, die am 23. Februar 1998 u.a. in der in London erscheinenden arabischen Zeitung *Al-Quds al-Arabi* auf Seite 3 unter der Überschrift »Text of World Islamic Front's Statement Urging Jihad Against Jews and Crusaders« veröffentlicht wurde.

30 Vgl. Michael Scheuer im Interview mit *Frontline*, a.a.O.

31 Zit. n. Department of State, Secretary Condoleezza Rice: »Remarks at the American University in Cairo«, Kairo, Ägypten, 20.6.2005 (www.state.gov/secretary/rm/2005/48328.htm)

32 Zit. n. Michael Scheuer in einem Interview *Frontline*, a.a.O. Vgl. auch Anonymous: *Imperial Hybris,* a.a.O., S. 17

33 So erklärte Bush nach Abschluss des Nato-Gipfeltreffens in Istanbul und einen Tag nachdem im Irak die formale Souveränität von Zivilverwalter Paul Bremer auf die irakische Interimsregierung übergegangen war: »In meinem eigenen Land brauchte es Generationen, um Sklaverei, Rassentrennung und andere Praktiken abzuschütteln, die unsere Ideale verletzten.« Zit. n. »President Bush Discusses Democracy, Freedom From

Turkey, Remarks by the President in Istanbul, Turkey«, 29.6.2004 (www.whitehouse.gov/news/releases/2004/06/20040629-4.html)

34 Zit. n. Secretary Condoleezza Rice: »Remarks at the American University in Cairo«, a.a.O.

35 Alle Zitate nach ebd.

36 Vgl. Glenn Kessler: »Rice Criticizes Allies In Call for Democracy. Egypt, Saudi Arabia Challenged to Embrace Rights«, in: *Washington Post,* 21.6.2005

37 Zit. n. Department of State, Secretary Condoleezza Rice: »Question and Answer at the American University in Cairo«, Kairo, Ägypten, 20.6.2005 (http://www.state.gov/secretary/rm/2005/48352.htm)

38 Zit. n. ebd. Vgl. auch Richard Beeston: »Elections must be free and fair, Rice tells Cairo«, in: *The Times,* 21.6.2005

39 Für die Augenzeugenberichte des Anschlags von Scharm el Scheich am 23.7.2005 vgl. Anthony Shadid: »On a Calm Night, Suddenly, ›Everybody Was Running‹. A Charmed Spot by the Red Sea, Transformed in 15 Gory Minutes«, in: *Washington Post,* 24.7.2005; »›Der schmerzlichste Tag meines Lebens‹ – Fürchterliche Bilder im Krankenhaus von Scharm el Scheich – Leere und Trauer machen sich breit«, AFP, 24.7.2005, 12.58 Uhr; Ulrike Koltermann: »›Uns gehen die Bilder nicht aus dem Kopf‹ – Entsetzen am Urlaubsort«, dpa, 24.7.2005, 13.54 Uhr

40 Die Zitate der ägyptischen Anschlagszeugen zit. n. Anthony Shadid: »On a Calm Night, Suddenly, ›Everybody Was Running‹«, a.a.O.

41 Zit. n. Serene Assir: »Shock in Sharm«, in: *Al-Ahram Weekly,* 23.7.2005, Nr. 752, 21. – 27.7.2005

42 Staatspräsident Hosni Mubarak am 23. Juli 2005 im ägyptischen Fernsehen, zit. n. Grey Myre / Mona El-Naggar: »Death Toll Rises to at Least 90 in Bombings at Egyptian Resort«, in: *New York Times,* 24.7.2005; zum Anschlag von Taba am

7.10.2004 vgl. »Terror gegen Touristen. Kairo: Keine Verbindung zu Al Qaida«, in: *Frankfurter Allgemeine Zeitung,* 3.11.2004

43 Zit. n. Human Rights Watch: »Egypt: Mass Arrests and Torture in Sinai«, Februar 2005, Vol. 17, Nr. 3 (E)

44 Vgl. Human Rights Watch: »Black Hole: The Fate of Islamists Rendered to Egypt«, Mai 2005, Vol. 17, Nr. 5 (E)

45 Vgl. International Crisis Group: »Islamism in North Africa II: Egypt's Opportunity«, Middle East / North Africa Briefing Nr. 13, 20.4.2004. Der 23seitige Bericht des renommierten Krisenpräventionsinstituts gibt einen guten Überblick über die historische Entwicklung der islamistischen Bewegung in Ägypten und geht detailliert auf die ideologisch-religiösen Beweggründe der einzelnen Gruppierungen ein, wie etwa der Jama'at al-Muslimin, Al-Jihad, Al-Jama'a Al-Islamiyya sowie der ältesten islamistischen Organisation, der Muslimbruderschaft.

46 Vgl. Human Rights Watch: »Black Hole«, a.a.O.

47 Vgl. Alaa al-Aswani: *The Yacoubian Building,* Kairo 2004; die Originalausgabe, *Imrat Ya'qubyan,* wurde 2002 veröffentlicht. Der Roman über das fiktive Leben im Yacoubian Building, einem Kairoer Wohnhaus, das es tatsächlich gibt und in dem al-Aswani seine erste Zahnarztpraxis eröffnet hatte, wurde in der arabischen Welt sehr rasch zu einem der meistgelesenen Bücher und ist seitdem auf den Bestsellerlisten. Zur Person Alaa al-Aswanis vgl. »Alaa El Aswany. The dentist who shocked the literary world with his smash hit *Imaret Yacoubian* speaks out on literature, politics and gay bars«, in: *Egypt Today. The Magazine of Egypt,* August 2004, Vol. 25, Nr. 8

48 Zit. n. »›Die Regierung bekämpft den Terror nicht, sie schafft ihn.‹ Eine schwarze Komödie: Ein Gespräch mit dem ägyptischen Schriftsteller Alla al-Aswani über die Anschläge von Scharm el-Scheich«, in: *Süddeutsche Zeitung,* 26.7.2005

49 Vgl. Anne-Beatrice Clasmann: »Fahndung in London und auf

Sinai unterscheiden sich wie Tag und Nacht«, dpa, 28.7.2005, 13.23 Uhr

50 Zit. n. »›Die Regierung bekämpft den Terror nicht, sie schafft ihn‹«, a.a.O.

51 Vgl. Anthony Shadid: »Egypt's Political Opening Exposes Frailty of Opposition. Nascent Dissent Fails to Coalesce Into Serious Challenge as Mubarak Heads for 5th Term«, in: *Washington Post,* 28.7.2005

52 Zit. n. »›Die Regierung bekämpft den Terror nicht, sie schafft ihn‹«, a.a.O.

53 Zit. n. »Egypt's Mubarak says he will seek fifth term«, Reuters, 28.7.2005, 5.58 am ET; »Egypt's Mubarak seeks fifth term«, in: *Aljazeera.net,* 28.7.2005, 14.04 Makka Time

54 Mubarak und US-Außenministerin Rice waren am 20.6.2005 in Scharm el Scheich zu einem anderthalbstündigen Gespräch zusammengekommen. Rice sagte anschließend gegenüber Journalisten, sie habe sich mit dem ägyptischen Präsidenten ausführlich über die Wahlen unterhalten, die am 7.9. stattfinden sollten und bei denen Mubarak erneut antreten werde. Vgl. Department of State, Secretary Condoleezza Rice: »Joint Press Availibility With Egypt's Foreign Minister Ahmed Aboul Gheit«, Sharm El Sheikh, Ägypten, 20.6.2005 (www.state.gov/secretary/rm/2005/48325.htm)

55 Zit. n. Megan K. Stack: »Mubarak Steps Into an Unfamiliar Ring. Egypt's longtime leader declares his candidacy in the nation's first open presidential election. Some dismiss the race as nothing but show«, in: *Los Angeles Times,* 29.7.2005

56 Vgl. Anthony Shadid: »Egypt's Political Opening Exposes Frailty of Opposition«, a.a.O.

57 Ajman Nur, geboren 1964, promovierter Jurist und Rechtsanwalt, saß für zwei Legislaturperioden als Abgeordneter der Wafd-Partei im ägyptischen Parlament, kritisierte heftig vor allem die Wirtschafts- und Sozialpolitik Mubaraks, gründete 2004 die Al-Ghad-Partei und wurde am 29. Januar 2005 unter

dem fadenscheinigen Vorwurf verhaftet, Unterschriften für die Wahllisten gefälscht zu haben, um die Zulassung seiner Partei zu erreichen. Seine Frau, TV-Moderatorin in Kairo und Korrespondentin des US-Nachrichtenmagazins *Newsweek*, mobilisierte die internationale Öffentlichkeit. Außenministerin Rice schloss sich der Forderung nach Nurs unverzüglicher Freilassung an und nannte ihn einen »Gefangenen der Freiheit«. Mitte Februar 2005 kündigte Mubarak überraschend an, die Verfassung zu ändern und bei den Präsidentschaftswahlen im September andere Kandidaten zulassen zu wollen. Nach 42 Tagen Haft kam Nur frei, er traf sich mit US-Außenministerin Rice am 20. Juni 2005 – zwei Tage später, nach Rices Abreise, wurde sein Pass eingezogen. Vgl. Ayman Badr: »Wer ist Ajman Nur?«, Deutsche Welle, 30.6.2005

58 Zit. n. »President Bush, Egypt's President Mubarak Meet with Reporters. Remarks by President Bush and President Hosni Mubarak of Egypt in Press Availability«, Prairie Chapel Ranch, Crawford/Texas, 12.4.2004

59 Zit. n. Department of State: »Egypt. Country Reports on Human Rights Practices – 2004«, Released by the Bureau on Democracy, Human Rights, and Labor, 28.2.2005 (www.state.gov/g/drl/rls/hrrpt/2004/41720.htm)

60 Vgl. Ayman El-Amir: »Islamising global conflict«, in: *Al-Ahram Weekly*, 21. – 27.7.2005, Nr. 752

61 Vgl. Max Boot: »Our extreme makeover. Favourable impressions of the U.S. are being detected around the world, including inside Muslim countries«, in: *Los Angeles Times*, 27.7.2005

62 Zit. n. ebd. Für die Studie, auf die sich Boot bezieht, vgl. Pew Global Attitudes Project: »Islamic Extremism: Common Concern for Muslim and Western Publics. Support for Terror Wanes Among Muslim Publics«, 14.7.2005 (www.pewglobal.org/reports/display.php?ReportID=248)

63 Zit. n. ebd.

64 Vgl. ebd.

65 So der ehemalige britische Außenminister Douglas Hurd gegenüber der BBC am 10.4.2004; vgl. »Ex-British foreign secretaries Cook, Hurd blast US policy in Iraq«, AFP, 11.4.2004, 1.44 GMT. Hurd, ältester Sohn von Baron Hurd, wurde in Eton und Cambridge erzogen und trat 1952 als 22jähriger in den diplomatischen Dienst ein; Edward Heath machte ihn Mitte der 60er Jahre zu seinem engsten Mitarbeiter. Seit 1974 als Abgeordneter der Konservativen im Unterhaus, wurde Hurd 1984 Nordirland-Minister, 1985 Innenminister. Von Oktober 1989 bis 1995 war er Außenminister.

66 Douglas Hurd am 3. Januar 2003 in der *Financial Times,* zit. n. »U.S.-UK ›self-deception‹ over Iraq«, CNN, 31.2003; für Teile des Wortlauts des Meinungsbeitrags von Douglas Hurd in der *Financial Times* vgl. Global Security, Weapons of Mass Destruction, »Iraq: Weighing ›Looming‹ War's Justification and Consequences«, 9.1.2003

67 Zit. n. ebd.

68 Vgl. Douglas Hurd: »You cannot divorce Iraq from the terror equation. We removed a cruel dictator and substituted a scene of carnage and anarchy«, in: *The Independent,* 27.7.2005 (www.comment.independent.co.uk/commentators/article302023.ece)

69 Vgl. Frank Gregory / Paul Wilkinson: »›Riding Pillion for Tackling Terrorism is a High-risk Policy‹«, in: Chatham House: »Security, Terrorism and the UK«, ISP/NSC Briefing Paper 05/01, Juli 2005

70 So hatte etwa der britische Historiker Timothy Garton Ash das Machtverhältnis zwischen Bush und Blair mit der Beziehung zwischen einem Aristokraten und seinem Butler verglichen. Nach außen hin sei der Butler (Blair) seinem Herrn gegenüber stets vollkommen loyal und würde nie einen kritischen Ton äußern. Nur unter Ausschluss der Öffentlichkeit würde der Butler dem Adligen zuflüstern: »Glauben Sie, dass das klug

ist?« Vgl. Timothy Garton Ash: »No more Jeeves. Tony Blair must change Britain's humiliating approach to the US«, in: *The Guardian,* 30.9.2004

71 Vgl. Douglas Hurd, »You cannot divorce Iraq from the terror equation«, a.a.O.

72 Vgl. Anthony Shadid: »Abdullah Becomes Saudi King On Death of Half Brother Fahd«, in: *Washington Post,* 2.8.2005; Abdullah al-Shihri: »Saudi Arabia's King Fahd Dies at 84«, AP, 1.8.2005, 4.15 Uhr

73 Vgl. »President's Statement on Death of King Fahd bin Abd al-Aziz«, 1.8.2005; »President Congratulates King Abdallah bin Abd on Assuming the Saudi Throne«, 1.8.2005

74 Vgl. »President's Statement on Saudi Arabian Ambassador Bandar«, 20.7.2005; Matthew Davis: »Profile: Prince Bandar«, BBC News, 29.6.2005. Die besten Einblicke in die engen politischen und persönlichen Beziehungen zwischen dem saudischen Botschafter in Washington und der US-Regierung bieten die beiden Bücher von Bob Woodward, vor allem *Plan of Attack,* New York 2004 (deutsche Ausgabe: *Der Angriff,* München 2004), in dem es u.a. heißt, die US-Regierung habe Prinz Bandar noch zwei Tage vor dem damaligen US-Außenminister Colin Powell über die detaillierten militärischen Pläne zur Invasion des Irak informiert.

75 Vgl. Abdullah al-Shihri: »Saudi Arabia's King Fahd Dies at 84«, a.a.O.

76 Vgl. National Commission On Terrorist Attacks Upon The United States: *The 9/11 Commission Report. Section 2: The Foundation of the New Terrorism,* S. 56

77 Vgl. US Department of State: »Country Reports on Human Rights Practices for 1995. Saudi Arabia Human Rights Practices, 1995«, März 1996

78 Vgl. »The 9/11 Commission Report. Section 2: The Foundation of the New Terrorism«, a.a.O., S. 52. Arnold Hottinger, ehemals langjähriger Korrespondent der *Neuen Zürcher Zei-*

tung für die arabische Welt, erklärt die »paradoxe Rolle« Saudi-Arabiens bei der Förderung und Ausbreitung des Islamismus mit zwei »konvergierenden Faktoren«: »Einerseits waren die Saudis froh, wenn sie ihre Islamisten und muslimischen Aktivisten im Ausland beschäftigen konnten, besonders nachdem sie mit der Moscheebesetzung von 1979 erfahren hatten, wie gefährlich deren Tätigkeit im eigenen Inland werden konnte. Andererseits waren die Grenzen zwischen Islam und Islamismus verschwommen, besonders wenn man unter Islam in erster Linie die wahhabitische Variante, wie sie in Saudi-Arabien Staatsreligion ist, verstehen will.« Zit. n. Arnold Hottinger: *Islamische Welt. Der Nahe Osten: Erfahrungen, Begegnungen, Analysen,* Zürich 2004, S. 696

79 Ebd., S. 60

80 So das Urteil der 9/11-Kommission; vgl. »The 9/11 Commission Report. Section 12: What to Do? A Global Strategy«, a.a.O., S. 373

81 Vgl. Max Rodenbeck: »The Truth About Jihad«, in: *The New York Review of Books,* Vol. 52, Nr. 13, 11.8.2005. Rodenbeck bespricht hier die jüngsten englischsprachigen Publikationen zum Thema islamistischer Extremismus.

82 Vgl. »The 9/11 Commission Report. Section 12«, a.a.O., S. 373. Am 12. Mai 2003 verübten Al-Kaida-Attentäter koordinierte Selbstmordattentate auf drei Wohnquartiere ausländischer Gastarbeiter in Riad, darunter auch auf den Gebäudekomplex El Jedawel, in dem Mitarbeiter der amerikanischen Sicherheitsfirma Vindell untergebracht waren.

83 Vgl. »Joint Statement by President Bush and Saudi Crown Prince Abdullah«, Crawford, Texas, 25.4.2005. Bei diesem Besuch des damaligen saudischen Kronprinzen demonstrierten die beiden Politiker ihre vorgebliche politische Übereinstimmung, indem Bush den Kronprinzen bei einem kurzen Gang zum Haus des Präsidenten an der Hand nahm. Dieses Bild fand nicht nur in der amerikanischen Presse große Beachtung.

84 Frauen durften an den Wahlen nicht teilnehmen. Der Vorsitzende des Wahlausschusses, Prinz Mut'ab bin Abdul Aziz, sagte: »Ich gehe davon aus, dass Frauen in der Zukunft an Wahlen teilnehmen können, nachdem man Untersuchungen angestellt hat, ob es von Nutzen ist oder nicht.«

85 Vgl. Bob Woodward: *The Commanders,* New York 1991, S. 254 (deutsche Ausgabe: *Die Befehlshaber,* Köln 1991). Detailliert gibt Woodward in diesem Buch über den Golfkrieg die Verhandlungen zwischen Washington und Riad wieder.

86 Ebd., S. 270 f.

87 Vgl. Salah Nasrawi: »Cheney, Ex-President Bush Visit Saudi King«, AP, 5.8.2005, 16.26 Uhr

88 Vgl. Jad Mouawad: »Why America Is More Dependent Than Ever on Saudi Arabia«, in: *New York Times,* 6.8.2005

89 Zit. n. White House, Office of the Vice President: »Vice President Cheney Salutes Troops. Remarks by the Vice President to the American Society of News Editors«, 9.4.2003 (www.whitehouse.gov/news/releases/2003/04/print/20030409-4.html)

90 So Energieminister Samuel W. Bodman in einem Vortrag vor dem Center for Strategic and International Studies (CSIS); zit. n. U.S. Department of Energy: »Center for Strategic and International Studies. U.S.-Saudi Energy Dialogue, Remarks Prepared for Energy Secretary Bodman«, 17.5.2005. Das CSIS hatte zu einer hochrangig besetzten Konferenz zum Thema »Amerikanisch-saudische Partnerschaft in einer sich wandelnden Energiewelt« eingeladen, an der u.a. auch der saudische Energieminister Ali al-Naimi teilnahm; vgl. CSIS: »U.S.-Saudi Partnership In A Changing Energy World«, in: *CSIS Insight,* Juli/August 2005, S. 3. Für den Redetext des saudischen Energieministers vgl. Royal Embassy of Saudi Arabia, Washington D.C.: »Oil minister addresses CSIS conference on stable energy supply«, Pressemitteilung, 17.5.2005

91 Vgl. Mark Magnier: »China Stakes Claim for Global Oil

Access. In its quest for crude, Beijing is dangling cash and playing on nations' discontent with the U.S. Can the two huge energy consumers coexist?«, in: *Los Angeles Times,* 17.7.2005

92 Vgl. U.S. Department of Energy, Energy Information Agency: »Country Analysis Briefs, China«, August 2005 (http://www.eia.doe.fov/emeu/cabs/china.html). Dieser Bericht bietet einen umfassenden, detaillierten Überblick über Chinas Energieressourcen und -bedarf.

93 Vgl. Jad Mouawad: »Why America Is More Dependent Than Ever on Saudi Arabia«, in: *New York Times,* 6.8.2005

94 Vgl. John Calabrese: »The Risks and Rewards of China's Deepening Ties with the Middle East«, S. 3, in: *China Brief – a journal of analysis and information,* published by The Jamestown Foundation, Vol. V, Nr. 12, 24.5.2005

95 Zit. n. Guido Steinberg: *Saudi-Arabien. Politik, Geschichte, Religion,* München 2004, S. 105f.

96 Vgl. Iris Glosemeyer: »Terroristenjagd in Saudi-Arabien. Hintergründe und Folgen«, in: Stiftung für Wissenschaft und Politik: *SWP-Aktuell,* 29.8.2003

97 Zit. n. U.S. Department of State, Secretary Condoleezza Rice: »Joint Press Availability With Saudi Foreign Minister Saud Al-Faisal«, Riad, Saudi-Arabien, 20.6.2005

98 Vgl. Steve Coll: »Islamic Activists Sweep Saudi Council Elections«, in: *Washington Post,* 24.4.2005. Bei diesen Wahlen wurde die Hälfte der 178 Gemeinderatsmandate bestimmt. Die übrigen Mitglieder wurden von einer Regierungskommission ernannt.

99 Zit. n. »Joint Press Availability With Saudi Foreign Minister Saud Al-Faisal«, a.a.O.

100 Vgl. »President Welcomes Palestinian President Abbas to the White House«, The Rose Garden, 26.5.2005 (www.whitehouse.gov/news/releases/2005/05/print/20050526.html)

101 Zit. n. ebd.

102 Der jordanische König Abdullah zu Beginn der gemeinsamen

Pressekonferenz von US-Präsident Bush, Israels Ministerpräsidenten Scharon und dem palästinensischen Regierungschef Abbas am 04. Juni 2003 in Akaba, vgl. »President Meets with Leaders of Jordan, Israel and Palestinian Authority. Remarks by President Bush, His Majesty King Abdullah of Jordan, Prime Minister Sharon of Israel, and Prime Minister Abbas of the Palestinian Authority«, June 4, 2003, Beit al Bahar, Aqaba, Jordan (www.whitehouse.gov/news/releases/2003/06/20030604-1.html). Zu den Auswirkungen der Akaba-Gespräche auf die innenpolitische Stellung von Mahmud Abbas vgl. Dennis Ross, »The Missing Peace. In Inside Story of the Fight for Middle East Peace«, New York 2004, S. 797 ff.

103 Zit. n. »President Welcomes Palestinian President Abbas to the White House«, a.a.O.

104 Vgl. »In Support of Arab Democracy«, a.a.O., S. 22 f.

105 Zit. n. ebd., S. 47. Diese abweichende Meinung stammt von dem amerikanischen Investmentbanker Michael N. Pocalyko, dem Vorstandschef der Monticello Group.

106 Vgl. Volker Perthes, Stiftung für Wissenschaft und Politik: »Bewegung im Mittleren Osten. Internationale Geopolitik und regionale Dynamiken nach dem Irak-Krieg«, *SWP-Studie,* September 2004, S. 33 f. Perthes zitiert an dieser Stelle Anthony H. Cordesman vom Center for Strategic and International Studies in Washington, der zu regelmäßig vom US-Kongress eingeladenen Experten gehört, die über die Auswirkungen des Irakkrieges auf die Stellung Amerikas in der Region Auskunft geben sollen. Vgl. Anthony H. Cordesman: »Escalating to Nowhere: The Israeli-Palestinian War«, Rough Working Draft: Circulated for Comment and Correction, Washington D. C., 12.8.2004. Vgl. auch Rand Corporation, Center for Middle East Public Policy, Shahram Chubin, Bruce Hoffman, William Rosenau: »The United States, Europe, and the Wider Middle East«, Conference Report (27-29.6.2004) (www.rand.org/pubs/conf_proceedings/2005/RAND_CF210.pfd)

107 Vgl. Robin Wright / Glenn Kessler, »U.S. Goals for Middle East Falter. Peace Plan, Arab Reforms Prove Elusive«, in: *Washington Post,* 21.4.2004

108 So Ägyptens Staatspräsident Hosni Mubarak am 20.4.2004 gegenüber der französischen Tageszeitung *Le Monde,* zit. n. ebd. Präsident Bush sagte während seiner Gespräche mit Israels Regierungschef Scharon im April 2004 u.a., »die Vereinigten Staaten werden nicht das Ergebnis der endgültigen Statusverhandlungen vorab festlegen. Das ist eine Angelegenheit der beiden Parteien. Aber die Realitäten [...] in der Region haben sich im Verlauf der vergangenen Jahrzehnte erheblich verändert, und jede endgültige Einigung muss diese Realitäten in Rechnung stellen und von beiden Seiten anerkannt werden.« Zit. n. »President Bush Comments Israeli Prime Minister Sharon's Plan. Remarks by the President and Israeli Prime Minister Ariel Sharon in Press Availability«, The Cross Hall, 14.4.2004

109 Vgl. »Mr. Sharons' Coup«, Editorial, in: *Washington Post,* 16.4.2004

110 Zit. n. ebd. Für die Regierungsverhandlungen zwischen Washington und Jerusalem, die im November 2003 mit vertraulichen Gesprächen in Rom aufgenommen wurden, in denen Berater des israelischen Regierungschefs den damaligen Nahost-Abteilungsleiter im nationalen Sicherheitsrat Elliott Abrams über Scharons Absicht informierten, die Siedlungen im Gazastreifen sowie die dortige israelische Militärpräsenz aufzugeben, vgl. Peter Slevin: »Delicate Maneuvres Led to U.S.-Israeli Stance«, in: *Washington Post,* 164.2004; James Bennet: »Sharon Coup: U.S. Go-Ahead«, in: *New York Times,* 15.4.2004; Peter Slevin: »Bush Backs Israel on West Bank. In Policy Shift, President Says Some Disputed Settlements Should Remain«, in: *Washington Post,* 15.4.2004; Steven R. Weisman: »U.S. May Support Israeli Approach on Leaving Gaza«, in: *New York Times,* 13.2.2004; Aluf Benn: »American envoys to

be briefed on PM's disengagement plan«, in: *Ha'aretz*, 18.2.2004

111 Zit. n. Jimmy Carter: »2002 Nobel Peace Lecture: The Complete Text«, 10.12.2002 (www.cartercenter.org/printdoc.asp?docID=1233&submenu=news)

112 Zit. n. »President Bush Comments Israeli Prime Minister Sharon's Plan«, a.a.O. Zum ersten Mal schlug Bush die Bildung eines eigenständigen palästinensischen Staates in seiner Ansprache vom 24.6.2002 im Rosengarten des Weißen Hauses vor; vgl. »President Bush Calls for New Palestinian Leadership«, The Rose Garden, 24.6.2002 (www.whitehouse.gov/news/releases/2002/06/20020624-3.html)

113 Vgl. George P. Shultz, »Possibilities for Mideast Peace«, in: Washington Post, April 15, 2004

114 Vgl. UNDP (United Nations Development Programme): »Arab Human Development Report 2004. Towards Freedom in the Arab World, Taking the Public Pulse«, embargoed until April 5, 2005 (www.undp.org/rbas/ahdr). Die Veröffentlichung der ersten beiden »Arab Human Development Reports« 2002 und 2003 führte u.a. zu einer erheblichen Intensivierung der Bemühungen, die wirtschaftlichen und politischen Perspektiven der gesamten Region zu verbessern. Die Arabische Liga verabschiedete im Mai 2004 eine »Erklärung über den Prozess der Reformierung und Modernisierung«. Die USA wollten dem G8-Gipfel im gleichen Jahr ihre »Greater Middle East Initiative« vorlegen, an deren Ausarbeitung Vertreter arabischer Staaten jedoch nicht beteiligt waren. Nach erheblichen Protesten der arabischen Staaten und einiger EU-Länder zog Washington das Papier zurück, das als »paternalistisch« und von »außen kommend« abgelehnt wurde. Auf dem G8-Gipfel in Sea Island, South Carolina, im Sommer 2004 verständigten sich die großen Industrieländer und Russland auf die »Broader Middle East Initiative«, die nur sehr bescheidene Reformziele benannte.

115 Vgl. »Arab Human Development Report 2004, Executive Summary«, a.a.O., S. 11

116 Vgl. dazu Bernard Lewis: *The Crisis of Islam. Holy War and Unholy Terror,* London 2004 (paperback version), S. 139 f. Lewis ist einer der wohl renommiertesten Islamexperten der akademischen Welt in den USA.

117 Vgl. Jaffee Center For Strategic Studies, Shai Feldman / Yiftah S. Shapir (Hg.): »The Middle East Military Balance 2003-2004«, Pressemitteilung, 11.10.2004 (www.tau.ac.il/jcss/balance/p_release.html)

118 Zit. n. ebd.

119 Vgl. Frank Gregory / Paul Wilkinson: »Riding Pillion for Tackling Terrorism is a High-risk Policy«, a.a.O.

Register